高等学校城市轨道交通规划教材

城市轨道交通车辆电器与装备

杨建伟　李　熙　姚德臣　编著

中国铁道出版社

2018年·北京

内 容 简 介

本书主要介绍了城市轨道交通车辆电器基础知识、牵引系统电器与装备、辅助逆变器系统电器与装备、制动系统电器与装备、列车通信网络系统电器与装备、车门系统电器与装备、乘客信息系统电器与装备以及空调、电暖、通风、照明、司机控制器等其他电器与装备。

本书为高等学校城市轨道交通规划教材之一,既可作为大专院校相关工科专业的教学用书,又可作为从事城市轨道交通车辆行业人员的学习参考用书。

图书在版编目(CIP)数据

城市轨道交通车辆电器与装备/杨建伟,李熙,姚德臣编著. —北京:中国铁道出版社,2018. 7

高等学校城市轨道交通规划教材

ISBN 978-7-113-24535-1

Ⅰ. ①城… Ⅱ. ①杨… ②李… ③姚… Ⅲ. ①城市铁路-铁路车辆-电气设备-高等学校-教材 Ⅳ. ①U239. 5

中国版本图书馆 CIP 数据核字(2018)第 107236 号

书　　名: 高等学校城市轨道交通规划教材
城市轨道交通车辆电器与装备

作　　者: 杨建伟　李　熙　姚德臣　编著

责任编辑: 黄　璐　李润华　**编辑部电话:** 010-51873138　**电子信箱:** tdpress@ 126. com

封面设计: 崔　欣

责任校对: 苗　丹

责任印制: 高春晓

出版发行: 中国铁道出版社(100054,北京市西城区右安门西街 8 号)

网　　址: http://www. tdpress. com

印　　刷: 三河市燕山印刷有限公司

版　　次: 2018 年 7 月第 1 版　2018 年 7 月第 1 次印刷

开　　本: 787 mm×1 092 mm　1/16　印张:10. 25　字数:206 千

书　　号: ISBN 978-7-113-24535-1

定　　价: 42. 00 元

前　　言

《城市轨道交通车辆电器与装备》是一门技术基础课。全书共九章，主要介绍了城市轨道交通车辆电器基础知识以及牵引系统、辅助逆变系统、制动系统、列车通信网络系统、车门系统和乘客信息系统等电器与装备的相关知识。

本书注重理论联系实际，紧跟城市轨道交通的发展趋势，努力拓宽专业口径，以增强培养人才的适应性；本书突出以注重工程实践应用为目的，做到重点突出、条理清晰、分析透彻，便于教与学；本书适用面广，既可作为大专院校相关工科专业的教学用书，也可作为从事城市轨道交通车辆机械、电气类技术人员的学习参考书。

参与本书编写的有：北京建筑大学杨建伟（第一章、第九章），北京建筑大学姚德臣（第二章、第七章），北京市地铁运营有限公司地铁运营技术研发中心李熙（第三章、第六章），北京市地铁运营有限公司地铁运营技术研发中心张骄（第四章），北京市地铁运营有限公司地铁运营技术研发中心胡晓菲（第五章），北京建筑大学白堂博（第八章），北京建筑大学研究生吕中和、沈超、廉朋、邱星慧、孙冉参与文字处理和绘图工作。全书由杨建伟统稿。

由于编者水平有限，难免有疏漏与不足之处，欢迎广大读者提出宝贵建议。

编者

2018 年 2 月

目　录

第一章　城市轨道交通系统和车辆电器总体概述

第一节　城市轨道交通车辆的类型和选择

为解决大城市的公共交通问题,除传统地面道路交通外,许多工业发达国家都大力发展较为完善的城市轨道交通系统,形成一个由地面、地下和空中(高架轻轨和独轨铁路等)组合而成的立体的城市快速、便捷的公共交通网。

城市轨道交通发展至今,由于地区的不同、国家的不同、城市的不同、服务对象的不同等已发展成为多种类型。

一、城市轨道交通系统分类

1. 按运输容量(能力)来分

按运输容量可分为高容量、大容量、中容量和小容量。

所谓容量,是指运送能力,也就是指每小时单方向断面的乘客通过量(或输送量)。高容量系统是指容量在 5 万人次/h 以上的交通系统(A 型车地铁交通);大容量系统是指容量在 3 万人次/h~5 万人次/h 之间的交通系统,如地铁交通;中容量系统是指容量在 1 万人次/h~3 万人次/h 之间的交通系统,如轻轨、单轨和自动导轨运输系统(AGT,Automated Guideway Transit);小容量系统是指容量在 1 万人次/h 以下的交通系统,如有轨电车交通。

2. 按敷设方式来分

按敷设方式可分为隧道(地下或水下)、地面和高架。

高容量和大容量系统均采用高架和隧道;中容量系统通常兼有地面、隧道和高架;小容量系统一般采用地面直接铺设。

3. 按路权来分

按路权可分为独有路权、半独立路权和共有路权三种系统。

独有路权:完全隔离,不受平交道、人车的干扰,以地铁(高运量、大运量)为代表。

半独立路权:有专用隧道或高架,在地面采用路堑、路堤、隔离栅等方式,但在交叉口仍与横向道路的人车、平交混行,受信号灯控制(中运量),如轻轨。

共有路权:没有专用道路,不隔离,在街道路面行驶,具有运行可靠、舒适、节能、环保等特点,以有轨电车为代表。

4. 按车辆和轮轨形式类型来分

按车辆和轮轨形式可分为钢轮钢轨、橡胶轮独轨和磁浮系统三种类型。

钢轮钢轨：地铁、轻轨、有轨电车。

橡胶轮独轨：橡胶轮地铁、独轨、无人驾驶的自动导向系统。

磁浮系统：线形电机车辆。

5. 按导向方式来分

按导向方式可分为轮轨导向和导向轮导向。

一般钢轮钢轨系统（如地铁、轻轨和有轨电车）是轮轨导向，单轨和 AGT 等胶轮车辆是导向轮导向。

6. 按技术特征来分

按技术特征可分为有轨电车、地铁、轻轨、单轨、线形电机系统、AGT 和市郊铁路等。

二、城市轨道交通车辆的特点

城市轨道交通车辆是城市轨道交通系统中完成乘客运输任务的直接工具。结合城市轨道交通需求，与其他交通车辆相比，它具有以下特点。

（1）种类多。满足不同类型城市轨道交通。

（2）载客能力强。大型地铁车辆额定可达 310 人/辆。

（3）动力性能好。速度快、加速能力强、制动效果好。

（4）安全可靠性强。设备先进，故障率低，稳定性和可靠性强，突发情况下适应性强。

（5）外观和环境条件好。车辆的外观造型和色彩、照明、空调、座椅、扶手等都具有协调统一的设计、美化方案。

（6）灵活的牵引特征。根据不同的线路特征，可采用不同的牵引方式，即动力集中牵引和动力分散牵引。

（7）节能环保。车辆牵引动力常用电力牵引，也称绿色交通车辆。

三、城市轨道交通车辆分类

1. 按车辆牵引动力配置分

（1）动车（Motor，用“M”表示）：车辆自身具有动力装置（动轴上装有牵引电机），具有牵引与载客双重功能。动车又可分为带有受电弓的动车（Mp）和不带受电弓的动车（M）。

（2）拖车（Train，用“T”表示）：车辆不装备动力装置，需动车牵引拖带的车辆，仅有载客功能。拖车可设置司机室（首位车辆，用“Tc”表示），也可带受电弓（用“Tp”表示）。

2. 按车辆规格分

为有利于我国城轨车辆制造、运营、维修的良性发展，车辆类型的规范化及主要技术规格的统一是十分必要的。《城市轨道交通工程项目建设标准》建标 104—2008

号根据我国各城市对城轨车辆选型的不同要求和城轨车辆的发展现状提出了 A、B、C 型车的概念,它主要是按车体宽度的不同进行分类。《地铁车辆通用技术条件》(GB/T 7928—2003)中对用于地铁运营车辆的技术规格也做出了相应的具体规定。主要技术规格见表 1-1。

表 1-1　各类车型主要技术规格

序号	项目名称		A 型车	B 型车	C 型车		
			四轴车	四轴车	四轴车	六轴车	八轴车
1	车辆基本长度(m)		22	19	18.9	22.3	29.5
2	车辆基本宽度(m)		3	2.8	2.6		
3	车辆高度(m)	受流器车(加空调/无空调)	3.8/3.6	3.8/3.6	3.7/3.25		
		受电弓车(落弓高度)	3.8	3.8	3.7		
		受电弓工作高度	3.9~5.6				
4	车内净高度(m)		2.10~2.15				
5	地板高度(m)		1.1		0.95		
6	车辆定距(m)		15.7	12.6	11		7.2
7	固定轴距(m)		2.2~2.5	2.1~2.2	1.8~1.9		
8	车轮直径(mm)		ϕ840		ϕ760		
9	车门数(每侧)(个)		5	4	4	4	5
10	车门宽度(m)		≥1.3				
11	车门高度(m)		≥1.8				
12	定员人数(人)	带司机室车	295	230	200	240	315
		不带司机室车	310	245	210	250	325
13	车辆轴重(t)		≤16	≤14	≤11		
14	站立人员标准	定员(人/m^2)	6				
		超员(人/m^2)	9				
15	最高运行速度(km/h)		≥80		≥70		
16	启动平均加速度(m/s^2)		≥0.9		≥0.85		
17	常用制动减速度(m/s^2)		1.0		1.1		
18	紧急制动减速度(m/s^2)		1.2		1.3		
19	噪声[dB(A)]	司机室内	≤80		≤70		
		客室内	≤83		≤75		
		车外	80~85(站台)		≤82		

3. 按车辆的牵引方式分

按车辆的牵引方式可分为直流旋转电机牵引车、交流旋转电机牵引车和直线电机牵引车三种。直流旋转电机牵引车和交流旋转电机牵引车是黏着牵引系统车型，直线电机牵引车是非黏着牵引系统车型。

4. 按车体宽度与驱动方式分

按车体宽度与驱动方式可分为A型(3 m)、B型(2.8 m)、C型(2.6 m)、D型、L型以及单轨型六种车型。A型、B型、C型为不同车体宽度的钢轮钢轨系列车型，D型为低地板车型，单轨型为胶轮系列车型，以上三类均为黏着牵引系统车型；L型为直线电机系列，是非黏着牵引系统车型。

5. 按车体制作材料分

按车体制作材料可分为耐候钢车、不锈钢车和铝合金车三种。

6. 按受电方式分

按受电方式可分为受电弓车和受流器(受电靴)车。

7. 按电压等级分

按电压等级可分为直流750 V和直流1 500 V两种。

四、目前主要城轨交通及其车辆

传统的城轨交通主要有地铁、轻轨铁路、独轨铁路三种形式，但是随着科学与技术的发展，城市轨道交通的发展呈现着新的趋势，逐渐出现了新的交通系统，包括线性电机车辆和磁悬浮车辆等新的车型。

1. 地下铁道与地铁车辆

“地铁”是“地下铁道”交通的简称，它是一种在城市中修建的快速、大运量的轨道交通，通常以电力牵引，其单向高峰小时客运能力可达60 000人次左右；它的线路通常设在地下隧道内，也有的在城市中心以外地区从地下转到地面或高架桥上。地铁车辆的概念不仅是指在地下隧道内运行的车辆，在地面封闭线路或高架桥上运行的规格类似的电动车辆，都可称为地铁车辆，但地铁的行走模式始终是传统的钢轮双轨系统。

高运量地铁车辆的基本车型为A型车、B型车或直线电机B型车。车辆有带司机室和不带司机室、动车和拖车、动车带受电器和不带受电器的各种车型。列车编组通常由4~8辆组成，最高运行速度大于80 km/h，旅行速度可达35.45 km/h，最小运行间隔仅1.5 min。地铁车辆的驱动方式有旋转式直流电机、交流电机方式，还有直线电动机等其他几种方式。各种车型对线路技术条件的要求以及适用的单向小时最大断面客流量都有所不同。目前在上海、深圳、广州、南京地铁运营中使用了A型车，在北京、天津、武汉、杭州、成都、西安地铁运营中使用了B型车。

地铁系统车辆主要标准及特征见表1-2。

表 1-2　地铁系统车辆主要标准及特征

项　目		标准及特征		
车辆	车　型	A 型车	B 型车	直线电机 B 型车
	车辆基本宽度(mm)	3 000	2 800	2 800
	车辆长度(mm)	24 400/22 800	19 520	17 200/16 840
	车辆定员(人)	310	230/245	215/240
	车辆最大轴重(t)	≤16	≤14	≤13
	列车编组(辆)	4~8	4~8	4~8
	列车长度(m)	100~186	80~160	70~136
线路	类型、形式	地下、高架及地面,全封闭型		
	最小平面曲线半径(m)	300	250	100
	最大限坡	35‰		60‰
运量规模		高运量	大运量	
高峰小时单向运能(万人次/h)		4.0~7.5	3~5	2.5~4.0
供电电压及方式		DC 1 500 V	DC 1 500/750 V	DC 1 500/750 V
		接触网	接触网或第三轨	接触网或第三轨
旅行速度(km/h)		≥35		

2. 轻轨交通与轻轨车辆

轻轨交通 LRT(Light Rail Transit)一般采用地面和高架相结合的方法建设。线路可从市区通往近郊。其采用车辆称为轻轨车辆 LRV(Light Rail Vehicle),轻轨车辆的基本车型为 C 型车和直线电机C 型车,轻轨 C 型车车体宽度为 2 600 mm,直线电机 C 型车车体宽度可为 2 500 mm。C 型车又可分为 C-Ⅰ型、C-Ⅱ型、C-Ⅲ型三种类型,具体分类见表 1-3。C 型有轨电车为适应不同运量的需要有 4 轴、6 轴单铰及 8 轴双铰车等基本类型。车辆多采用低地板形式,便于车站设计。

表 1-3　C 型车分类

类　型	车　辆	低地板车型	高地板车型
C-Ⅰ型	单节 4 轴轻轨	C-Ⅰ(D)	C-Ⅰ(G)
C-Ⅱ型	单铰双节 6 轴轻轨车	C-Ⅱ(D)	C-Ⅱ(G)
C-Ⅲ型	双铰三节 8 轴轻轨车	C-Ⅲ(D)	C-Ⅲ(G)

列车编组采用 1~6 辆(C 型车通常由 1~3 辆组成,直线电机 C 型车可由 4~6 辆组成),电气牵引,铰接式车体。最高速度可达 70 km/h,旅行速度 30~35 km/h,单向运能 2 万人次/h~4 万人次/h。轻轨交通与一般的铁路相比,其轨道为轻型轨,车辆轴重较小,其运输系统相对也比较简单,比较适宜于中等运量的城市客运交通。由于

轻轨交通具有投资少、建设周期短、运能高、灵活等优点，近年来世界各地轻轨交通得到迅速发展。轻轨交通系统主要标准及特征见表1-4。

地铁、轻轨与有轨电车有较大区别，我国轻轨交通系统的道床、轨道结构、运行车辆和运行管理系统与地铁基本相同，而且也有独立的路权；与地铁的不同之处在于，由于客运量比地铁小，列车编组车辆少、运营线路短、运行速度慢、行车间隔略长，其运行管理模式有所不同。因此，地铁与轻轨的主要区别也是最基本的区别就是运量的不同。在我国的规定中，每小时客运量3万人次~8万人次的轨道交通系统，称为地铁；每小时客运量1万人次~3万人次的轨道交通系统，称为轻轨，而且轻轨的走行形式可以是钢轮钢轨的双轨也可以是胶轮独轨。

表1-4 轻轨交通系统主要标准及特征

项目		标准及特征				
车辆	车型	C-Ⅰ型	C-Ⅱ型	C-Ⅲ型	直线电机C型车	有轨电车
	车辆基本宽度(mm)	2 600	2 600	2 600	2 500	2 600
	车辆长度(mm)	18 900	2 320	30 400	16 500	12 500/28 000
	车辆定员(人)	200	240	315	150	110/260
	列车编组(辆)	1~3	1~3	1~3	4~6	单车/铰接车
	列车长度(m)	20~60	25~70	31~92	66~100	12.5/28
线路	类型、形式	地下、高架及地面，封闭或专用车道			封闭	地面道路混行
	最小平面曲线半径(m)	受电弓 $R \geqslant 50$，受电器 $R \geqslant 80$				≥60
	最大限坡	60‰				
运量规模		中运量			中运量	小运量
高峰小时单向运能(万人次/h)		1~3			1~3	0.6~1.0
旅行速度(km/h)		25~35				15~25

3. 独轨铁路及其车辆

独轨铁路是一种特制轨道梁上运行的中运量轨道运输系统，车辆与其专用轨道组合成一体的交通工具，轨道梁不仅是车辆的承重结构，同时也是车辆运行的导向轨道。独轨铁路按其形式可分为跨座式和悬挂式两类。前者车辆的走行装置跨骑在走行轨道上行走，其车体重心处于走行轨道的上方。后者车辆悬挂于可在轨道梁上行走的走行装置的下面，其重心处于轨道梁的下方。另外，独轨交通与有轨电车相比差别在于，独轨交通有独立的路权，而有轨电车不享有独立的路权。即有轨电车钢轨面与地面持平，与地面其他车辆共同使用同样的道路、与横向道路也是平面交叉。

独轨交通系统的列车，通常为4~6节车编组，车辆供电制式为DC 750 V或DC 1 500 V。

独轨交通的优点是占地少、结构简单、投资费用低、噪声低，适应城市环境、地形复杂的要求,因而便于穿行在高楼大厦之间,能在大坡度(60‰)和小曲线半径(50 m)安全运行。独轨铁路一般较适宜于公园、博览会、游乐场等作为游览、观光及兼顾短途城市交通之用。

独轨交通也存在能耗大,道岔结构复杂,车辆走行装置复杂,不能与常规的地铁、轻轨接轨,出现事故救援困难等缺点。

重庆市由于城市道路高差大、线路地形条件差,采用了跨座式单轨车辆,重庆市跨座式单轨交通车辆的主要技术数据见表1-5。

表1-5　重庆跨座式单轨交通车辆主要技术数据

规　格		Mc(带司机室动车)	M(不带司机室动车)
列车编组辆数		Mc+M+M+Mc	
轨道尺寸(mm)		8 500(长)、1 500(宽)	
受流方式		轨道两侧刚性接触网	
供电电压		DC 1 500 V	
尺寸	长(mm)	15 500	14 600
	宽(mm)	29 800	29 800
	高(mm)	5 300	5 300
轴重(t)		9.5	7.5
自重(t)		28.6	27.6
轴距(mm)		走行轮 1 500,稳定轮 2 500	
性能	构造速度(km/h)	80	
	启动加速度(m/s^2)	0.833	
	制动减速度(m/s^2)	1.1	

4. AGT系统(新交通系统)及自动导向车辆

AGT系统(Automated Guideway Transit)是一种车辆采用橡胶轮胎在专用轨道上运行的中小运量轨道运输系统,其列车装有特定的导向装置,车辆运行和车站管理采用计算机控制,可实现全自动化和无人驾驶技术。AGT系统也称为“新交通系统”。新交通系统与独轨铁路有许多相同之处,如均采用高架专用通道,适用于大坡道和小曲线半径线路,大都采用橡胶车轮,噪声低、安全性好、建设费用比地铁低等。不同之处是新交通系统比独轨铁路导向机构简单、道岔动作时间短、维修简单方便。新交通系统比地铁和轻轨车辆小,车长大部分在5~12 m,列车编组较少,一般列车编组2~6辆,运能较低,一般运能单向0.5万人次/h~1万人次/h。

自动导轨系统主要标准及特征见表1-6。单轨系统与新交通系统对比见表1-7。

表 1-6 自动导轨系统主要标准及特征

项目		标准及特征
车辆	车型	胶轮导向车
	车辆宽度(mm)	2 500
	车辆长度(mm)	8 400
	车辆定员(人)	75
	车辆最大轴重(t)	9
	列车编组(辆)	2~6
	列车长度(m)	16.80~50.4
线路	类型、形式	架空或地下,全封闭型
	最小平面曲线半径	30 m
	最大限坡	60‰
高峰小时单向运量(万人次/h)		0.6~1.5
供电电压		DC 750 V
旅行速度(km/h)		≥25

表 1-7 单轨系统与新交通系统对比

系统	分类	车辆和线路条件	客运能力 N(人次/h) 运营速度 v(km/h)	备注
单轨系统	车辆跨座式单轨 CJ231	车长:15 m,车宽:3 m	N:1.0 万~3.0 万 v:≥35	中运量,主要适用于高架
		定员:150~170 人		
		线路半径:≥60 m		
		线路坡度:≤60‰		
	悬挂式单轨车辆	车长:14 m,车宽:2.6 m	N:0.8 万~1.5 万 v:≥20	中运量,主要适用于高架
		定员:80~100 人		
		线路半径:≥60 m		
		线路坡度:≤60‰		
自动导向系统	胶轮导向车辆	车长:8.4 m,车宽:≤2.4 m	N:0.6 万~1.5 万 v:≥25	低运量,主要适用于高架
		定员:75 人		
		线路半径:≥30 m		
		线路坡度:≤60‰		

5. 线性电机车辆

近代新发展的直线电动机将传统电动机旋转运动方式改为直线运动方式,突破了轨道车辆长期以来依靠轮轨黏着作用传递牵引力的传统技术。线性电机车辆采用交流变频变压控制,取消了传统的旋转电机从旋转运动转换成直线运动所必不可少的一系列机械减速传动机构,既减轻了重量又使结构变简单,特别是转向架变为简单的小轮径径向转向架。另外线性电机车辆还有加减速可靠、磨耗少、爬坡能力强等优点。

但是线性电机最大的缺点是效率低,约为旋转电机效率的70%,这是由于线圈与感应轨间的工作气隙较大,导致磁损耗大,线性电机比同样功率电机的耗电量大。另外需铺设一条与线路等长的感应轨,工艺要求又高,所以工程投资大、控制技术复杂、车辆的制造成本高。

地铁车辆中直线电机车辆根据其载客量分为直线电机 A 型车辆、直线电机 B 型车辆两类,直线电机 C 型车辆属于轻轨交通车辆。

广州地铁 4、5 号线采用直线电机 B 型车辆。车辆在正线运行采用 1 500 V 三轨受电,车辆进入检修基地时采用接触网受电。

6. 磁悬浮列车

磁悬浮列车适用于城市人口超过 200 万人的特大城市之间或区域城市群之间的客运交通。磁悬浮列车采用直线电机作为列车的推进装置,车辆运行时悬浮于轨道,与轨道保持一定间隙,工作原理如图 1-1 所示。磁悬浮列车无刚体直接摩擦阻力,可获得比一般高速铁路更高的速度,目前试验速度已达 600 km/h 以上,其无机械振动与噪声、无环境污染,可获得高舒适度和平稳性。同时,由于没有钢轨、车轮、机械传动和接触导电轨等摩擦部件,维修费用大为降低。磁悬浮列车运行中所需电功率主要用来克服空气动力学阻力,其每公里能耗为一般高速列车的 21.4%~64.3%,另外,磁悬浮列车还具有爬坡、越障能力强,更有利于实现全自动化控制等优点。

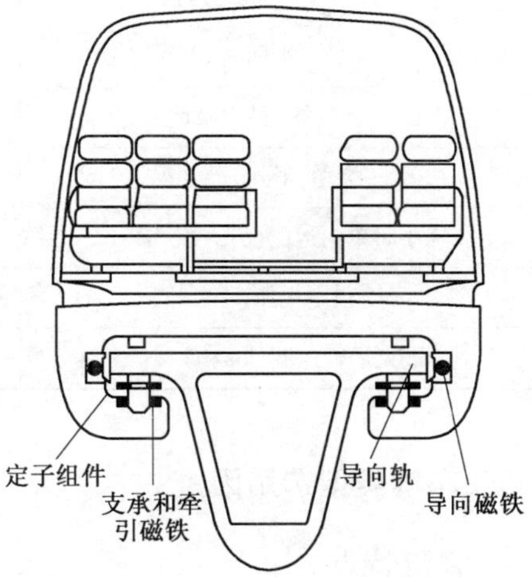

图 1-1　磁浮车辆工作原理

城市磁悬浮列车编组与地下铁道相近,车辆采用电力驱动,牵引、制动采用交流直线电机,进行调频调压控制。它包括悬浮系统、推进系统和导向系统三大部分,利用电磁系统产生的吸引或排斥力将车辆托起,使之悬浮于线路上,利用电磁力导向,使用直线电机将电磁力直接转化成推动力,推动列车前进。相对的,城市磁悬浮交通存在着在列车发生事故后救援困难的缺点。

磁悬浮车辆按驱动方式,即“定子”和“转子”的长短可分为两种模式;磁浮车辆根据其磁浮方式和工作原理的不同,可分为常导磁吸式(简称 EMS 型)和超导磁斥式

(简称 EDS 型)。德国的 TR 型和日本的 HSST 型磁悬浮列车都采用常导磁吸式形式。日本 MLU 型磁浮列车采用超导磁斥型形式。上海高速磁悬浮运营示范线已正式投入运营,采用的是 TR 型磁浮列车,最高速度可达 500 km/h,目前运行的最高速度为 430 km/h。

磁悬浮交通系统主要标准及特征见表 1-8。

表 1-8 磁悬浮交通系统主要标准及特征

项 目		标 准 及 特 征	
车辆	车 型	低速磁悬浮系统	高速磁悬浮系统
	车辆基本宽度(mm)	2 800	3 700
	车辆长度(mm)	15 500	27 210/24 770
	车辆定员(人)	135/153	80/107
	列车编组(辆)	4~8	4~8
	列车长度(m)	165~125	105~205
	类型、形式	高架、地面或地下	高架及地面,全封闭型
	最小平面曲线半径(m)	70	300
	最大限坡	70	100
类型、形式		中运量	中运量
高峰小时单向运能(万人次/h)		1.5~3.0	1.0~2.5
供电电压		DC 1 500 V	DC 1 500 V
最大运行速度(km/h)		100	430

五、车辆类型选用因素

1. 客流特点

城市轨道交通运送的主要对象是市内常住人口的上下班客流、车站和机场的集中到达客流、节假日及大型活动的集中客流、流动人口集中进出城市的客流等。建设城市轨道交通的最终目的是缓解城市公共交通、改善人们的出行条件、促进城市的经济发展。

2. 客流量

根据单向高峰小时最大断面客流量,通常单向高峰小时最大断面客流量在 0.6 万人次/h~1 万人次/h,宜采用地面公共交通及相应车辆;1 万人次/h~3 万人次/h 可采用轻轨交通及相应车辆;3 万人次/h~7 万人次/h 应选择地铁交通及相应车辆。

3. 旅行速度

市区采用地面公共交通,旅行速度为 10~25 km/h;市区交通采用轻轨、地铁交通,旅行速度可为 30~40 km/h;城郊间采用快速轨道交通,旅行速度为 50~60 km/h;

城际区域间则要采用更高旅行速度的轨道交通。

4. 线路条件

若城市地形受限，线路小半径、大坡度特别多，则需考虑采用单轨车辆、直线电机车辆或低速磁浮车辆。

5. 环境条件

车辆选型和技术条件应能适应当地的环境和气候。以地面和高架为主的线路，应考虑车辆的降噪措施。

6. 运用检修

为了节约运营成本，车辆选型时，车辆应采用先进、成熟、安全、经济、可靠且检修方便的主要部件和设备，对于引进的车辆类型，严格坚持引进和生产要国产化的原则和有关政策。

7. 城市景观

车辆的选型应考虑与城市景观的协调，在外形与色彩方面应力求与城市环境统一和谐。

第二节　城市轨道交通车辆电器

电器是在对电能的运用中产生的器具，凡是根据外界特定信号，自动或手动接通或断开电路，对电路或非电对象起开关、控制、保护与检测作用的电工设备，统称为电器。城市轨道交通车辆一般是由接触网或第三轨供电，由牵引电动机将电能转变为机械能从而驱动车辆运行，采用的牵引电动机有直流和交流两种。电气部件的工作贯穿于车辆的整个操纵过程，车辆要在既安全又简便的操纵下获得良好运行性能，就需要一系列不同性能、不同作用、不同型号的电器设备可靠地工作。例如，对电路实行通、断控制，对电动机实行启动、制动、正转和反转控制，对用电设备进行过载、短路、过压等故障的保护，在电路中传递、转换、放大电或非电的信号，自动检测电气设备的电压和电流值，以及控制车门开、关等，都需要用不同的电器来完成。

一、车辆电器的基本结构

车辆电器的种类较多，由于它们的作用和应用条件不同，其外形、尺寸、质量以及结构都有较大的差异，但基本结构主要包括以下三部分：

1. 感应机构(电磁机构)

其主要任务是接收输入信号，包括电压、电流、功率等电信号，也包括压力、速度、温度等非电信号。

2. 执行机构(触头系统)

其主要任务是接收感应机构传来的信号而动作，以实现变换、控制、保护、检测电路等职能。

3. 灭弧机构(保护机构)

其主要任务是尽快熄灭电器触头在开断电路时产生的电弧,以保护电器触头不受损伤,从而延长电器的寿命。

二、车辆电器的分类

车辆电器产品种类繁多,应用十分广泛,由于其功能多样,工作原理各异,所以有多种不同的分类方法。为了方便地了解和记忆这些电器,可按下列方法进行分类:

1. 按电器所接入的电路分

(1)主电路电器:接在动力回路中的电器,如受流器、高速断路器、避雷器等。

(2)辅助电路电器:接在辅助回路,如辅助机组、空气压缩机、通风机等。电路中的电器,如交流电磁接触器等。

(3)控制电路电器:用于控制和操作主、辅电路的电器,如司机控制器、各种继电器及其相应的自动开关等。

2. 按电器的用途分

(1)控制电器:用于各种控制电路和控制系统的电器,如接触器、各种控制用继电器以及各种高低压隔离开关等。

(2)保护电器:用于保护电路、用电设备的电器,如熔断器、热继电器、自动开关、过载继电器、接地继电器及避雷器等。

(3)检测电器:用于监测各种电压、电流信号的电器,如传感器、互感器等。

(4)受流器:用于在接触网或第三轨上受取电流的电器,如受电弓、集电靴等。

3. 按传动方式分

(1)手动电器:如各种闸刀开关、按钮、司机控制器等。

(2)电空传动电器:靠压缩空气推动触头动作的电器,如电空快速断路器、电空接触器等。

(3)电磁传动电器:靠电磁铁带动触头动作的电器,如电磁接触器和电磁继电器等。

4. 按执行机构分

(1)有触点电器:利用动、静触头的接触和分离来实现电路通断的电器,如接触器、断路器等。

(2)无触点电器:主要利用功率晶体管的开关效应,即导通或截止来控制电路的阻抗,以实现电路的通、断与保护,如电子式时间继电器。

5. 按电压高低和工艺特点分

(1)高压开关电器:如高压断路器、隔离开关、电抗器、电压互感器、电流互感器等。

(2)低压开关电器:如接触器、自动开关、熔断器、继电器和司机控制器等。

(3)自动电磁元件:如阀用电磁铁、电磁离合器、磁放大器、磁性逻辑组件、传感器等。

6. 按电流种类分

(1)直流电器:使用直流电的电器,如直流接触器。

(2)交流电器:使用交流电的电器,如交流接触器。

三、车辆电器的主要技术参数

(1)额定电压:在规定条件下,保证电器正常工作的电压值。

(2)额定电流:在规定条件下,保证电器正常工作的电流值。

(3)额定发热电流:在规定条件下,电器各零部件温升不超过极限值时所能承受的最大电流值。

(4)额定持续电流:在规定条件下,电器在长期工作中,各零部件温升不超过规定极限值时所能承受的最大电流值。

(5)机械寿命:在无负载操作条件下,电器打开或闭合而无零部件损坏的极限动作次数。

(6)电气寿命:额定负载时,在规定的条件下,电器打开或闭合而无零部件损坏的极限动作次数。

四、车辆电器面临的主要问题及解决方案

地铁车辆电器由于其工作条件和环境与一般的电器有所不同,它主要面临的问题有:受强烈振动影响、环境温度与湿度变化大、易受污染和腐蚀、操作频率高、工作电压高、电流波动大及安装空间有限等。

1. 振动问题

列车运行中轮对通过钢轨接缝处时,轨枕的弹性会使机车产生方向性的振动;当列车通过曲线弯道或道岔时,会产生横向的振动;当列车启动或制动时会产生纵向的振动。另外,车辆上的一些旋转设备(如牵引电机、通风机等)也会引起振动。由于振动,电器各部件受到附加力的作用,严重时便不能正常工作。为此,在选用、布置、安装电器时应考虑到振动因素的影响。须注意紧固件应该有弹簧垫及防松装置,电器中弹簧的力量及电磁吸力应适当增加,以防因振动而发生误动作;连接线连接要紧固,避免因振动而产生接触不良、内部发热等事故。

2. 工作环境问题

由于地铁车辆电器工作环境的温度变化范围大,工作时车内温度很高,车底及车顶冬天温度很低。因此,要求电器允许的温度范围为-40~40 ℃(-40~-25 ℃为存放温度,-25~40 ℃为工作温度)。另外,由于大气中的粉尘及其他污染物对列车电器的腐蚀也较为严重,从而降低了电器的绝缘能力,严重时还会影响其正常工作。因此,在选择地铁车辆电器时,相应的标准要高一些,并要对电器经常清扫、保养,以保证其正常工作。

3. 操作频率问题

由于列车常有启动、制动及调速的操纵,所以地铁车辆电器的操作频率是较高的。因此,选用地铁车辆电器时要求其操作频率的等级要高一些,电器的机械寿命也应长一些。

4. 空间安装位置问题

由于安装地铁车辆电器的实际空间是有一定限制的,因此要求电器有尽量小的安装尺寸。

总之,地铁车辆电器的工作条件及环境是相当恶劣的,对其正常工作有一定的影响。为此,对地铁车辆电器的基本要求是:动作准确可靠、有足够的电气寿命和机械寿命、有较高的操作频率及能量消耗少且便于检修。在生产上则要求质轻体小、经济耐用和便于生产。

五、城市轨道交通车辆电器概述

城市轨道交通车辆电器系统主要包括:牵引系统、辅助系统、制动系统、控制和网络信息系统、列车门控制系统、乘客信息系统、空气调节控制系统等。

1. 牵引系统

城市轨道交通电力牵引系统是为列车提供所需动力及制动力的系统,用于控制列车电机等的工作,主要包括高速开关、主电路、变流设备及其控制单元、制动电阻等部件。

牵引系统通过控制牵引逆变器实现变压变频控制,它能够控制感应电机的转速,使得列车速度能在一个很宽的范围内调节。它还能够实现牵引/再生制动和向前/向后操作。牵引电机在牵引模式下,将电能转换成机械能牵引列车运行;在制动模式下,将机械能转换成电能,电机通过安装在外部框非驱动端上的风扇进行风冷,气流主要流过叠成导磁硅钢板片的外围的热交换通道,小部分流经带滤网电机内部通道。

电容滤波器用以吸收地铁第三轨电压中的纹波。制动电阻用于消耗在生制动时过高的网压,再生时的能量消耗在制动斩波电阻上面。高速断路器是直流单极装置,具备双向过流保护并自动跳闸释放(跳闸特性是依据通过装置的电流),为牵引系统提供过流保护。

2. 辅助系统

辅助逆变系统是城轨车辆上必不可少的关键系统,是辅助供电系统的核心,主要部件包括滤波电抗器、充电电路、滤波电容器、EMI 电容、辅助逆变器模块、三相滤波器、变压器等。

辅助逆变器是该系统的主要部件,安装于拖车构架上,具有将输入的直流电源(DC 750 V)逆变成三相交流电源(AC 380 V)并为空调、交流压缩机、客室照明及控制回路等提供稳定的三相交流电压的功能,另通过整流装置输出 DC 110 V 电源,为列车低压直流负载供电,同时为蓄电池组浮充电。列车还安装有一套 DC 110 V/DC 24 V

变换器,为 DC 24 V 负载提供电源。

滤波电抗器和滤波电容器构成高压输入部分的滤波器,它能抑制输入电路的谐波和减少输入电路暂态过程的影响。输入电路的负极通过转向架接地,负极上接有 EMI 电容,其作用是为了确保高频接地和降低电磁干扰对辅助逆变器的影响。辅助逆变器的输出经三相输出滤波器进行滤波,该滤波器由三相滤波电抗器和三相滤波电容器构成,属于低通滤波器,能滤除逆变器输出的 PWM 波的大部分谐波。三相滤波器后面是一个输出变压器,将逆变器的输出电压为 380 V,并起到使低压和高压隔离的作用。

3. 制动系统

城市轨道交通车辆制动系统是为了顺利实现制动,使列车减速、停车、阻止其运动或加速的装置,制动力与列车运动方向相反,由轨道作用于车轮或轮轴。城轨车辆的制动功能受信号设备和监控设备的监控。当信号设备判断列车需要制动时,在自动驾驶的模式下或者是司机操纵下,列车的制动设备会自动完成列车的制动。一套完整的城轨车辆制动装置一般包括制动控制部分和制动执行部分。制动控制部分是进行操纵和控制部分的总称,由制动控制信号的发生装置、制动控制信号传输装置以及制动控制装置组成。

由于一般城轨车辆采用动力分散型的动车组形式,即车辆分为动车和拖车,因此,列车的制动也分为动车的制动装置和拖车的制动装置。两种车辆一般受制动控制系统的控制,制动执行部分会有所不同。

4. 控制和网络信息系统

列车控制和网络信息系统主要由列车信息中央装置、列车信息终端装置、列车信息显示器(含 IC 卡架等)以及车内各种设备的监控、诊断和显示装置等组成。其作用是对整个列车的牵引、制动和车内所有设备进行控制、通信、监测和诊断。

列车控制及监控系统由在 Tc 车司机室内的显示屏 TCMS,Tc 车的中央控制单元主 CCU,Tc 车的诊断中央控制单元诊断 CCU 及各车客室控制柜中安装的模拟量、数字量、通信传输的输入/输出(I/O)接口设备组成。

列车控制及监控系统包括车载硬件设备、控制软件、诊断软件、监视软件和维护工具等。系统采用人机界面,有控制、监视、诊断、故障操作指导等功能。

网络拓扑图如图 1-2 所示。

列车通信网络用于协调列车中分散于各车辆的设备以及传输列车运行过程中安全信息,能够实现整列车中所有设备的信息共享、协调工作以及故障的远程诊断和维护,为旅客提供信息服务等功能。

5. 列车门控制系统

城市轨道列车车门是安装在车体上的重要部件,车门因其数量多(每列车有几十个车门)、操作频繁(运营中平均每 2 min 就须开关门 1 次)而成为车辆至关重要的部件。车门的结构和控制要安全可靠,否则将会影响运营,有的甚至直接危害乘客的人

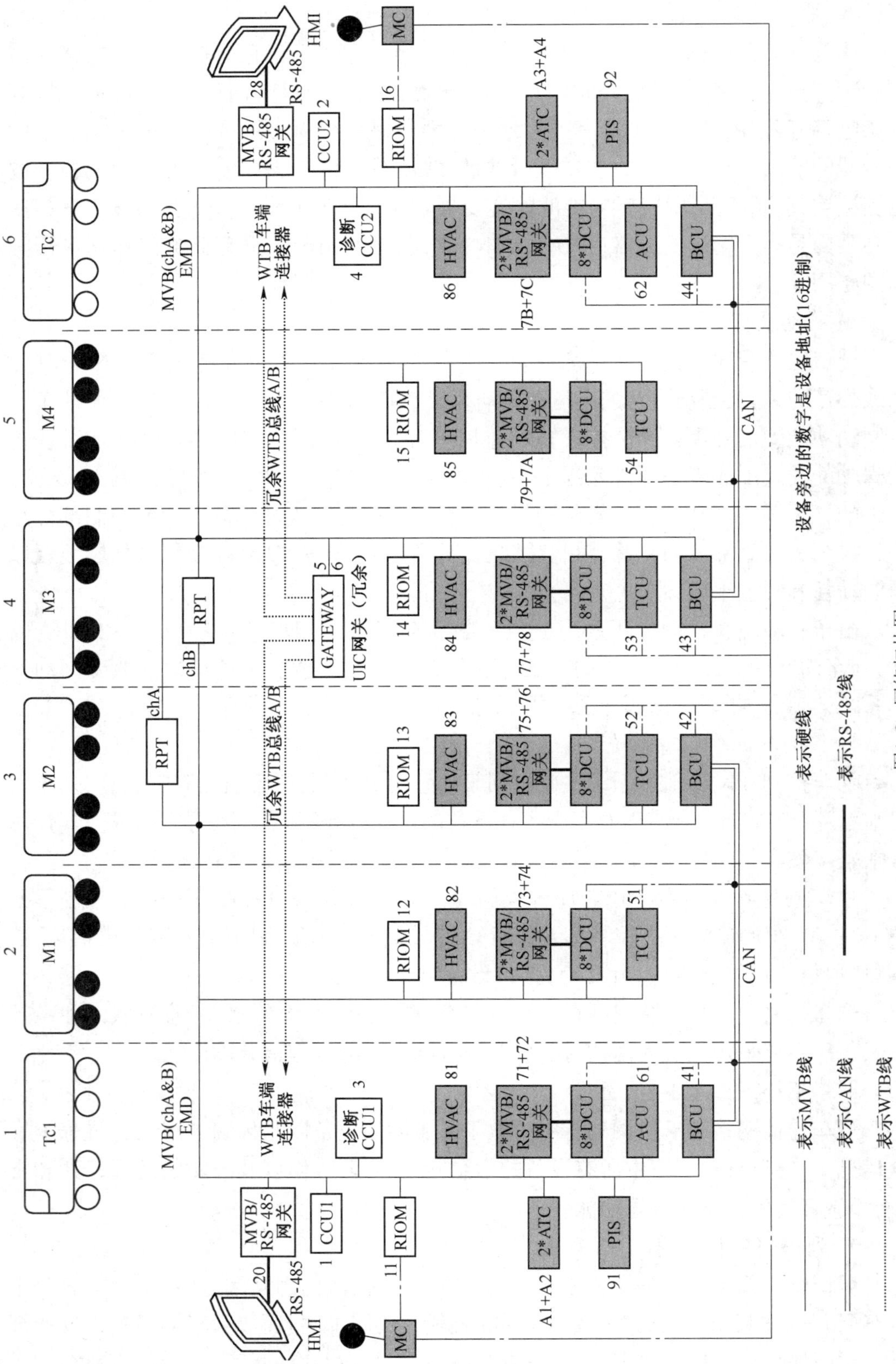
1
2
3
4
5
6
Tc1
M1
M2
M3
M4
Tc2
MVB(chA&B)
EMD
WTB车端
连接器
冗余WTB总线A/B
GATEWAY
UIC网关（冗余）
RPT
chA
chB
MVB/
RS-485
网关
RS-485
HMI
MC
CCU1
CCU2
诊断
CCU1
诊断
CCU2
RIOM
HVAC
2*MVB/
RS-485
网关
8*DCU
ACU
TCU
BCU
2*ATC
PIS
CAN
20
1
11
3
81
71+72
61
41
A1+A2
91
12
82
73+74
51
13
83
75+76
52
42
14
84
77+78
53
43
5
6
15
85
79+7A
54
28
2
16
4
86
7B+7C
62
44
A3+A4
92
设备旁边的数字是设备地址(16进制)
表示MVB线
表示CAN线
表示WTB线
表示硬线
表示RS-485线

图1-2 网络拓扑图

身安全。车门设置可靠的机械锁闭机构、故障隔离装置、紧急解锁、重开门等安全设施保障乘客安全,同时,城轨车辆的车门应方便乘客,并尽量缩短乘客上、下车时间以满足列车运行密度的要求。

车门系统主要功能:

(1)开/关门功能,包括车门开/关状态显示;

(2)未关闭好车门的再开闭功能,已关好的车门不再打开;

(3)开关车门的二次缓冲功能;

(4)防夹人/物功能(障碍物探测重开门功能);

(5)车门故障切除功能;

(6)车门内部紧急解锁功能(每辆车每侧两个车门);

(7)车门旁路功能;

(8)乘务员钥匙开关功能(每辆车每侧各一个车门);

(9)故障指示和诊断记录功能,并可通过读出器读出;

(10)自诊断功能;

(11)零速保护。

6. 乘客信息系统

城市轨道交通车辆乘客信息系统向乘客提供列车运行信息、安全信息和其他公共信息,如列车的终点站、停车车站、换乘信息等;在列车发生故障或事故时,向乘客提供回避危险的指挥、指导信息等。乘客信息系统包括闭路电视监控系统(CCTV)、广播、列车运行线路电子显示图、LED 显示器、VCD 显示器以及各种文字、图示固定信息。向乘客播报和显示的各种形式的信息应简洁、明了、正确和同步,避免对乘客产生误导。

7. 空气调节控制系统

列车正常运行时,需要为乘客和工作人员提供一个适宜的人工环境,满足其生理和心理要求。首先,城市轨道交通车辆乘客拥挤,必须设有通风装置。在较热的地区、季节,提供制冷空调,在较冷地区、季节,则设有采暖、电热器。空气调节控制系统作为城市轨道交通中重要设备之一,担负着对城市轨道交通内部空间的空气温度、湿度、空气流速、空气压力和空气品质进行控制的任务,是保证车辆运营必不可少的基础条件。

第二章　城市轨道交通车辆电器基础知识

第一节　电 器 安 全

一、电流对人体的危害

由于不慎触及带电体，产生触电事故，会使人体受到各种不同的伤害。根据伤害性质可分为电击和电伤两种。

电击是指电流通过人体，使内部器官组织受到损伤。如果受害者不能迅速摆脱带电体，则最后会造成死亡事故。

电伤是指在电弧作用下或熔丝熔断时，对人体外部的伤害，如烧伤、金属溅伤等。

根据大量触电事故资料的分析和实验，证实电击所引起的伤害程度与下列各种因素有关。

1. 人体电阻的大小

人体的电阻越大，通入的电流越小，伤害程序也就越轻。根据研究结果，当皮肤有完好的角质外层并且很干燥时，人体电阻大约为 $10^4 \sim 10^5$ Ω。当角质外层破坏时，则降到 800～1 000 Ω。

2. 电流通过时间的长短

电流通过人体的时间越长，则伤害越严重。

3. 电流的大小

如果通过人体的电流在 0.05 A 以上时，就会有生命危险。一般来说，接触 36 V 以下的电压时，通过人体的电流不致超过 0.05 A，故把 36 V 的电压作为安全电压。如果在潮湿的场所，安全电压还要规定得低一些，通常是 24 V 和 12 V。

4. 电流的频率

直流和频率为 50 Hz 左右的交流电对人体的伤害最大，而 20 kHz 以上的交流电对人体无危害。高频电流还可以治疗某种疾病。

此外，电击后的伤害程度还与电流通过人体的路径以及带电体接触的面积和压力有关。

二、触电及接地方式

人体触电的方式主要分为接触正常带电体及接触正常不带电体触电两大类。

1. 接触正常带电体

(1)电源中性点接地的单相触电，如图 2-1 所示。这时人体处于相电压之下，危险性较大。如果人体与地面的绝缘较好,危险性可以大大减小。

(2)电源中性点不接地的单相触电,如图 2-2 所示。这种触电也有危险。乍看起来,似乎电源中性点不接地时,不能构成电流通过人体的回路。其实不然,要考虑到导线与地面间的绝缘可能不良(对地绝缘电阻为 R'),甚至有一相接地,在这种情况下人体中就有电流通过。在交流的情况下,导线与地面间存在的电容也可构成电流的通路。

(3)两相触电最为危险,因为人体处于线电压之下,但这种情况不常见。

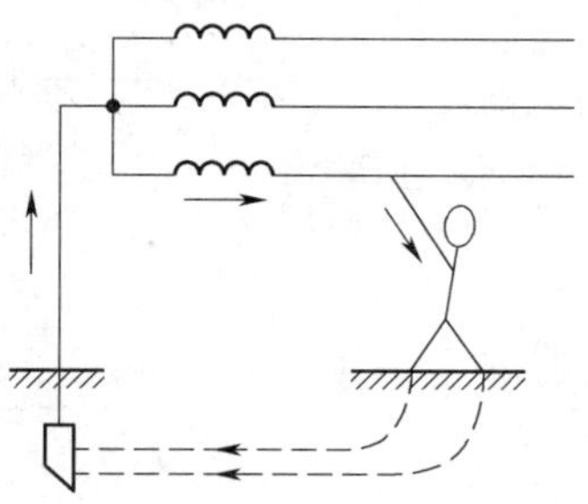

图 2-1 电源中性点接地的单相触电

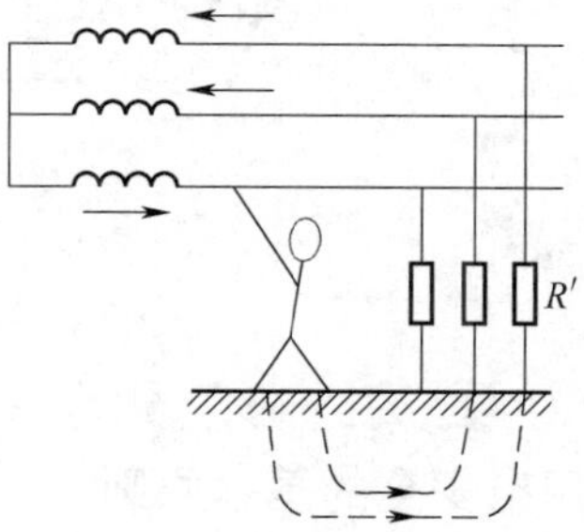

图 2-2 电源中性点不接地的单相触电

2. 接触正常不带电的金属体

触电的另一种情形是接触正常情况下不带电的金属体。譬如,电机的外壳本来是不带电的,由于绕组绝缘损坏而与外壳相接触,使它也带电。人手触及带电的电机(或其他电气设备)外壳,相当于单相触电,大多数触电事故属于这一种。为了防止这种触电事故,对电气设备常采用保护接地和保护接零(接中性线)的保护装置。

3. 接地和接零

为了人身安全和电力系统工作的需要,要求电气设备采取接地措施。

接地体:按一定技术要求埋入地中并且直接与大地接触的金属导体;

接地线:电气设备与接地体连接的金属导体;

接地装置:接地体与接地线的统称;

接地:就是将电气设备的某一部分通过接地装置同大地连接起来;

接地电阻:指接地体或自然接地体的对地电阻和接地线电阻的总和,按照国家有关部门的规定,接地电阻的阻值应小于 4~10 W。

按接地目的的不同,主要可分为工作接地、保护接地和保护接零,如图 2-3 所示。

(1)工作接地

在低压配电系统中,电源(变压器)中性点有接地和不接地两种。接地的目的出于电力系统运行和安全的需要。这种接地称为工作接地。例如三相四线制电源中性点的接地。

(2)保护接地和保护接零

保护接地就是将电气设备的金属外壳(正常情况下是不带电的)接地,宜用于中性点不接地的低压系统中。

在低压配电系统电源中性点不接地的情况下，采用保护接地；在中性点接地的情况下则采用保护接零。接地和接零如图 2-3 所示。

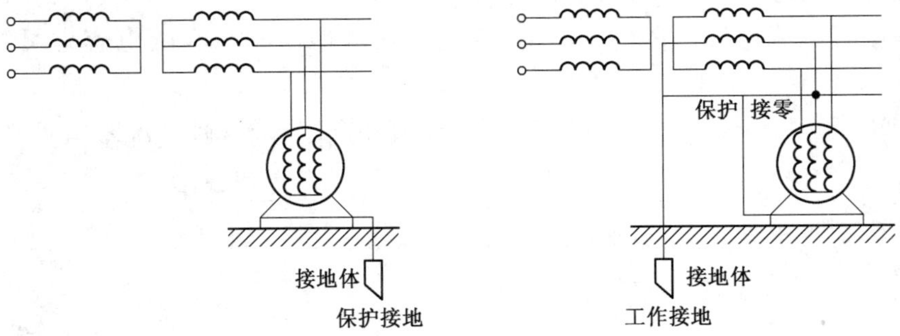

图 2-3 接地和接零

三、用电安全的基本原则

直接接触防护应采用以下方法之一：

(1) 防止电流经由身体的任何部位通过；

(2) 限制可能流经人体的电流，使之小于电击电流。

间接接触防护应采用以下方法之一：

(1) 防止故障电流经由身体的任何部位通过；

(2) 限制可能流经人体的故障电流，使之小于电击电流；

(3) 在故障情况下触及外露可导电部分时，可能引起流经人体的电流等于或大于电击电流时，能在规定的时间内自动断开电流。

正常工作时的热效应防护，应使所在场所不会发生因地热或电弧引起可燃物燃烧或使人遭受灼伤的危险。

安全用电原则：

(1) 不靠近高压带电体(室外高压线、变压器旁)，不接触低压带电体。

(2) 不用湿手扳开关，插入或拔出插头。

(3) 安装、检修电器应穿绝缘鞋，站在绝缘体上，且要切断电源。

(4) 禁止用铜丝代替保险丝，禁止用橡皮胶代替电工绝缘胶布。

(5) 在电路中安装触电保护器，并定期检验其灵敏度。

四、电气装置的检查和维护安全要求

电气装置的检查和维护工作应满足以下安全要求：

(1) 电工作业人员应经医生鉴定没有妨碍电工作业的病症，并应具备用电安全、触电急救和专业技术知识及实践经验。

(2) 电工作业人员应经安全技术培训，考核合格，取得相应的资格证书后，才能从事电工作业，禁止非电工作业人员从事任何电工作业。

(3)电工作业人员在进行电工作业时应按规定使用经定期检查或试验合格的电工用个体防护用品。

(4)当进行现场电气工作时，应有熟悉该工作和对现场有足够了解的电工作业人员来执行，并采取安全技术措施。

(5)当非电工作业人员有必要参加接近电气装置的辅助性工作时，应有电工作业人员先介绍现场情况和电气安全知识、要求，并有专人负责监护，监护人不能兼做其他工作。

(6)电气装置应有专人负责管理、定期进行安全检验或试验，禁止安全性能不合格。

第二节　电器的发热及冷却

电器在运行中会产生各种损耗，这些损耗转变为热能，其中一部分散发到周围介质中，另一部分会加热电器的零部件，使其温度升高。电器温度升高后，其本身温度与周围环境温度之差，称为温升。

电器的零部件主要由导电材料、导磁材料和绝缘材料等制成。温度升高、发热持续时间过长，会使导电材料的机械强度下降。导电材料的机械强度还与温度升高速度有关。迅速加热、发热时间很短时电器零部件的发热温度极限，比缓慢加热、发热持续时间很长时要高得多。因此，通常规定短路故障时电器各零部件的发热温度极限比正常负载时要高得多。

温度过高、发热持续时间过长会使导磁材料的机械强度下降，导磁性能变坏，特别是当温度超过其居里点时就会失去导磁性能。

温度过高、发热持续时间过长会使绝缘材料迅速老化，使用寿命缩短，甚至会使介质损耗增加，发热更厉害，导致其介电强度下降，严重时还会引起击穿而损坏。

电器各零部件长期正常工作时的温度不应该超过国家标准所规定的温度极限，否则会降低工作可靠性，缩短使用寿命，甚至会烧损而导致严重故障。各零部件的工作温度也不应过低，因为温度过低说明没有对该零部件充分利用，导致电器体积大、耗材多、成本高。保证电器的机械强度、导电性、导磁性以及介质的绝缘性不受危害的极限温度称为发热温度极限。发热温度极限与最高环境温度(我国规定为 40 ℃)之差称为允许温升。

一、电器的发热

电器在工作过程中，电流通过导体会产生电阻损耗，铁磁体在交变磁场作用下会产生磁滞和涡流损耗，绝缘体在交变电场作用下会产生介质损耗，触头通、断一定电流和电压的电路时会产生高温电弧(电弧电阻损耗)，电磁离合器工作时会产生摩擦损耗，各种缓冲和制动装置也会产生能耗。上述损耗能量会变换为热能使电器发热。常见损耗是电阻损耗、磁滞和涡流损耗，对高压电器还应考虑介质损耗。

1. 直流电流通过导体的电阻损耗

根据楞次—焦耳定律，直流电流通过导体的电阻损耗：

$$W = \int_0^t I^2 R \mathrm{d}t \tag{2-1}$$

式中 I——通过导体的直流电流，A；

R——导体电阻，Ω；

t——通电时间，s。

通常导体电阻随温度的升高而增加，即：

$$R = R_0(1 + \alpha\theta + \beta\theta^2 + \cdots) \tag{2-2}$$

式中 R_0——在 0 ℃时的导体电阻，Ω；

α、β——电阻温度系数；

θ——发热体表面温度。

2. 交流电流通过导体的电阻损耗

交流电流通过导体产生交变磁通，导体中心部分的磁通比其表面部分多，交变磁通感应电势和电流用以阻止原电流流通，因而使导体中心部分电流密度减小，导体表面部分电流密度增大，产生所谓的集(趋)肤效应。

当两导体平行且靠得很近时，导体中的交流电流产生的交变磁通彼此耦合，使导体截面中电流分布不均匀，产生所谓的邻近效应。

(1)集肤效应

影响导体电流分布不均产生集肤效应的因素有电流频率、导体几何形状、导体的电导率与磁导率等。

交流电流通过导体时，单位长度的电阻损耗功率为：

$$P_{\mathrm{N}} = \int_S j^2 \rho \mathrm{d}S = I_{\mathrm{N}}^2 R_{\mathrm{N}} \quad (\mathrm{W/m}) \tag{2-3}$$

式中 j——实际电流密度，$\mathrm{A/m^2}$；

ρ——导体材料电阻率，Ω · m；

S——导体截面面积，$\mathrm{m^2}$；

I_{N}——交流电流有效值，A；

R_{N}——导体单位长度交流等效电阻，Ω/m。

(2)铁磁物质载流导体的集肤效应

当交流电流(有效值为 I_{N})通过铁磁导体时，单位长度的电阻损耗功率为：

$$P_{\mathrm{N}} = H^2 l_{\mathrm{c}} \sqrt{\omega\mu\rho} \quad (\mathrm{W/m}) \tag{2-4}$$

式中 H——磁场强度的有效值，A/m；

l_{c}——铁磁载流导体周长，m；

ω——交流电流角频率，rad/s；

ρ ——铁磁导体材料电阻率，Ω/m；

μ ——散热系数，W/(m^2 · ℃)。

3. 磁滞、涡流损耗

载流变化的导体穿过法兰盘、螺母等铁质零部件时，在铁质零部件中产生交变磁场，引起磁滞、涡流损耗，使其温度升高。要准确计算铁损耗是非常困难的，通常进行近似估算。

交流电器中常采用硅钢片叠成导磁铁芯。铁芯中的磁滞、涡流损耗与电流频率、铁芯磁感应强度的幅值 B_m 等有关，通常是根据试验曲线近似计算铁芯中的铁损。

4. 电介质损耗

电介质在交变电场作用下的损耗功率为：

$$P_N = 2\pi fCU^2\tan\delta \quad (W) \tag{2-5}$$

式中　C ——电介质的电容，F；

δ ——电介质的介质损耗角，rad。

在低压电中，电压 U 很低，电介质中的电场强度不大，电介质损耗很小，通常可以不考虑。在高压电器中，电压 U 很高，电介质中的电场强度很大，必须考虑电介质损耗及其产生的热量，以免引起过热而使绝缘材料老化加速，甚至引起热击穿而损坏器件。

二、电器的散热冷却

发热和散热同时存在于电器的工作过程中，在使用电器时，既要减少损耗和发热，又要增强散热。电器的散热方式有热传导、对流和辐射。

1. 热传导

热传导是指发热体的热量由较热部分向较冷部分传播，或由发热体向与它接触的温度较低的物体传播。热传导是通过物体分子的热运动传播热量的，它是固体传热的主要方式，特别是金属内自由电子的扩散，加速了热量的传播。热传导也可在气体和液体中进行，此时热量是借助于原子和分子的扩散以及弹性波的作用进行传播的。

根据傅里叶定律，dt 时间沿等温面 S 的法向 n 经热传导传播的热量 dQ 与该面积 S 及温度梯度 $\partial t/\partial n$ 成正比，即：

$$dQ = -\lambda S\frac{\partial t}{\partial n} \quad (J) \tag{2-6}$$

式中　λ ——导热系数，表示材料的导热性能，W/(m^2 · ℃)；

S ——等温面的面积；

"-"号——热流方向总与温度梯度方向相反。

2. 热对流

热对流是指借流体（气体或液体）的运动而传递热量，热量的转移和流体本身转移结合在一起。根据流体流动的原因,对流分为自然对流和强迫对流。自然对流是靠近发热体的流体被加热而温度升高,密度减小,流体的热质点与冷质点的密度差使热质点上升,冷质点填充热质点的位置,此过程不断进行,形成流体自下而上运动,带走发热体的热量。强迫对流是在外力作用下(如通风机、液力泵等)强迫流体运动,带走发热体的热量。机车电机、电器因受安装位置的限制,广泛采用强迫对流,达到加强散热、缩小体积、减轻重量、节约材料、降低成本的目的。

对流散热与流体的物理参数有关(如流体的热容量、热导率、密度、黏度等),还与流体通道的形状、尺寸、流速以及发热体的温度、几何形状、尺寸、布置方式等有关。

载流导体、线圈等的内部热量主要由热传导传递到表面,表面的热量主要由对流和辐射散发到周围介质中。强迫对流是发热体表面散热的主要方式。对流散热量通常按经验公式(2-7)计算:

$$dQ = \alpha(\theta - \theta_0)Sdt = \alpha\tau Sdt \quad (\mathrm{J}) \tag{2-7}$$

式中 Q——对流散出的热量,J;

θ——发热体表面温度,℃;

θ_0——周围介质温度,℃;

S——表面散热面积,m^2;

α——对流散热系数,$W/(m^2 \cdot ℃)$,通常由试验给出经验数据。

3. 热辐射

热辐射是发热体的热量以电磁波的形式转移的过程。热辐射能在真空中或气体中传递热量,但不能在固体和液体物质中传递。热辐射以波长为 0.8~40 μm 的电磁波(红外线)传递的热量为最大,以波长为 0.4~0.8 μm 的电磁波(可见光)传递的热量为最小。

当发热体辐射表面面积比吸收辐射热的受热体表面面积小得多时,发热体单位表面积的热辐射功率为:

$$P_N = 5.67 \times 10^{-8}\varepsilon(\theta^4 - \theta_0'^4) \quad (\mathrm{W/m^2}) \tag{2-8}$$

式中 θ——发热体表面绝对温度,K;

θ_0'——受热体表面绝对温度,K;

ε——热辐射系数,$W/(m^2 \cdot K^2)$,它与发热体表面状态和颜色有关。

完全吸收辐射热量的物体称为绝对黑体。绝对黑体被加热时,热辐射的本领也最强。

三、电器的发热工作制

国家标准规定电器的额定工作制分为 8 小时工作制、不间断工作制、短时工作制、断续周期工作制和周期工作制五种。

电器的温升和冷却基本上按照指数规律变化,即:

温升:

$$\tau = \tau_w(1 - e^{-t/T}) + \tau_0 e^{-t/T} \tag{2-9}$$

冷却：

$$\tau = \tau_w e^{-t/T} \tag{2-10}$$

式中 T——时间常数；

τ_w——$t \to \infty$ 时，电器的温升达到稳定值，也称为稳定温升；

τ_0——$t=0$ 时，电器的温升。

从电器发热与冷却的观点可将发热工作制分为长期工作制（通电时间 $t \geqslant 5T$）、短时工作制（通电时间 $t_1<5T$，断电时间 $t_2 \geqslant 5T$）和反复短时工作制（通电和断电时间都小于 $5T$）。

1. 长期工作制

8 小时工作制、不间断工作制都属于长期工作制。它们的通电时间大于 $5T$，温升能达到稳定值，特点是电器损耗所产生的热量全部散到周围介质中。

8 小时工作制电器经 8 小时工作而断电后，可以清扫触头表面的氧化膜和尘埃膜；不间断工作制没有清扫触头的机会，由于连续通电，触头发热使氧化膜加厚，接触电阻增大，发热更甚，造成恶性循环。因此，电器触头工作于 8 小时工作制的极限允许温升可以比不间断工作制取得稍高一些。

2. 短时工作制

电器的短时工作是指通电时间很短，温升达不到稳定值，而断电时间很长，冷却可达到周围介质温度。

为了充分利用电器，在长期工作制下通以额定电流的稳定温升应达到极限允许温升；若此电器用在短时工作制下，在通电时间内通以短时制电流也应达到极限允许温升。很明显，工作于短时工作制的电器的电流、功率将比工作于长期工作制的电器的电流、功率大得多。

3. 反复短时工作制

反复短时工作制是指通电和断电周期性地循环的工作制。在通电时间 t_1，内电器温度上升，在断电时间 t_2 内温度下降。最初，每经一个循环时间 t_1+t_2，其温升比前一个循环高，经多次循环后，电器在通电期间升高的温度与在断电期间下降的温度基本相同，于是电器的温升就在一定范围内摆动。

在保证不超过电器极限允许温升的条件下，电器在反复短时工作制下的功率较长时工作制下的可取得大一些。

第三节 电器的执行机构

触头是电器的执行机构，用来直接接通或断开被控电路。

在电路中通过触头相互接触的地方称之为电接触。电接触用以使电流由一个导体流到另一个导体上，完成电路接通任务，因此又叫作接触连接。触头是接触连接的一种形式。

一、触头的定义及其工作特点

在有触点电器中，直接接通和断开电路的零件称之为触头。

触头是有触点电器完成其职能的执行机构。触头是成对出现的，固定不动的叫静触头，可以活动的叫动触头。电路是依靠动触头的动作来实现接通和断开的。

触头性能的好坏，将直接影响电器工作的可靠性，甚至会影响电动车辆的安全运行。由于电动车辆在运行过程中，特别是机车通过道岔和启动、加速、制动时会引起较大的振动和冲击，从而引起电器的振动和冲击，可能导致紧固螺栓松动或触头误动作，造成电器工作时的误动作。触头的工作频率比较高，长期工作后触头本身温度上升，造成触头表面的氧化程度加剧，使接触电阻增加，从而使功率损耗增加，又使表面温升增加，形成恶性循环，最终使触头由于温度太高发生熔焊，动、静触头熔化成一体而失去作用。由于空气中的尘埃、水分与油污会使触头表面锈蚀，加之发热及电弧等的有害作用，触头极易损坏。另外，触头通、断电路时存在着电弧燃烧现象，易烧伤触头表面，出现凹凸不平的毛刺，最后又易产生熔焊现象，使触头不能断开而失去触头的作用。由于上述各种原因，触头是有触点电器的薄弱环节。

二、触头的分类

触头的形状及接触形式多种多样，如图 2-4 所示，其具体分类方法如下：

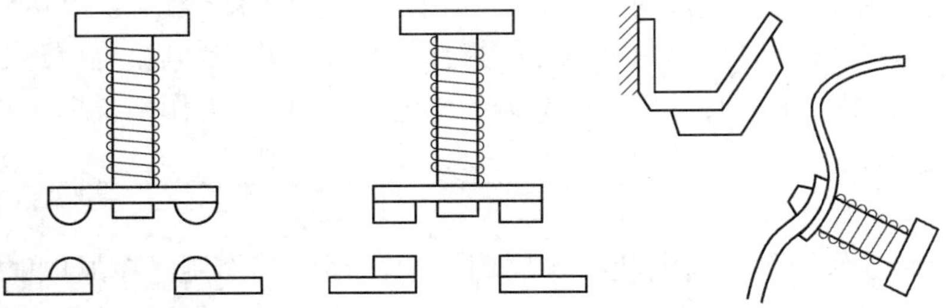

（a）点接触的桥式触头　（b）面接触的桥式触头　（c）线接触的指形触头

图 2-4　不同形状及接触形式的触头

1. 按触头的工作情况分

（1）有载开闭触头：触头的分断、闭合过程中允许有电流通过。

（2）无载开闭触头：触头在分断电路过程中不允许有电流通过，在接通后才允许有电流通过。因为无电分断不产生电弧，所以有利于触头的工作，可延长触头的使用寿命。

2. 按触头在电路中的用途分

（1）主触头：用来接通或断开主要工作电路，如地铁车辆的主电路和辅助电路。

(2)辅助触头:通常用在小电流的控制电路中,用以控制其他分支电路,实现地铁车辆所要求的某种电气联锁作用。辅助触头又称为联锁触头,有常开联锁触头和常闭联锁触头两种。

3. 按工作状态分

(1)常开触头:电器线圈无电时,触头处于断开状态;电器线圈有电时,触头处于闭合状态。

(2)常闭触头:电器线圈无电时,触头处于闭合状态;电器线圈有电时,触头处于断开状态。图2-5所示为常开、常闭触头的图形符号。

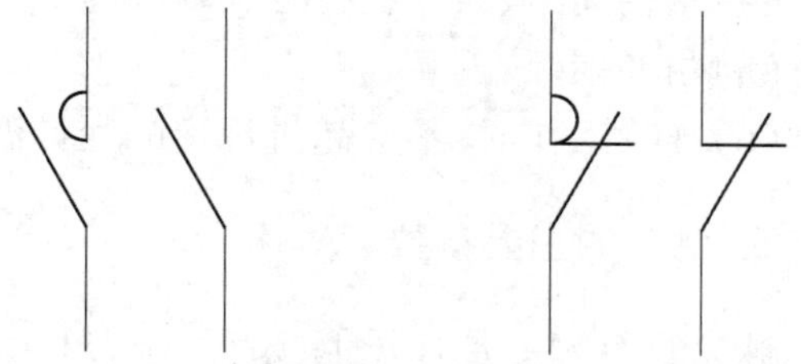

(a)常开触头(动合触头)　(b)常闭触头(动断触头)

图2-5　常开、常闭触头的图形符号

4. 按结构形式分

(1)指形触头:形状像大拇指。

(2)桥式触头:形状像桥。

5. 按接触形式分

(1)点接触:点与点的接触或点与面的接触,如继电器触头和接触器的联锁触头。适用于电流在10 A以下的场合,一般用于控制电路。特点:接触面积小,散热条件差,接触电阻较大。

(2)线接触:圆柱与圆柱的接触或圆柱与平面的接触,如接触器、自动开关及高压电器的主触头。适用于电流在几十安培至几百安培的场合。特点:接触面积与接触压力均适中。

(3)面接触:平面与平面的接触,如大容量的接触器和断路器的主触头。适用于电流较大的场合。特点:接触面积与接触压力均较大。

图2-6所示为触头的三种接触形式。

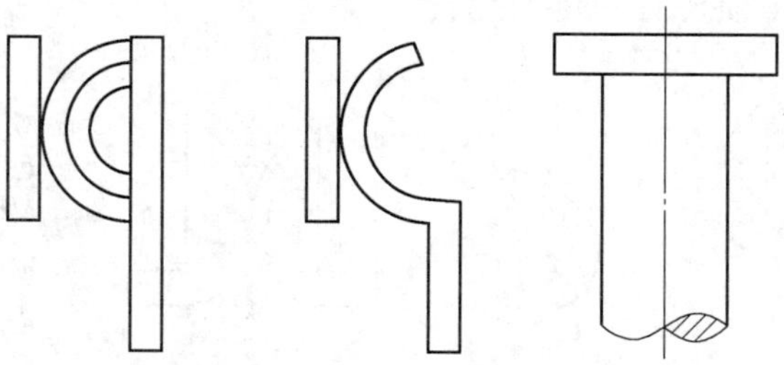

(a)点接触　(b)线接触　(c)面接触

图2-6　触头的接触形式

三、对触头的基本要求

根据触头的工作特点,为确保电器可靠工作,有足够的使用寿命,对触头必须有较高的要求。

(1)动、静触头要可靠接触,接触电阻要小。

(2)有足够的电动稳定性与热稳定性。电动稳定性是指当大电流通过电器时,在其产生的电动力(载流导体处在磁场中会受力的作用,载流导体间相互作用也会受到力的作用,这种力就称为电动力)作用下,电器有关部件不产生损坏或永久变形的能力。热稳定性是指电器部件在一定时间内能承受短路电流的热作用而不发生热损坏的能力。

(3)导电性好。

(4)结构简单、紧凑,动作灵敏准确。

(5)耐磨损。

(6)连续工作时,不应超过规定的允许温升。

四、触头的主要参数

触头的参数主要有开距、超程、压力和研距。下面以线接触触头为例说明触头的主要参数。

1. 开距 S

触头的开距是指触头处于断开位置时,动、静触头之间的最小距离,如图 2-7(a)所示。

开距是触头的一个重要参数。它不仅要保证在分断正常电流时能很快灭弧,而且要使触头间具有一定的绝缘能力,经得起过电压的冲击。它不仅影响触头与灭弧系统的尺寸,而且影响到电磁传动机构的尺寸。

2. 超程 γ

触头的超程是指触头闭合后,如果将静触头移出,动触头能继续向前移动的一段距离,如图 2-7(b)、图 2-7(c)所示。触头的超程是用来保证触头有一定的压力,并在允许磨损范围内仍然能可靠地工作。一般触头在磨损 1/3 或 1/2 厚度之前仍能工作,因此设计制造上必须要有一定的超程。

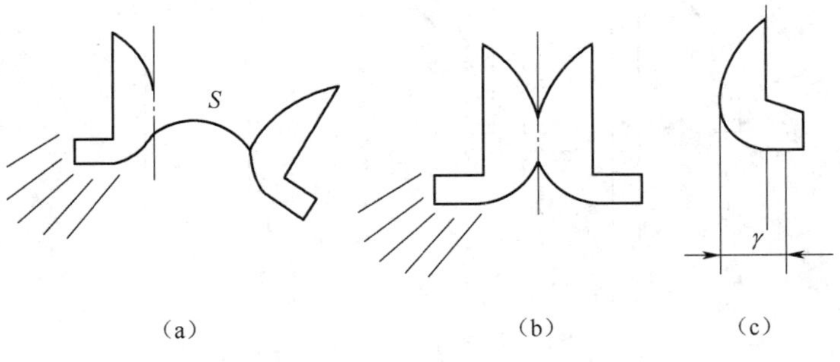

图 2-7 触头的开距 S 及超程

3. 压力

触头压力是指两触头闭合后,其接触处所具有的压力。触头压力主要是由触头弹簧产生的。触头弹簧有一预压缩量,使得动触头和静触头刚开始接触瞬间就有互压力,称为触头的初压力。触头的初压力可以防止刚开始接触时的碰撞振动及电动斥力使两触头弹开。初压力的大小,取决于触头弹簧的预压缩量的大小。动触头与静触头接触终了时的压力称为终压力,其作用是使动、静触头实际接触面积增加,以减小接触电阻。

4. 研磨过程及研距

如图 2-8 所示,一般线接触触头的动、静触头开始接触时,其接触线在 a 点处。在触头闭合过程中,接触线逐渐移动,最后停在 b 点处,以导通工作电流。由于动触头上 ab 和静触头上 $a'b'$ 长度不一样,因此,在动、静触头接触过程中,不仅有相对滚动,而且有相对滑动,整个接触过程称为触头的研磨过程。由研磨所产生的距离称为研距。最终接触线研磨过程的作用是可以擦除触头表面的氧化层及脏污,减小接触电阻。通过研磨过程所产生的研距,可使正常工作的接触线与开始接触线错开,从而避免电弧烧损正常工作的接触线,保证正常工作接触线接触良好。

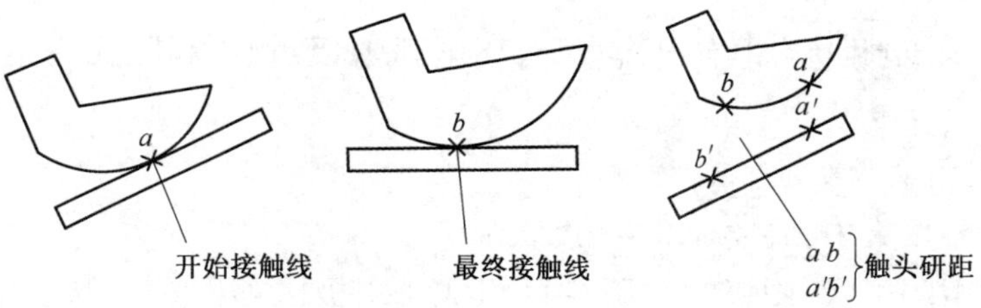

图 2-8　触头的研磨过程及研距

触头的开距、超程和压力在检修中都是必须进行检测的重要参数。在电器的使用和维修中常用这些参数来反映触头的工作情况及检验电器的工作状态。

五、触头的工作情况

1. 触头的闭合过程

触头在闭合过程中会因碰撞而产生机械振动,这个过程需要解决的主要问题是减小机械振动,从而减小触头的磨损,避免触头熔焊。

2. 触头处于闭合状态

触头处于闭合状态时的主要任务是保证规定的电流能通过,且触头温升不超过允许值。此时需解决的主要问题是控制触头的发热,提高热稳定性和电动稳定性。触头的发热是由接触电阻引起的,所以应设法减小接触电阻。

3. 触头的分断过程

触头的分断过程是触头最复杂的工作过程。当触头分断电路时,一般会在触头间产生电弧,这个过程需要解决的主要问题是熄灭电弧,减小由电弧产生的触头电磨损。

4. 触头处于断开状态

触头处于断开状态时,必须有足够的开距,以保证可靠地熄灭电弧和分断电路。

第四节　电弧的形成与熄灭

电器在切断负载电流或短路电流时，只要加在动、静触头间的电压大于 10~12 V，其间的电流大于 80~100 mA，在动、静触头间就会出现电弧(耀眼的白光)。切断的电流越大，触头间出现的电弧就越强烈。电弧的产生是电器在切断或接通电路过程中不可避免的一种客观的物理现象。

电弧对电器具有一定的危害，如产生的高温足以融化触头，烧损绝缘材料或烧伤触头表面，使触头表面形成弧坑和尖刺；当电弧不能及时熄灭时，不仅使电路的切断时间延长，妨碍电路的正常分断，严重时会烧坏电器部件及附近的电气设备，还会引起短路事故，甚至引起火灾。为了保证电器安全可靠工作，必须采用灭弧装置使电弧熄灭。

电弧的存在说明电路中有电流，只有当电弧熄灭，触头间隙成为绝缘介质时，电路才算断开。

电弧电流的主要特征：

(1)电弧能量集中，温度极高，亮度很强。

(2)电弧由阴极区、阳极区和弧柱区组成。阴极区和阳极区的电压称为极旁压降，处在大气中的铜触头上的电弧，其极旁压降为 10~15 V；若为碳触头，其极旁压降为 20~25 V。弧柱区的电压称为弧柱压降，弧柱处的温度最高，达几千摄氏度，甚至一万摄氏度。弧柱周围温度较低，亮度明显减弱的部分叫弧焰。

(3)电弧的气体放电是自持放电。维持电弧燃烧的电压很低，在大气中 1 cm 长的直流电弧的弧柱电压仅为 15~30 V。

(4)电弧是一束游离的气体。电弧质量很小，在气体的流动作用或电动力作用下，能迅速移动、伸长、弯曲和变形。

电弧按其外形分为长弧和短弧，长短之别取决于弧长与弧径之比。一般把弧长小于或等于弧径的电弧称为短弧，而弧长大大超过弧径的电弧称为长弧。对于只有几毫米的短弧，电压以极旁压降为主，即物理过程主要决定于阴极。而长弧电压则以弧柱压降为主，即物理过程主要决定于弧柱。

一、电弧产生的物理过程

触头之间电弧燃烧的区域叫弧隙。触头断开后，当弧隙中有电弧燃烧时，电路仍然导通，说明此时触头弧隙的气体由绝缘状态变成了导电状态。这是由于原来为中性的气体分解为电子和离子，即气体被游离，此过程称为气体的游离过程。气体游离出来的电子和离子在电场的作用下各自向对应的电极运动，便形成电流，使触头分断后电路并未切断。

弧隙中电子和离子的产生主要有以下几种形式：

1. 电子热发射(阴极热发射)

高温炽热的阴极表面会向空间发射电子。在电器的动、静触头分离时,触头间的接触压力减小,接触面积逐渐减少,接触电阻逐渐增大,使接触部位发热,导致阴极表面温度急剧升高而发射电子,形成了电子热发射。

热发射电子的多少与阴极表面温度及阴极的材料有关。阴极表面温度越高,则发射电子的数目就越多;阴极表面温度越低,则发射电子的数目就越少。

2. 强电场发射(阴极冷发射)

在动、静触头分离的瞬间,由于触头间隙很小,触头间的电场强度就非常大,使触头材料内部的电子在强电场作用下被拉出来,从而形成了强电场发射。这种发射与阴极材料和阴极表面附近的电场强度有关。电场强度越高,则发射电子的数目越多;反之越少。

由此可见,阴极发射电子既有热作用引起的热发射电子,又有强电场作用下的冷发射电子,它们同时作用的结果是使阴极表面积累大量的电子。

3. 碰撞游离

从阴极表面发射出来的电子,在电场力的作用下向阳极高速运动,在运动过程中不断地与中性气体分子或原子发生碰撞。当高速运动的电子积聚足够大的动能时,使这些原子和分子最外层电子脱离原子核的束缚而成为自由电子,失掉电子的那些原子和分子成为正离子,即气体被游离,这一过程称为碰撞游离。新产生的电子将和原来的电子一起以极高的速度向阳极运动,当碰到其他中性气体质点后,将再次发生碰撞游离。这样连续不断地碰撞游离,使得气体介质中带电质点大量增加,在外加电场作用下,气体介质被击穿,形成电弧放电。

4. 热游离

弧隙间电弧燃烧,温度很高,弧柱中的气体分子在高温作用下产生剧烈热运动。动能很大的中性气体分子相互碰撞时,被游离而形成电子和正离子,这种现象称为热游离。弧柱导电就是靠热游离来维持的。

综上所述,电弧由碰撞游离产生,靠热游离维持。而阴极则借强电场或电子热发射提供传导电流的电子,因此,维持电弧稳定燃烧的电压就不需要太高。

在电弧的形成过程中,起主要作用的是热发射和碰撞游离;电弧形成后的维持过程中,起主要作用的是热游离。所以要使电弧熄灭,必须加强对电弧的冷却,这样既可以抑制游离过程,又可加强消游离作用,有利于电弧熄灭。

二、电弧熄灭的物理过程

电弧中发生游离的同时,也存在着相反的过程,即消游离。若消游离作用始终大于游离作用,则电弧电流减小,电弧熄灭。因此,要熄灭电弧,就必须加强消游离作用。

消游离过程主要包括复合和扩散两种形式。

1. 复合

复合是带异性电荷的粒子相遇后中和变成中性粒子的过程。由于弧柱中电子的运动速度很快，所以电子直接与正离子复合的概率很小。如果在游离过程中出现的电子和正离子接近时就互相吸引而形成中性粒子(速度较小时)，这种复合称为直接复合。如果电子和正离子的运动速度较大时，它们不能直接复合，速度较高的电子撞击中性分子时，可能附在中性分子上，形成负离子。负离子的质量比电子大得多，因此运动速度会减慢，它在与正离子接近时，就可中和形成中性粒子，这一过程称为间接复合。

冷却电弧是加强复合作用的重要手段。此外，加入大量的新鲜气体分子，也可增强复合作用，如压缩空气吹弧。

2. 扩散

扩散是电弧表面的带电粒子从电弧区转移到周围冷却介质中去的现象。电弧是一个电子和离子高度密集的空间，其温度很高。扩散的方向是从密度大、温度高的区域向密度低、温度低的区域进行。扩散出来的带电粒子因冷却而互相结合，形成中性粒子。电弧表面与周围介质的温度差越大，扩散作用就越强，越有利于电弧的熄灭。

从电弧产生和熄灭的物理过程可见，电弧中的游离和消游离作用是同时存在的。电弧的燃烧情况就取决于这两个方面。当游离作用占优势时，电弧就产生并扩大；当消游离作用占优势时，电弧就趋于熄灭；当游离作用与消游离作用相等时，电弧就稳定燃烧，弧隙间保留一定量的电子流，处于动态平衡状态。

可见，对电器触头而言要使电弧熄灭，就必须增强消游离作用，而抑制游离作用。

三、直流电弧及其熄灭

1. 直流电弧的伏安特性

电弧的伏安特性说明了电弧电压与电弧电流之间的关系，是电弧的重要特性之一。电弧的伏安特性实质上反映了电弧内的物理过程。

直流电弧的伏安特性是指当直流电弧稳定燃烧时，电弧两端电压与电弧中通过电流的关系。由于影响伏安特性的因素很多，通常只能由实验方法测得伏安特性曲线，如图 2-9 所示。

图 2-9(a)为实验电路，若在两个铜极之间的空气中有稳定燃烧的电弧，可以通过调节电阻尺值调节回路电流，分别测量不同电弧电流 I_{DH} 对应的电弧电压 U_{DH}，可描绘其伏安特性曲线，如图 2-9(b)所示(电弧长度为 L_{DH})。由曲线 1 可见，触头在分断直流电路时所产生的电弧，相当于在电路中串入的一个非线性电阻。当电弧电流 I_{DH} 增加时，电弧电压 U_{DH} 就减少。在普通电路中，当电流增加时，电阻上的电压也会增加，这是因为电路中的电阻值不变。但在弧隙中，电弧电阻是随着电弧电流而变化的。其原因是当电弧电流增加时，电弧内的游离作用越来越强，离子浓度越来越大，使弧隙中电阻大大下降，从而使维持电弧稳定燃烧所需的电压也相应减小；反之，当

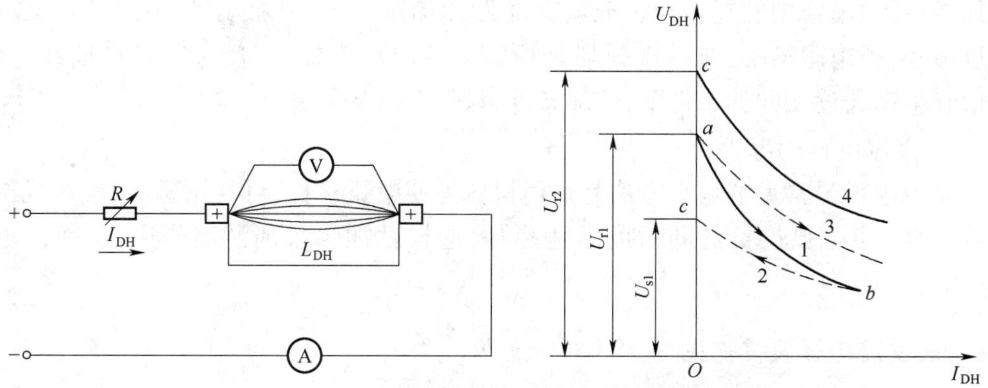

图 2-9　直流电弧及其伏安特性曲线的测定

电弧电流减小时，弧隙中电阻增加，而维持电弧稳定燃烧所需的电压也相应增大。

根据电弧电流变化的快慢，伏安特性有动、静伏安特性之分。所谓静伏安特性曲线是指曲线上每一点都是在电弧稳定燃烧状态下测得的，如图 2-9 中曲线 2、3。从 b 点开始快速减小电弧电流，可测得特性曲线 2；若从 a 点快速增加电弧电流，可测得特性曲线 3。

由图 2-9 中可见，曲线 1、2、3 共不重合，这是弧隙间离子运动热惯性作用的结果。因为在某一电流值时，弧隙电压不仅与此时的游离程度有关，而且与变化前的游离状态有关。当电流迅速增加，以至于弧隙的游离作用来不及跟上电流的变化，使对应静伏安特性的每一个电流值时的弧隙游离程度低，相应点的弧电阻高，电弧电压也就高。此时特性曲线 3 在静伏安特性曲线 1 的上方。反之，当电流迅速减小，以至于弧隙中消游离作用跟不上电流的变化，使对应静伏安特性的每一个电流值时的弧隙游离程度高，相应点的弧电阻低，弧电压也就低。因此，此时的特性曲线 2 就处在静伏安特性曲线 1 的下方。

静伏安特性曲线 1 与纵轴的交点处的电压称为燃弧电压，用 U_r 表示。所谓燃弧电压，就是产生电弧所必需的最小电压，若电压低于此值，就不足以点燃电弧。动伏安特性曲线 2 与纵轴的交点处的电压称为熄弧电压，用 U_s 表示。所谓熄弧电压，就是熄灭电弧所需要的最大电压，若电压高于此值，就不能熄灭电弧。熄弧电压实际上略低于维持电弧燃烧所需的最低电压。当电极的材料和电弧本身的热惯性越大时，U_r 和 U_s 的差值越大。

影响电弧伏安特性的因素主要有以下两个方面：

（1）电弧长度的影响（在相同冷却条件下）

当电弧长度改变时，其伏安特性也相应变化。在同一电流下，电弧的长度增加时，电弧单位长度的电阻不变，拉长后的总电阻增加，维持电弧燃烧所需要的电压增大，即整个伏安特性曲线上移，如图 2-9 中的曲线 4。所以，在相同的冷却条件下，电弧越长，越易熄灭。

（2）冷却条件的影响（在电弧长度相同的条件下）

电弧的伏安特性还与周围的介质温度、本身的冷却条件有关。在良好的冷却和通风条件下，电弧中的复合与扩散就会加强，使消游离作用加强，弧隙间的带电粒子密度减小，弧电阻增加，维持电弧燃烧所需要的电压就提高，使伏安特性曲线上移。所以在电弧长度相同的条件下，冷却条件越好，电弧越易熄灭。

2. 直流电弧的熄灭

直流电弧最常见的熄灭方法是采用机械力使电弧拉长，再利用磁吹、气吹或电动力等方法，使电弧拉长的同时应迅速冷却，这样就加强了消游离作用，从而使电弧熄灭。

四、交流电弧及其熄灭

1. 交流电弧的特性

在交流电路中，电流的瞬时值随时间变化，每个周期内有两次过零点。因此，电弧的温度、直径及电弧电压也会随时间变化，电弧的这种特性称为动特性。由于弧柱的受热升温和散热降温都有一个过程，跟不上电流的快速变化，所以电弧温度的变化总滞后于电流的变化，这种现象称为电弧的热惯性。

在一个周期内交流电弧电流、电压随时间的变化情况如图 2-10 所示。

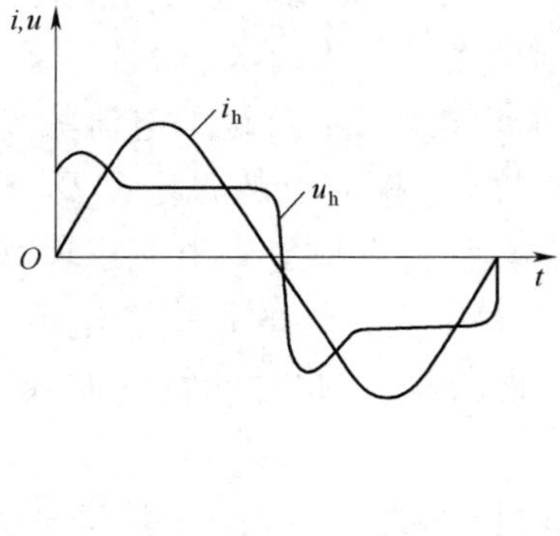

（a）一般冷却

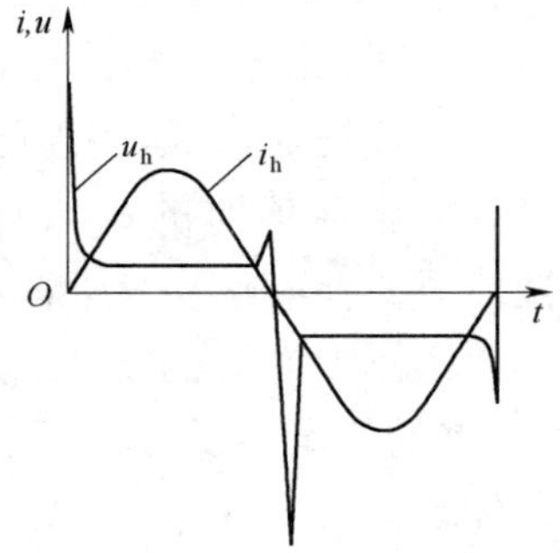

（b）加强冷却

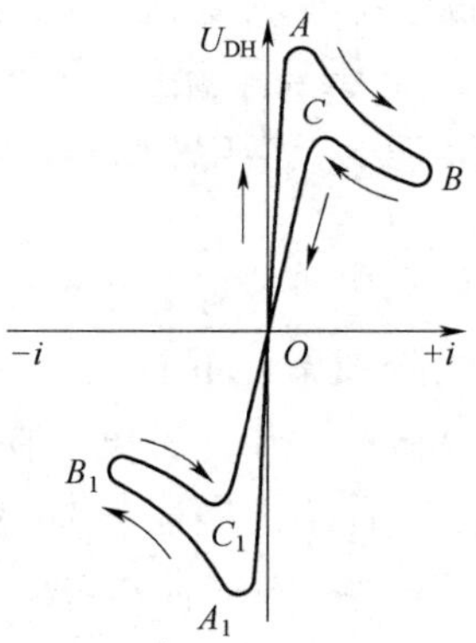

（c）交流电一周期内点燃和熄灭过程

图 2-10 交流电弧特性曲线

从图 2-10 中可以看出，电流小时，电弧电压高；电流大时，电弧电压减小且接近于常数。图 2-10(a)、图 2-10(b)分别代表一般冷却和加强冷却电流、电压变化曲线。从图 2-10(b)中可见，加强冷却可使电弧电压尖峰增高。

交流电弧在交流电流自然过零时将自动熄灭，但在下半周随着电压的增高，电弧又会重燃。如果电流过零后，电弧不发生重燃，电弧就此熄灭，如图 2-10(c)所示。图 2-10(c)中箭头方向表示了电流变化方向。从 O 点开始，因电弧还未产生，所以随着电压的增加只有小的由阴极发射产生的电流；到 A 点时，电弧点燃，随着电流的增大，电弧电阻减小，电弧压降也下降，直到 B 点时，弧电流达到峰值；到达 B 点后，随着电流的减小，弧电阻增加，电弧压降上升；变化到 C 点时，电弧电流趋近于零，电压达到熄弧电压，电弧熄灭。当电流过零点后，重复上述过程。显然，由于热惯性的作用，电弧电阻的变化总是滞后于电流的变化。

2. 交流电弧的熄灭条件

交流电流过零后，电弧是否重燃取决于弧隙介质强度和弧隙电压的恢复过程。

(1)弧隙介质强度的恢复过程

能够承受外加电压而不致使弧隙击穿的电压称为弧隙介质强度。交流电弧过零熄灭后，由于外部条件的变化，弧隙内消游离作用加强，使得原来的导电状态要向绝缘介质状态转变，这个转变过程就是介质强度恢复过程。这个过程的快慢与许多因素有关，如温度、散热情况等。在靠近两极的区域，由于金属材料的传热性好，所以此区域的温度要比弧柱区的温度低，故此处的介质强度恢复要比弧柱区快。因此，介质强度恢复快慢主要取决于开关电器灭弧装置的结构和灭弧介质的性质。

(2)弧隙电压的恢复过程

在交流电路中，电流过零后，弧隙电压从后峰值逐渐增长，直到恢复电源电压，这一过程中的弧隙电压称为恢复电压。触头两端电压从熄弧电压恢复到电源电压的过程称电压恢复过程。电压恢复过程与线路参数、负荷性质等有关。

(3)交流电弧熄灭的条件

在电弧电流过零时，电弧自然熄灭；电弧电流过零后，弧隙中同时存在两个作用相反的恢复过程，即弧隙间介质强度的恢复和电压的恢复，如图 2-11 所示。

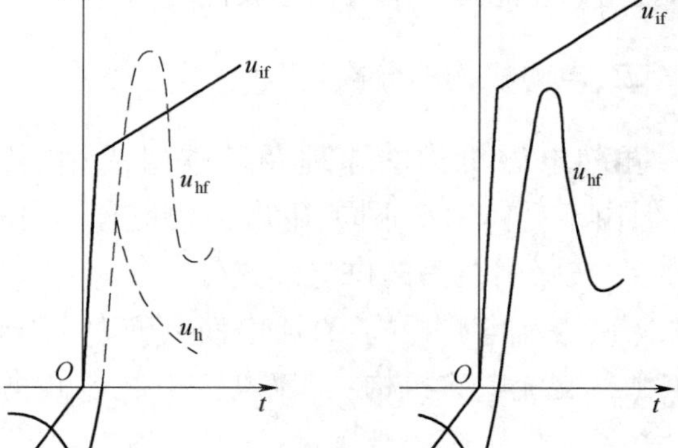

(a) 重燃　　(b) 熄灭

图 2-11　交流电弧熄灭的条件

从图 2-11 中可以看出，如果弧隙介质强度在任何情况下都高于恢复电压，则电弧熄灭；反之，如果弧隙恢复电压高于弧隙介质强度，则弧隙就会被击穿，电弧重燃。因此交流电弧的熄灭条件是：弧隙介质强度的恢复速度大于弧隙电压的恢复速度。

在交流电弧熄灭过程中有两个方面的因素需要加以考虑：

(1)交流电弧电流过零是最有利的灭弧时机，这时输入弧隙的功率趋近于零，如果此时电弧散失的功率大于由电源输入的功率，电弧就会熄灭。

(2)对交流电弧的电路参数而言，电源电压越高，恢复电压峰值也越高，熄弧越困难。

第五节　电器的电磁机构

电磁机构又称为电磁铁，是各种电磁式电器的感测部分，它的主要作用是将电磁能转换为机械能，使触头动作，完成接通和分断电路的任务。

一、电磁机构的主要组成及工作原理

1. 主要组成

电磁机构是有触点电器的主要部件，主要由吸引线圈、铁芯和衔铁组成，吸引线圈是电磁机构产生磁通的核心部件。拍合式电磁铁结构如图 2-12 所示。

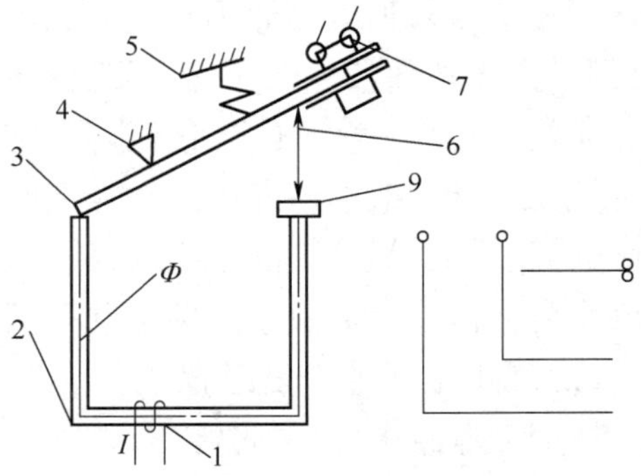

图 2-12　拍合式电磁铁结构

1—线圈；2—铁芯；3—衔铁；4—止挡；5—反力弹簧；6—工作气隙；7—常闭触头；8—常开触头；9—极靴

2. 工作原理

当线圈通入电流后，将产生磁场，磁通经过铁芯、衔铁和工作气隙形成闭合回路。在铁芯和衔铁端面上出现不同极性的磁极，彼此吸引，即产生的电磁吸力将衔铁吸向铁芯。同时，衔铁还要受到复位弹簧的反作用力，只有当电磁吸力大于弹簧的拉力时，衔铁才能可靠地被铁芯吸住。

二、电磁机构的分类

虽然电磁机构的原理及基本组成相同，但由于具体用途不同，电磁机构也有不同的形式。

1. 按吸引线圈的供电形式分

(1)直流电磁机构：直流电使电磁力、主磁通不变化，故可将导磁部分做成整体。

(2)交流电磁机构：交流电会引起电磁力和主磁通的变化，所以有涡流、磁滞损耗，故多用叠片式。

2. 按衔铁的运动方式分

(1)直动式电磁机构：衔铁做直线运动。

(2)转动式电磁机构:衔铁做旋转运动,图 2-12 所示的拍合式电磁铁就属于转动式电磁机构。

3. 按电磁机构的结构分

(1)E 形或 U 形电磁机构。

(2)螺管形电磁机构。

图 2-13 所示为几种常见电磁机构的结构。

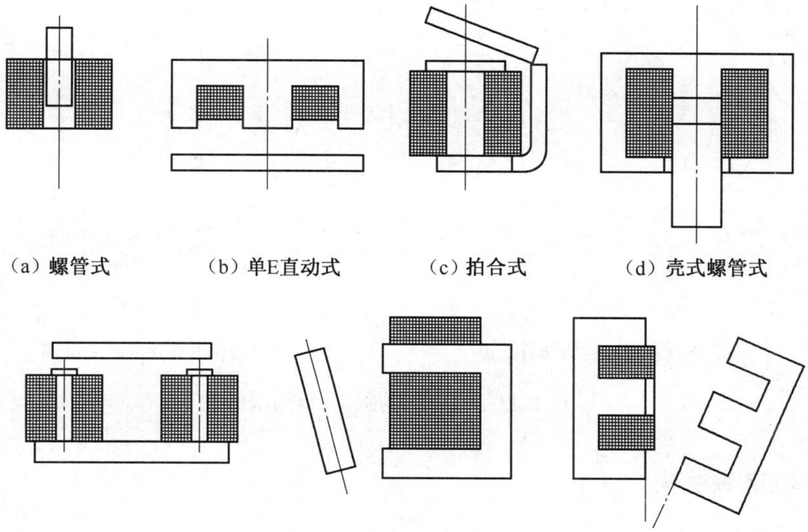

图 2-13 电磁机构的结构

最常用的电磁机构有拍合式、E 形和螺管式电磁机构。

三、直流电磁机构

直流电磁机构的特点是:电磁线圈中通直流电,产生恒定磁通,铁芯中没有涡流和磁滞损耗,只有线圈本身的铜损耗。所以,铁芯采用整块钢或工业纯铁制造,线圈无骨架,且做成细长形,为了加工方便,套线圈的那部分铁芯一般做成圆柱形。

电磁机构线圈通电后,产生电磁吸力。当电磁线圈磁势一定时,作用在衔铁(或动铁芯)上的电磁吸力 F 与工作气隙 δ 的关系,称为直流电磁机构的静吸力特性,即 $F=f(\delta)$,如图 2-14 所示。当电磁式电器工作时,线圈磁势是一定的。电磁机构的衔铁由释放状态到吸合状态的过程或由吸合状态到释放状态的过程中,作用在衔铁上的电磁吸力 F 和气隙 δ 都在变化。为了使电磁机构能可靠吸合,必须保证电磁力

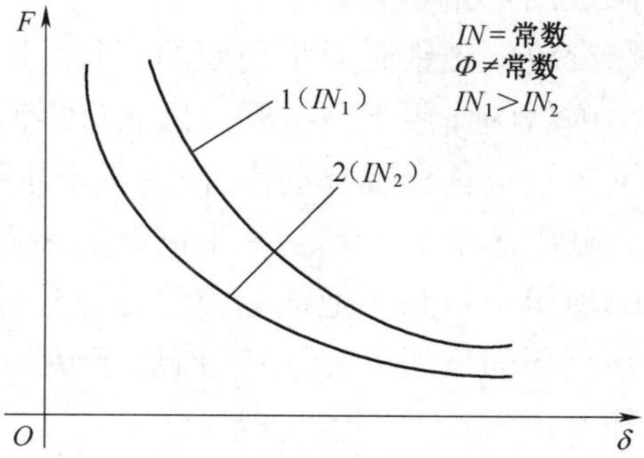

图 2-14 直流电磁机构的静吸力特性

注:IN 为磁势(I 为电流,N 为电磁线圈匝数)

大于反作用力。这种工作可靠性是对直流电磁机构最基本的要求。此外,如果电磁继电器作为保护、自动检测和自动控制用,还有更严格的要求。

由图 2-14 可知,电磁吸力与气隙大小成反比。气隙越大,电磁吸力越小;反之,气隙越小,电磁吸力越大。如果改变电磁铁芯的形状,即可改变吸力特性。例如在铁芯上加装极靴,则吸力特性会变得比较平坦。另外,改变螺管式电磁机构动、静铁芯端面的形状,也可以改变吸力特性曲线的平坦度。交直流电磁铁的吸力比较和有无极靴的电磁铁吸力比较如图 2-15 所示。

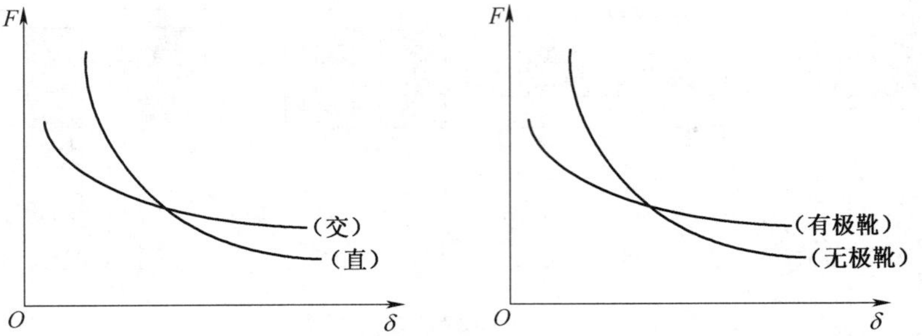

(a) 交直流电磁铁的吸力比较　　(b) 有无极靴电磁铁的吸力比较

图 2-15　电磁铁的吸力特性比较

四、交流电磁机构

1. 交流电磁机构的特点

交流电磁机构的励磁线圈由交流电源供电,其励磁电压是按正弦规律变化的,所以气隙中的磁通也按正弦规律变化。

为了减少涡流和磁滞损耗,交流电磁机构的铁芯、磁轭、底铁及衔铁均用薄的硅钢片冲压叠压后铆成。为了制造方便,静铁芯及衔铁的截面为矩形,因此线圈也是矩形的。线圈有骨架,线周与铁芯之间的间隙也较大,以增加散热面积,利于线圈散热。

2. 分磁环的功能

交流电磁铁的静铁芯在靠近工作气隙处装有分磁环,分磁环是一个用紫铜或黄铜制成的短路环。

交流电磁铁磁通是交变的,当磁通过零时,电磁铁的吸力为零,吸合后的衔铁在反力弹簧的作用下被拉开。磁通过零后电磁吸力又增大,当吸力大于弹簧反力时,衔铁又吸合。这样反复动作,使衔铁产生强烈振动和噪声,甚至使铁芯松散。因此交流电磁铁铁芯端面上都装一个铜制的短路环。短路环包围铁芯端面约 2/3 面积,如图 2-16 所示。短路环把铁芯中的磁通分成两个部分。即不穿过短路环的磁通 Φ_1 和穿过短路环的磁通 Φ_2,且 Φ_2 滞后于 Φ_1,使合成吸力始终大于反作用力,从而消除了振动和噪声。

另外 Φ_1 和 Φ_2 分别产生电磁力 F_1 和 F_2,而总吸力 F 由 F_1 和 F_2 合成,如图 2-17 所示,虽然总吸力仍然是按正弦规律变化的,但最小吸力已不再为零。

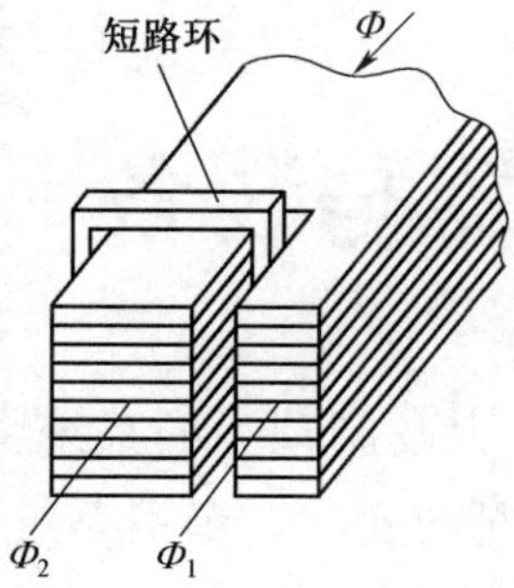

图 2-16　分磁环

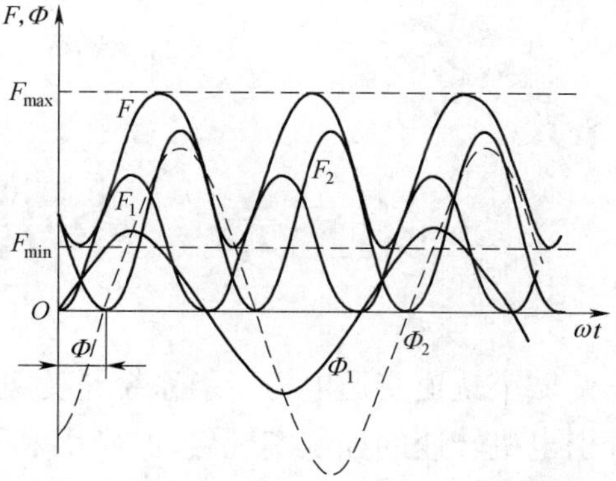

图 2-17　有分磁环的交流电磁机构吸力变化曲线

第三章　牵引系统电器与装备

城市轨道交通电力牵引系统是为列车提供所需动力及制动力的系统,其通过对牵引电机转速的控制实现启动、牵引和制动等各种工况的变化。牵引系统的核心设备是牵引电机,牵引电机是城市轨道交通车辆实现牵引及制动的动力机械,能够将电能转换为机械能,产生牵引力驱动车辆运行;同时,其又能够将机械能转换为电能,实现电制动。牵引电机性能及运行状态直接关系到城市轨道交通车辆的安全运行。

第一节　城市轨道交通中的供电制式

牵引供电制式分为交流供电和直流供电两类,绝大多数的干线电力机车、高速电动车组以及由柴油机带动三相同步交流发动机的电力传动内燃机车都采用交流供电制式;而城市轨道车辆交通几乎都采用直流供电制式,这是因为城市轨道交通的列车功率并不是很大,供电电压不需要太高,而且直流制比交流制的电压损失小。在采用交流异步牵引电动机的电动车辆上,其供电电压还是直流的,如上海市地铁 2 号线就是这种形式,车辆主要从供电网上获得直流电,然后经过电压源逆变器将直流电变成三相交流电,同时根据调节指令还可以为三相异步电机提供调频调压控制,以满足电动机的牵引任务。目前世界上城市轨道中的直流牵引供电等级繁多,其发展趋向是 IEC 标准中的 600 V、750 V 和 1 500 V;《城市轨道交通直流牵引供电系统》(GB/T 10411—2005)规定为 750 V 和 1 500 V 两种,其电压允许波动范围为 500~900 V 和 1 000~1 800 V。

上述提到的两种直流供电电压制式(750 V 和 1 500 V)都能满足城市轨道交通的要求。但是,从减少城市轨道交通牵引供电系统的电能损失和电压降,加大供电距离以降低牵引变电站数目及投资,降低受流接触网的悬挂重量、降低结构复杂性及投资,以及从提高列车再生制动的回收率而言,采用 DC 1 500 V 的牵引供电电压制式比采用 750 V 的牵引供电电压制式要经济的多。高耐压电力电子器件的不断发展,为采用 DC 1 500 V 供电的城市轨道交通牵引系统提供了可靠的技术保障。

电力牵引是一种以电能为动力牵引车辆前进的牵引方式。轨道车辆通过受流器从架空接触网或第三轨(输电轨)接收电能,通过车载的变流装置给安装在转向架上的牵引电机供电,牵引电机将电能转变成机械能,机械能通过齿轮传给轮对,驱动轮对在轨道上运动带动车辆前进。电力牵引系统工作原理及能量传递过程如图 3-1 所示。牵引传动装置如图 3-2 所示。

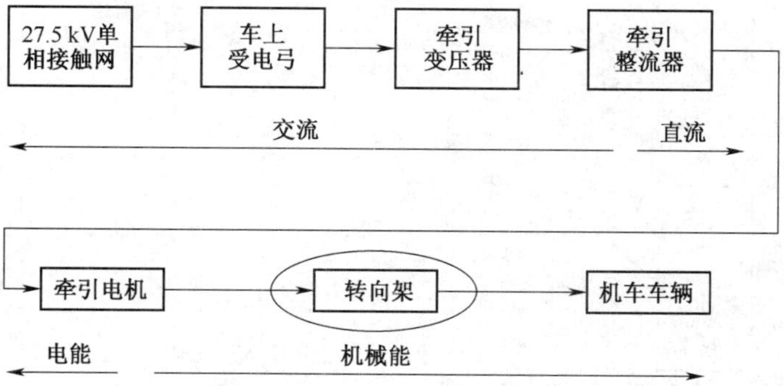

图 3-1　电力牵引系统工作原理及能量传递过程

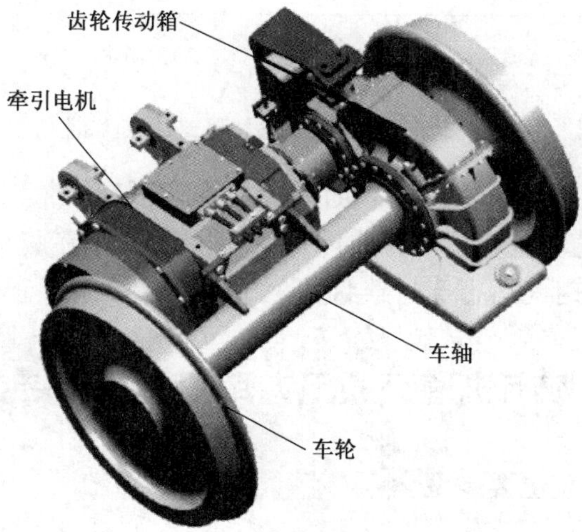

图 3-2　牵引传动装置

第二节　城市轨道交通中的车辆牵引工况

城市轨道交通线路由多个车站构成,站间距一般在 1. 25 ~ 1. 5 km。在每个站区内,对于车辆运行,一般存在三个典型区域:牵引加速区、惰行区和制动减速区,其速度变化曲线如图 3-3 所示。

对于较长的站间运行动车(组),在牵引加速区与制动减速区之间除惰行区外还可能有恒速(或限速)运行区域。

为满足车辆运行的需要,必须具备三种基本的牵引工况(包括制动工况),即恒力矩特性、恒功率特性和自然特性。牵引电机一般需要满足如图 3-3 所示的车辆牵引力—距离特性,图 3-3 中制动转矩特性是对应于单独采用电制动方式的情况。

图 3-3 中的电机牵引特性和制动特性,表明了牵引电机和传动系统应该具有的工作能力,对于干线机车或长距离运行的电动车组的交流电动机,图 3-3 中的某一段

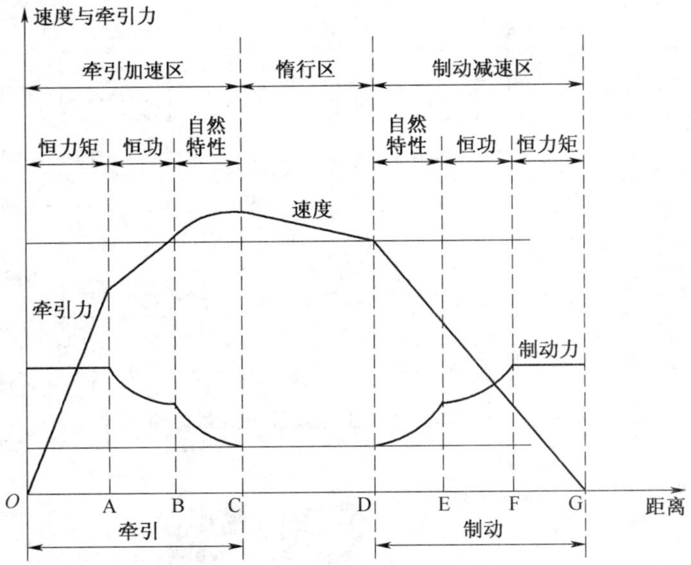

图 3-3 车辆运行曲线(运行时分图)与电机特性控制方式

的某一点(往往在牵引曲线 A~B 区域内)对应的工作能力(转矩、转速)被定义为额定点。对于城市轨道交通动车(组),传动系统一直工作在瞬变过程中,负载变化强烈,电机往往大部分时间运行于过载状态。

第三节 城市轨道交通电力牵引系统主要类型及特点

一、电力牵引系统主要类型

城市轨道交通电力牵引系统一般按照供电电压制式及牵引电机来分类。

根据供电电压制式可分为:

(1)直流:600 V、750 V、1 500 V、3 000 V(标准值)。

(2)交流:6 250 V、15 000 V、25 000 V(标称值)。

根据牵引电机可分为:

(1)直线电力牵引系统:直流—直流。

(2)交流电力牵引系统:

①直流—交流;

②交流—直流—交流。

早期的电力牵引的轨道车辆采用直流电动机,电机调速采用改变串联在电机上的电阻大小来改变电机端电压的方式来控制,这种方式对电能的浪费大。随着半导体技术的发展,电力电子变流技术得到了广泛应用,直流牵引普遍采用斩波调压的方式。

直流电动机存在体积大、结构复杂、工作可靠性差、制造成本高、维修麻烦的缺点，故随着交流电机控制理论和大功率电力电子元器件制造技术的发展，采用交流电机牵引的交流传动技术迅速崛起，使轨道车辆电力牵引技术上了一个新台阶。

二、电力牵引系统特点

电力牵引系统的工作条件十分恶劣，主要表现在以下几方面。

1. 工作环境恶劣

牵引电动机悬挂在转向架上，经受着灰尘、雨雪的侵蚀和不断变化的环境温度并承受着来自轮轨间的冲击和振动。

2. 负载变化频繁

牵引电动机要按机车运行的需要，不断改变工况：机车启动、爬坡时，电机在大电流下工作；机车高速牵引运行时，磁场削弱过深；机车下坡或阻力减小时，电机转速会超过额定值，这些都会使电机换向恶化。牵引电动机又在脉动电流下工作，与直流牵引电动机相比，脉流牵引电动机发热更严重，换向更困难。

3. 空间限制

牵引电动机位于两轮对之间，其轴向、径向尺寸都受限制，又需要单位体积的输出功率大，所以要求电机结构紧凑和采用高性能绝缘材料及导磁材料。

4. 动力作用大

牵引电动机承受着来自机车轮轨动力作用产生的冲击、振动。

针对这些特点，牵引系统的良好运行需要满足以下条件：

（1）牵引电动机能承受雨、雪、风、沙的侵袭并安全运行。

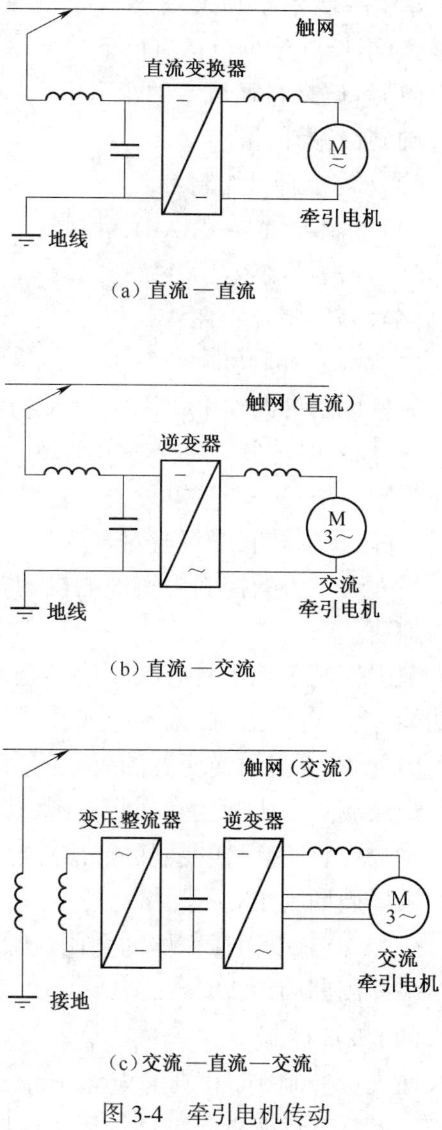

（a）直流—直流

（b）直流—交流

（c）交流—直流—交流

图 3-4　牵引电机传动

（2）定子、转子铁芯的导磁叠片采用高导磁率、低损耗的冷轧电工钢片冲制。转子转轴用适当强度的优质合金钢加工而成。

（3）定子绕组及其引线采取能防霉、防虫、防啮齿类动物和其他有害动物的有效措施。

（4）牵引电动机采用自通风空气冷却方式。具备良好的空气滤尘功能。进风口处安装风阻小、防护和滤尘效率高的防护网和滤尘器。滤尘器的结构设计便于清洗。

第四节　牵引控制单元

牵引控制单元DCU为微机控制系统,其CPU采用32位高速微处理器,带信号处理器,牵引控制至少包括有以下功能:

(1)解码来自司机室的牵引指令;

(2)加/减速控制;

(3)前进/后退控制;

(4)电制动(ED-BRAKE)控制;

(5)冲击控制;

(6)空转/滑行控制;

(7)故障诊断功能。

矢量控制可以在电机牵引时车轮空转或电气制动时车轮打滑的情况下实现快速、精确的实时控制。每个逆变器单元都采用这种带有矢量控制的空转/打滑保护设施作为转向架的一个基本设备。它加大了轮轨之间的黏着力确保车辆稳定地加速和制动,并防止空转和滑行时对车轮和钢轨的损伤。

另外通过矢量控制可实现电机的精确控制。通过这一系列技术的采用,实现平稳的加速。

牵引控制单元还具有故障信息记录功能。以VVVF牵引逆变器为例,介绍其各项功能:

(1)VVVF牵引逆变器的故障信息

记录故障发生时的动作状态(故障时间、模式记录)。

(2)VVVF牵引逆变器的标准跟踪(1.0 s期间的记录)

采样周期为1.0 ms。

(3)VVVF牵引逆变器的高速跟踪(200 ms期间的记录)

采样周期为10 μs。

(4)矢量控制

在矢量控制中,电机的电流矢量被分解为励磁电流矢量(I_d)和转矩电流矢量(I_q)。因此可对电机转矩进行快速且精密的控制。

针对电机电压及速度的变化,因矢量控制实现了快速转矩控制,所以也可减少在再生制动时回路低负荷过压保护(OVD)的动作次数。一旦OVD动作,再生制动就转化为摩擦制动,再生制动能量减少,而制动闸瓦的磨耗增加。

矢量控制可实现以下功能:

①减小轮轨的磨耗;

②矢量控制能够有效地控制车轮空转和滑行,减少车轮踏面与钢轨的磨损,从而

减少车轮的削磨次数及噪声，增强乘坐舒适度；

③节能；

④增加运营中产生的再生率（再生能/牵引能），根据地铁数据，因矢量控制再生率提高了 26%；

⑤减少制动闸瓦的损耗。

矢量控制实现了最大限度地使用再生制动，在一定程度上减少了制动闸瓦的损耗。从地铁的维修数据来看，制动闸瓦更换的运行距离提高了 1.78 倍。

（5）保护

牵引逆变器提供了一整套的保护功能，如输入过电流保护、低控制电压保护、相间不平衡保护、门极低电压保护、输出过电流保护、滤波电容过欠压保护等。

第五节　直流电力牵引系统

直流电力牵引系统包括：直流电动机、直流牵引调速系统、牵引电动机的电气制动、牵引主回路及其控制。

一、直流电动机

直流电动机由定子、转子两部分构成。其中，定子的作用是用来产生磁场，提供磁路和作为电机的机械支撑；转子部分是用来产生感应电势和电磁转矩从而实现机电能量转换的主要部件；转子通过轴承与定子保持相对位置，使两者之间有一个空气隙。图 3-5 为直流电动机的磁极和磁路，图 3-6 为直流电动机工作原理图。

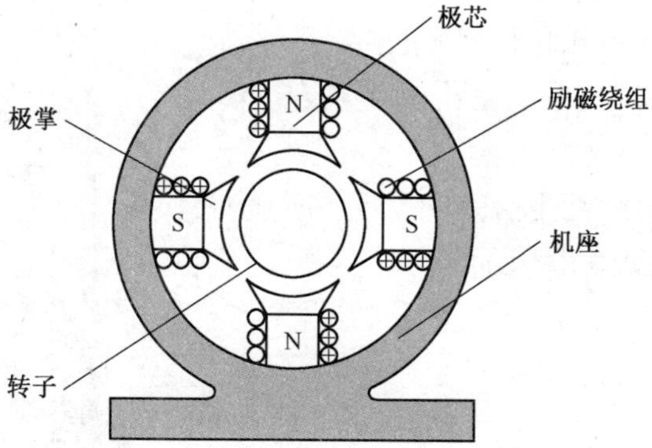

图 3-5　直流电动机的磁极和磁路

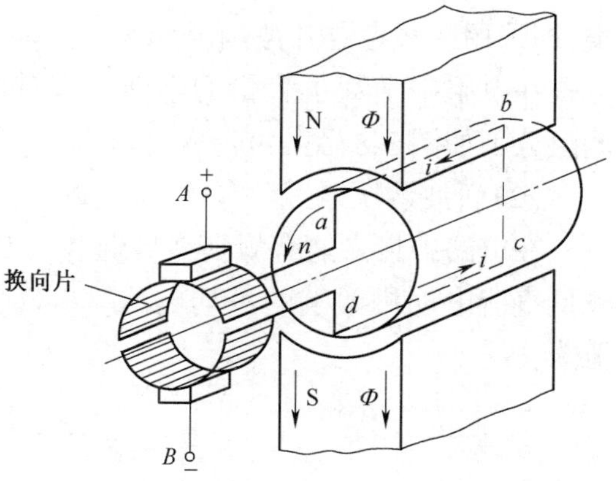

图 3-6　直流电动机工作原理

直流电动机根据励磁绕组与电枢绕组的连接方式主要分为他励、并励、串励和复励四种。图 3-7（a）~图 3-7（d）分别为他励、并励、串励和复励。

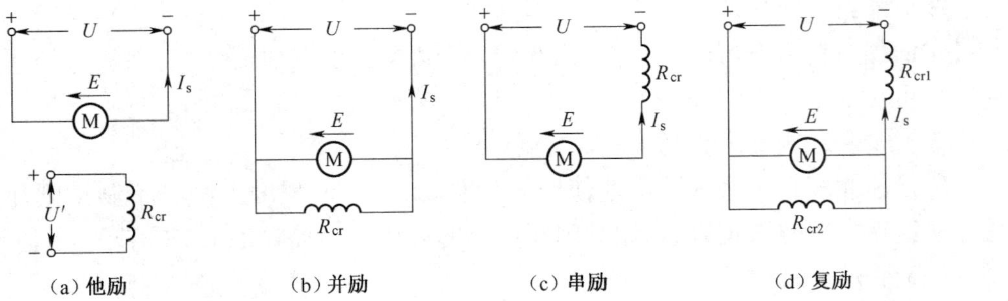

图 3-7 励磁绕组与电枢绕组的连接方式

二、直流牵引调速系统

直流牵引调速系统—基本调速方法：

$$n = \frac{U - I_d \sum R}{C_E \phi} \tag{3-1}$$

式中，C_E是常数，I_d是由负载决定的。可以通过调节电枢供电电压 U，改变励磁磁通 Φ，改变电枢回路电阻 R。

直流牵引调速系统的基本形式有以下几种。

1. 调节牵引电机的端电压

(1) 变阻调压

通过调节串入电机回路的电阻的大小来改变电动机的端电压以实现电动机的调速。调节电阻的方法又可分为两类，即采用有触点式开关调阻和无触点斩波调阻。这种调压方式在电阻中消耗了大量的电能。有触电开关调阻及斩波调阻分别如图 3-8、图 3-9 所示。

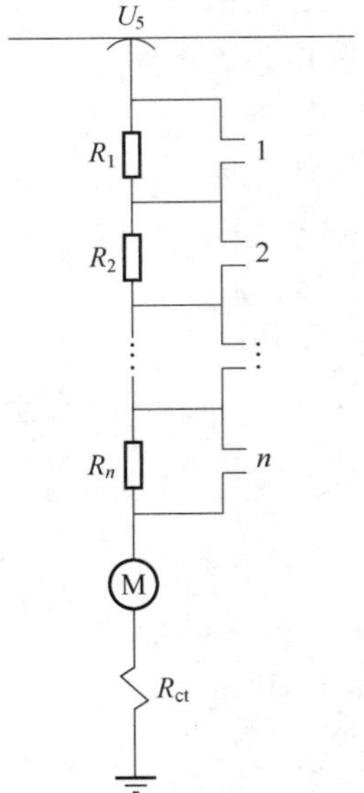

图 3-8 有触电开关调阻

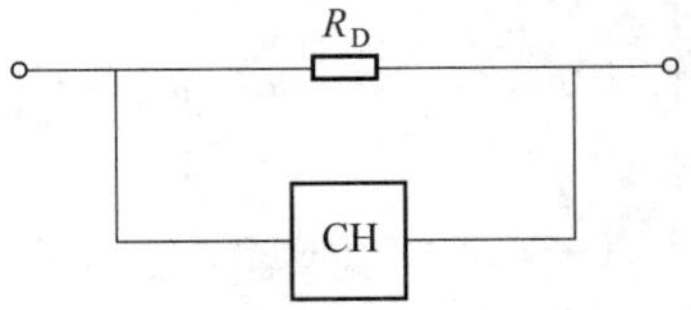

图 3-9 斩波调阻

(2) 斩波调压

在电路中接入能有规则地导通和关断的斩波器，则可以减低直流电动机两端的平均电压。电动机两端电压的平均值为：

$$U_{R_L} = U \frac{t_{on}}{T} = \alpha U \tag{3-2}$$

式中 U——电源电压；

t_{on}——VT(晶闸管)的导电时间；

T——一个周期；

α——导通比，它与 U_{R_L}成正比关系。

只要调节导通比，即可调节平均电压。

随着半导体技术的发展,斩波器中的斩波元件经历了以下三个发展过程:晶闸管、可关断晶闸管(GTO)、绝缘门极晶闸管(IGBT)。斩波元件的发展,推动了斩波器向电路简洁、控制简单、轻型化方向发展。直流斩波电路原理及直流斩波电压波形分别如图3-10、图3-11所示。

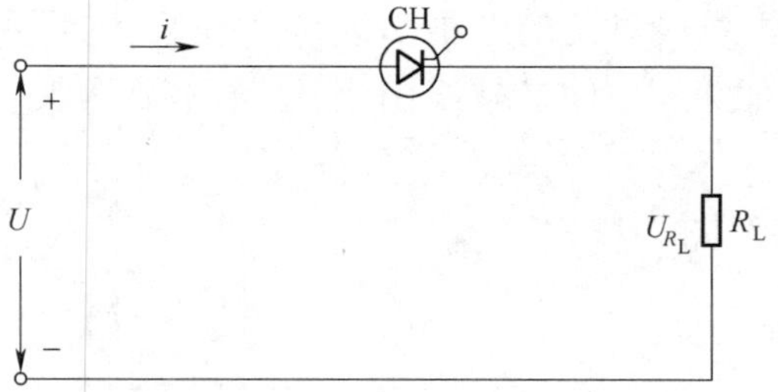

图3-10　直流斩波电路原理

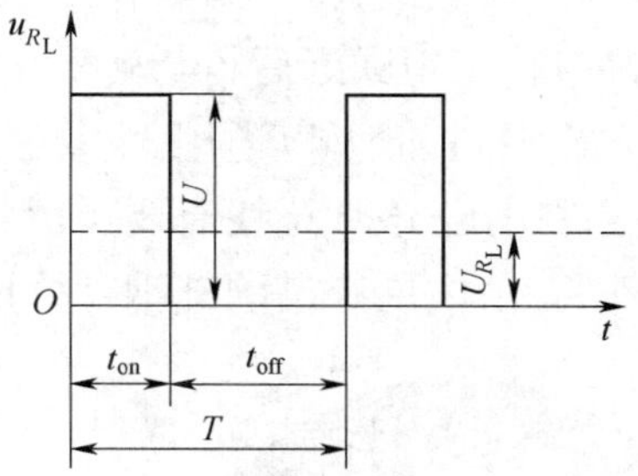

图3-11　直流斩波电压波形

2. 调节励磁磁通

采取匝数短路法和分路电流法可以减小牵引电动机励磁电流从而减小主极磁通,以实现对转速的调节。

第六节　交流电力牵引系统

交流电力传动的特点为电机结构简单,成本较低,工作可靠,寿命长,维修、运行费用低,防空转能力好。

交流牵引系统经过三个阶段的发展:

第一阶段:交流电动机数学模型复杂,属于研究的初期阶段,人们对其调速特点没有很好的掌握;

第二阶段:充分掌握其调速理论,受变流器本身限制,调速装置无法实现;

第三阶段:电力电子器件的发展促进了交流电机的应用。

交流牵引系统已被世界各国公认为近代最优越的牵引调速系统,交流牵引也是今后世界各国轨道交通发展的总趋势。

一、三相异步电机

三相异步电机(Triple-phase asynchronous motor)是靠同时接入380V三相交流电源(相位差120°)供电的一类电动机,由于三相异步电机的转子与定子旋转磁场以相同的方向、不同的转速旋转存在转差率,所以叫三相异步电机。

1. 定子

定子是电动机静止不动的部分。定子由定子铁芯、定子绕组和机座三部分组成。定子的主要作用是产生旋转磁场,而转子的主要作用是在旋转磁场中被磁力线切割进而产生(输出)电流。

定子通常由铁芯、线圈、骨架(有的没有)、引线、拉簧等组成。定子有两种接线方式,一种是4线式,转子串联在2个定子绕组之间;一种是2线式,2个定子绕组连接好后再与转子串联好后再与转子串联,(将4线式对角的2根引线接在一起)。两种接线方式不同,但可以通用。引接线方式有两种:一种是软线引出;一种是靠骨架上的插接件引出,该种绕线时要保留骨架。

铁芯:由内周有槽的硅钢片叠成(图3-12、图3-13)。

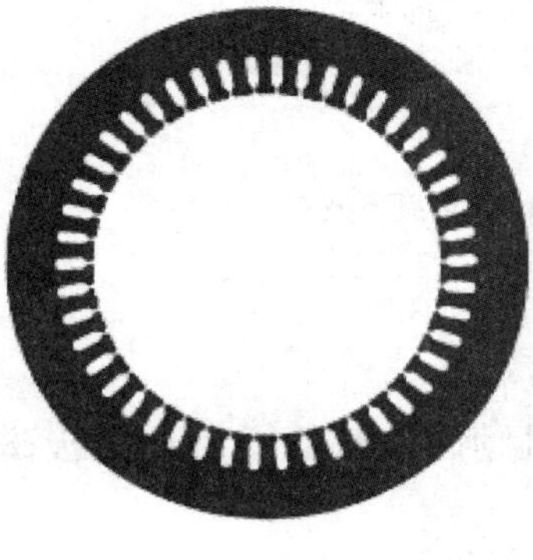

图3-12 定子铁芯的硅钢片

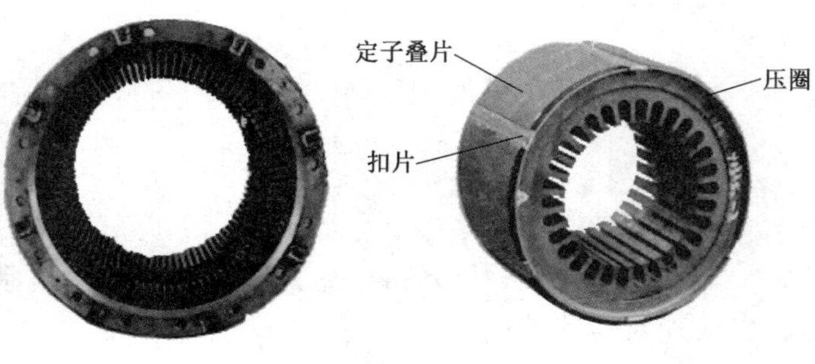

图3-13 定子铁芯

定子绕组:根据线圈绕制的形状与嵌装布线方式不同,可分为集中式和分布式两类。集中式绕组的绕制和嵌装比较简单,但效率较低,运行性能也差。目前的交流电动机定子绝大部分都是应用分布式绕组,根据不同机种、型号及线圈嵌绕的工艺条件,电动机各自设计采用不同的绕组型式和规格,故其绕组的技术参数也不相同。三相对称交流绕组模型如图3-14所示。

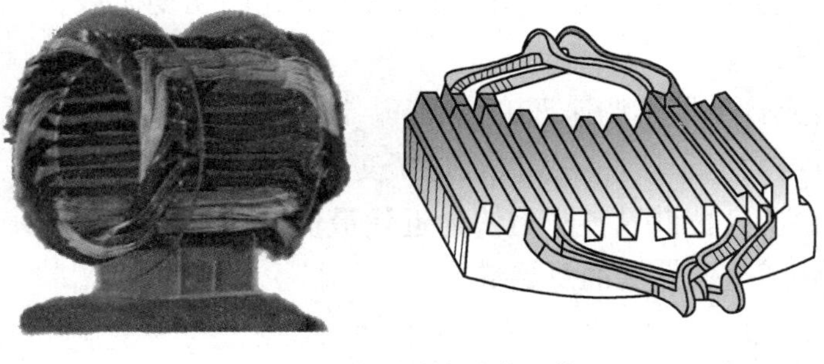

图3-14 三相对称交流绕组模型

2. 转子

转子是电动机动的部分。转子由转子铁芯、转子绕组、转轴和风扇等组成。

转子绕组:交流异步电动机的转子绕组分鼠笼型与绕线型两类。鼠笼型结构较为简单,一般由合金铝浇注入转子铁芯槽内并由两端端环短接而成;也有用铜条嵌入再焊上铜质端环的。为了改善启动性能,鼠笼型又可制成深槽式及双鼠笼等特殊型式。绕线型转子绕组与定子绕组相同,它除可用上述各式绕组外,还可用波形绕组。波形绕组是由单匝或几匝的杆形单元线圈,嵌装后由两个元件在端部焊接成一只线圈,并形成整个绕组,其布接线原理与上述绕组不同,但外形与双层叠绕组相似。波形绕组常应用于大型的交流电动机转子绕组及直流电动机的电枢绕组。

各型转子及各型电动机分别如图 3-15~图 3-22 所示。

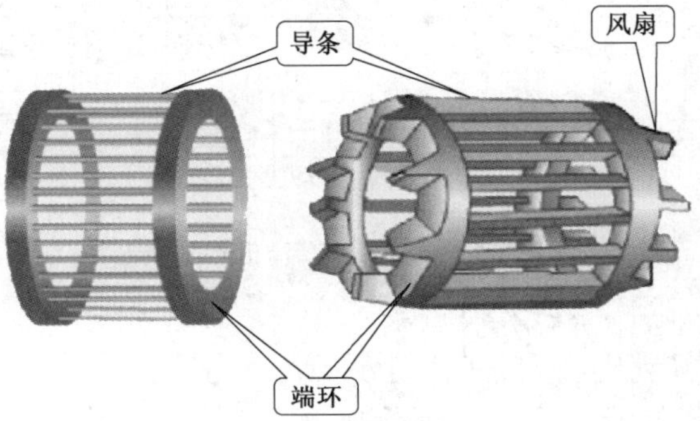

图 3-15　鼠笼型异步电动机的转子

图 3-16　鼠笼型异步电动机的转子

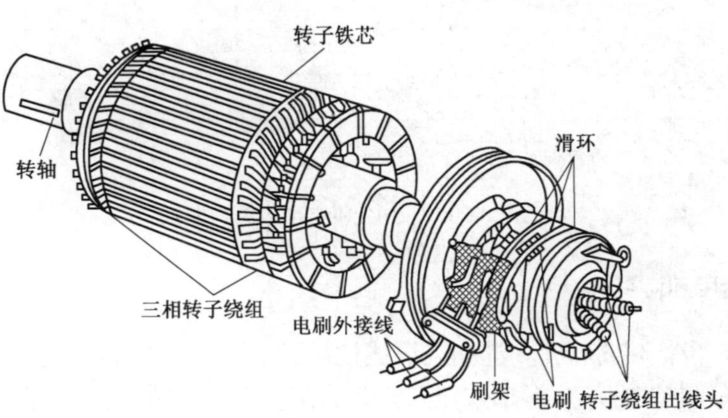

图 3-17　绕线型异步电动机的转子

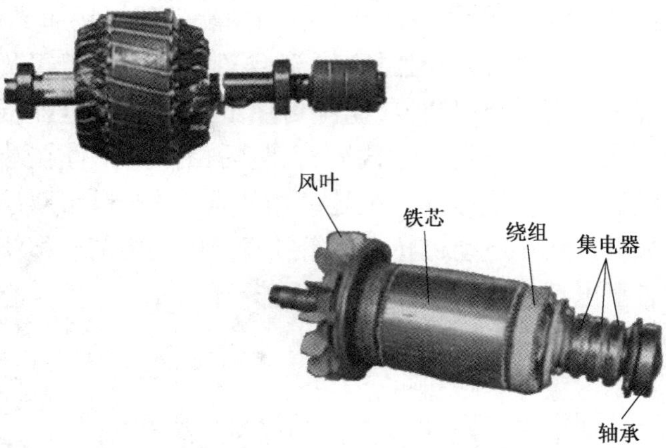

图 3-18　绕线型异步电动机的转子

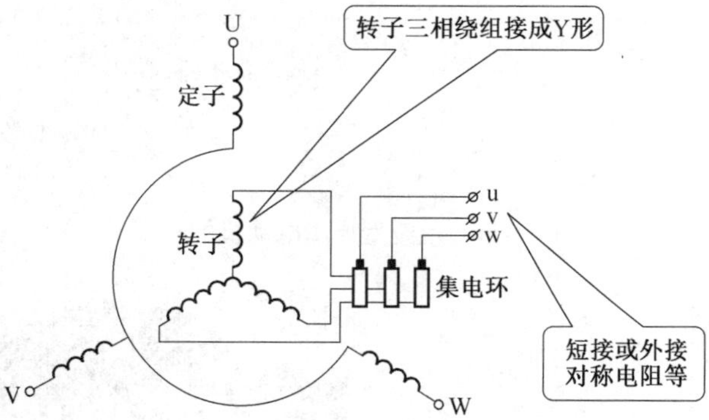

图 3-19　三相绕线型异步电动机原理

图 3-20　三相异步电动机的外形

二、直线电机

直线电机(图 3-23)也称线性电机、线性马达、直线马达、推杆马达。最常用的直线电机类型是圆柱滚动、U 形槽式以及平板直线。线圈的典型组成是三相,由霍尔元件实现无刷换相。

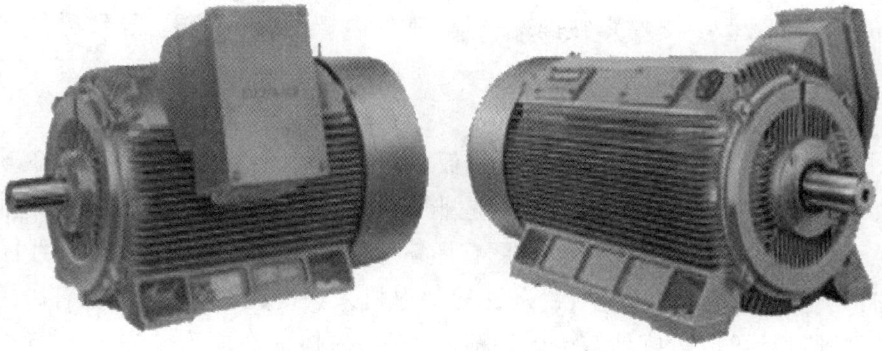

图 3-21　鼠笼型异步电动机

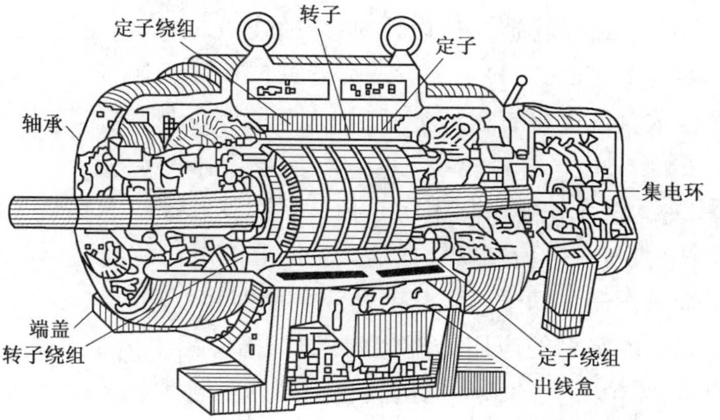

图 3-22　三相绕线型异步电动机的结构

图 3-23　直线电机

1. 圆柱滚动直线电机

圆柱形动磁体直线电机动子是圆柱形结构,沿固定着磁场的圆柱体运动。这种电机是最早实现并进行商业应用的。圆柱形动磁体直线电机的磁路与动磁执行器相似,区别在于线圈可以复制以增加行程。典型的线圈绕组是三相组成的,使用霍尔装置实现无刷换相。推力线圈是圆柱形的,沿磁棒上下运动。这种结构不适合对磁通泄漏敏感的应用。

管状直线电机设计的一个潜在的问题是当行程增加时,由于电机是圆柱形的而且沿着磁棒上下运动,支撑点在两端,需要确保磁棒的径向偏差,导致磁体接触推力线圈的长度总会有限制。

2. U 形槽式直线电机

U 形槽式直线电机有两个介于金属板之间且都对着线圈动子的平行磁轨。动子由导轨系统支撑在两磁轨中间。动子是非钢的,意味着无吸力且在磁轨和推力线圈之间无干扰力产生。非钢线圈装配具有惯量小,允许非常高的加速度。线圈一般是三相的,无刷换相。可以用空气冷却法冷却电机来获得性能的增强,也有采用水冷方式的。这种设计可以较好地减少磁通泄露,因为磁体面对面安装在 U 形导槽里。这种设计也最小化了强大的磁力吸引带来的伤害。

这种设计的磁轨允许组合以增加行程长度,只局限于线缆管理系统可操作的长度,编码器的长度,和机械构造结构设计、生产的能力。

3. 平板直线电机

常见的平板式直线电机有三种类型(均为无刷):无槽无铁芯、无槽有铁芯和有槽有铁芯。

无槽无铁芯:无槽无铁芯平板电机是由一系列安装在一个铝板上的线圈构成的。由于没有铁芯,电机没有吸力和接头效应(与 U 形槽电机相同)。该设计在某些应用中有助于延长轴承寿命。动子可以从上面或侧面安装以适合大多数应用场景。这种电机对要求控制速度平稳的应用是理想的,如扫描应用。但是这种设计产生的推力输出最低。通常,无槽无铁芯平板电机具有较高的磁通泄漏,效率较低。

无槽有铁芯:无槽有铁芯平板电机结构上和无槽无铁芯电机相似。除了铁芯安装在钢叠片结构然后再安装到铝背板上,铁叠片结构用在指引磁场和增加推力。磁轨和动子之间产生的吸力和电机产生的推力成正比,叠片结构导致接头力产生。无槽有铁芯比无槽无铁芯电机有更大的推力。

有槽有铁芯:这种类型的直线电机,铁芯线圈被放进一个钢结构里以产生铁芯线圈单元。铁芯通过聚焦线圈产生的磁场有效增强电机的推力输出。铁芯电枢和磁轨之间强大的吸引力可以被预先用作气浮轴承系统的预加载荷。这些力会增加轴承的磨损,磁铁的相位差可减少接头力。

直线电机是一种将电能直接转换成直线运动机械能,而不需要任何中间转换机构的传动装置。它可以看成是一台旋转电机按径向剖开,并展成平面而成。直线电动机工作原理如图 3-24 所示。

由定子演变而来的一侧称为初级,由转子演变而来的一侧称为次级。在实际应用时,将初级和次级制造成不同的长度,以保证在所需行程范围内初级与次级之间的耦合保持不变。直线电机可以是短初级长次级,也可以是长初级短次级。考虑到制造成本、运行费用,目前一般均采用短初级长次级。直线电动机的工作原理与旋转电动机相似。以直线感应电动机为例:当初级绕组通入交流电源时,便在气隙中产生行

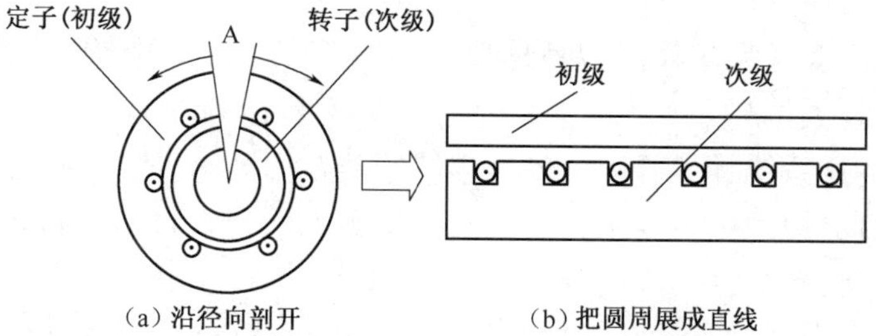

图 3-24　直线电动机工作原理

波磁场,次级在行波磁场切割下,将感应出电动势并产生电流,该电流与气隙中的磁场相作用就产生电磁推力。如果初级固定,则次级在推力作用下做直线运动;反之,则初级做直线运动。直线电机的驱动控制技术一个直线电机应用系统不仅要有性能良好的直线电机,还必须具有能在安全可靠的条件下实现技术与经济要求的控制系统。随着自动控制技术与微计算机技术的发展,直线电机的控制方法越来越多。

对直线电机控制技术的研究基本上可以分为三个方面:一是传统控制技术,二是现代控制技术,三是智能控制技术。传统的控制技术如 PID 反馈控制、解耦控制等在交流伺服系统中得到了广泛的应用。其中 PID 控制蕴涵动态控制过程中的过去、现在和未来的信息,而且配置几乎为最优,具有较强的鲁棒性,是交流伺服电机驱动系统中最基本的控制方式。为了提高控制效果,往往采用解耦控制和矢量控制技术。在对象模型确定、不变化且是线性的以及操作条件、运行环境是确定不变的条件下,采用传统控制技术是简单有效的。但是在高精度微进给的高性能场合,就必须考虑对象结构与参数的变化。各种非线性的影响,运行环境的改变及环境干扰等时变和不确定因素,才能得到满意的控制效果。因此,现代控制技术在直线伺服电机控制的研究中引起了很大的重视。常用控制方法有:自适应控制、滑模变结构控制、鲁棒控制及智能控制。近年来模糊逻辑控制、神经网络控制等智能控制方法也被引入直线电动机驱动系统的控制中。目前主要是将模糊逻辑、神经网络与 PID、H∞ 控制等现有的成熟的控制方法相结合,取长补短,以获得更好的控制性能。

直线电机是一种应用日益广泛的新型电机,磁悬浮列车就是用直线电机来驱动的。磁悬浮列车是一种全新的列车,一般的列车,由于车轮和铁轨之间存在摩擦,限制了速度的提高,它所能达到的最高运行速度不超过 300 km/h。磁悬浮列车是将列车用磁力悬浮起来,使列车与导轨脱离接触,以减小摩擦、提高车速。列车由直线电机牵引,直线电机的一个级固定于地面,跟导轨一起延伸到远处;另一个级安装在列车上,初级通以交流电,使得列车沿导轨前进。列车上装有磁体(可兼用直线电机的线圈),磁体随列车运动时,使设在地面上的线圈(或金属板)中产生感应电流,感应电流的磁场和列车上的磁体(或线圈)之间的电磁力把列车悬浮起来。悬浮列车的优点是运行平稳,没有颠簸、噪声小,所需的牵引力很小,只要几千千瓦的功率就能使悬浮列车的速度达到 550 km/h。悬浮列车减速的时候,磁场的变化减小,感应电流也减小,磁场减弱,造成悬浮力下降。

要使质量巨大的列车靠磁力悬浮起来,需要很强的磁场,实用中需要用高温超导线圈产生这样强大的磁场,直线电机除了用于磁悬浮列车外,还广泛地用于其他方面,例如用于传送系统、电气锤、电磁搅拌器等。在中国,直线电机也逐步得到推广和应用,直线电机的原理虽不复杂,但在设计、制造方面有它自己的特点,产品尚不如旋转电机那样成熟,有待进一步研究和改进。

直线电机可以认为是旋转电机在结构方面的一种变形,它可以看作是一台旋转电机沿其径向剖开,然后拉平演变而成。近年来,随着自动控制技术和微型计算机的高速发展,对各类自动控制系统的定位精度提出了更高的要求,在这种情况下,传统的旋转电机再加上一套变换机构组成的直线运动驱动装置,已经远不能满足现代控制系统的要求,为此,近年来世界许多国家都在研究、发展和应用直线电机,使得直线电机的应用领域越来越广。

直线电机与旋转电机相比,主要有如下几个特点:

(1)结构简单。由于直线电机不需要把旋转运动变成直线运动的附加装置,因而使得系统本身的结构大为简化,重量和体积大大地下降。

(2)定位精度高。在需要直线运动的地方,直线电机可以实现直接传动,因而可以消除中间环节所带来的各种定位误差,故定位精度高,如采用微机控制,则还可以大大地提高整个系统的定位精度。

(3)反应速度快、灵敏度高,随动性好。直线电机容易做到其动子用磁悬浮支撑,因而使得动子和定子之间始终保持一定的空气隙而不接触,这就消除了定、动子间的接触摩擦阻力,因而大大地提高了系统的灵敏度、快速性和随动性。

(4)工作安全可靠、寿命长。直线电机可以实现无接触传递力,机械摩擦损耗几乎为零,所以故障少、免维修,因而工作安全可靠、寿命长。

第四章　辅助逆变系统电器与装备

城市轨道交通车辆是在城市中运行于地下、地面或高架铁路上的公共交通运输工具。城市轨道的车辆辅助电源系统是控制系统的重要组成部分，其主要任务是产生能够满足车辆控制用的低压电源、客室照明、空调及通风机组以及其他低压用电设备所需的各种不同电压和电功率。辅助供电系统的供电质量与可靠性将直接影响到车辆运行安全及旅客舒适度。研究和完善辅助供电系统性能，确保稳定、安全的列车供电是研究和设计人员主要的任务。

第一节　辅助逆变系统功能及特点

一、辅助逆变系统功能

辅助供电系统是城轨车辆的一个重要组成部分，安装于拖车构架上。当供电系统供电正常时，输入的直流电源经辅助逆变器逆变为交流电源，并向通风机、空调设备、电加热器、电动雨刮器、空气压缩机等三相负载和客室照明系统及控制系统设备供电；经直直变换器变换的直流电源供蓄电池充电及其他直流负载用电。辅助供电系统的负载设备对提高机车车辆的运行可靠性以及乘坐舒适性起着重要的作用。随着机车车辆的发展和对运输质量要求的提高，辅助系统的结构形式也逐渐多样化，总的来讲即是功能逐渐增加，技术指标与可靠性也越来越高。

我国的辅助供电系统是 20 世纪 80 年代中后期开始使用，当时主要依据从欧洲引进的 8K 型机车的相关技术进行研制与生产，采用 GTO 作为其开关功率器件。90 年代中期，由我国设计和制造的采用 IGBT 技术的辅助逆变器，在机车和客车领域取得了成功应用，其功率等级从 30 kV · A 到 200 kV · A。1999 年我国开始研制具有自主知识产权的地铁车辆辅助供电系统的产品，2000 年研制出了 TGF4 型 DC 1 500 V 地铁车辆辅助供电产品。2001 年 10 月其改型产品 TGF4A 型 DC 1 500 V 地铁车辆辅助供电系统安装于香港地铁车辆上用于替代原辅助发电机作为辅助电源可靠运行至今。2002 年 3 月，香港地铁公司采用了 469 台中车株洲电力机车研究所有限公司（原南车株洲电力研究所）的 TGF4B 型 DC 1 500 V 地铁辅助供电系统。

轨道车辆中牵引变流器对干线电力机车指的是 AC-DC-AC 变流系统，对城市地铁与轻轨为 DC-AC 逆变系统，随着电力电子技术不断发展，牵引逆变器也在不断的进步。牵引逆变器是列车驱动系统的组成部分,是一种以电能为动力牵引车辆前进的牵引方式。主要目的通过受流器从架空接触网或第三轨(输电轨)接收直流电能,然后通过逆变器把直流电逆变成带有幅值和频率可调的三相交流电,为牵引电动机运行提供合适的能量。牵引电机将电能转变成动能,通过齿轮传给轮对,驱动轮对在轨道上运动带动车辆前进。

列车辅助电源系统是控制系统的重要组成部分,其主要任务是产生能够满足车辆控制用的低压电源、客室照明、空调及通风机组以及其他低压用电设备所需的各种不同电压。列车辅助电源系统能自动完成启动、关闭及故障切换功能,在列车网络正常工作时,能及时报告辅助系统的运行状况,其供电质量与可靠性直接影响到车辆运行的安全。随着国民经济的发展和人民生活水平的不断提高,旅客对列车速度和舒适度的要求越来越高。旅客列车加装空调、电开水炉等用电设备,使列车供电量增大。因此需将辅助供电系统日益完善,这样才能确保列车安全、稳定的供电。

辅助逆变系统是地铁或轻轨车辆上的一个必不可少的关键的电气部分,负责为空调机组、通风机、照明、电加热器等交流负载提供稳定的三相四线制的 380 V (220 V)电源。

传统地铁辅助逆变系统通常采用旋转式电动发电机组的供电方案。电动机从 DC 750 V 第三轨受电,发电机输出三相交流电压向负载供电。这种供电方式机组体积大、输出容量小、效率低,电源易受直流发电机组况变化的影响,输出电压波动大、可靠性差。随着电力电子技术的发展,辅助逆变系统已从早期的旋转式电动一发电机组进步为静止式变流机组,即所谓静止辅助逆变电源装置,克服了旋转式电动发电机组的供电方案存在的大体积、低效率、低可靠性等一系列问题,提升车辆的性能,成为地铁车辆辅助逆变系统的必然选择。

同时,静止辅助逆变系统中采用的电力电子器件也经历了晶闸管(SCR)、大功率晶体管(GTR、BJT)、可关断晶闸管(GTO)和绝缘栅双极型晶体管(IGBT 或 IPM)的发展过程。IGBT 或 IPM 器件的电压等级也从 1 200 V 发展到 1 700 V、3 300 V 以及 4 500 V 电压等级水平,除电压等级 4 500 V 的 IGBT 器件,其他电压等级的在国外已有多家公司批量生产与供货。

地铁车辆均以直流电网供电,电网电压有 750 V 和 1 500 V 两种。辅助逆变系统一般由给受电电路、电容器充放电电路、三相逆变器、交直流滤波电路及其相关控制电路等部分构成。辅助逆变器的单台额定容量一般在几十千伏安至二百多千伏安之间,属于中小功率的“直交”型变流器。辅助逆变系统通常需要满足如下基本要求:

(1)输出电压为三相四线制,输出电压和频率满足规定的精度要求。

(2)在宽输入电压变化范围内,输出额定容量的工作能力。输出电压与频率应能满足额定负载容量的正常工作能力。

(3)输出电压为正弦波形或准正弦波形。在整个输入电压范围内,输出电压的总谐波含量都要求小于规定值。

(4)负载突变能力。具备允许空调压缩机、通风机、空压机等负载直接启动和切除的能力,并且其输出电压的瞬时变化不超过规定值及在规定的时间内恢复稳定,以满足在带有部分负载的情况下空调机、通风机、空压机等负载频繁投切的要求。

二、现代辅助逆变系统的主要特点

地铁静止辅助系统主要有变压器隔离和变流两个功能部分。变压器隔离部分是为了安全必须将电网上的高压与低压用电设备,尤其是常需人工操作的控制电源的设备,在电气电位上实现隔离。通常采用变压器进行电气隔离,同时也可通过设计不同的匝比以满足电压值的需要;变流部分则是用来进行电能形式的转换,辅助用电设备大都需要三相380 V、50 Hz 交流电源,因而要将波动的直流网压逆变为恒压恒频的三相交流电。

上述两部分构成完善的辅助逆变系统。现代辅助逆变系统主要有以下特点:

(1)采用 IGBT 或 IPM 技术。早期的辅助逆变器采用的功率器件有晶闸管、功率晶体管和 GTO 等。IGBT 具有高开关频率、功率损耗低,自我保护能力强,电路结构简单,无需换流和吸收电路,取代和控制电路简单等优点,它的使用减少了输入与输出滤波器的体积和重量,减少了元件的数量,因而也增加了使用的可靠性。

(2)模块化的设计,可以实现模块化和简单统化的目标,并且充分地利用既有空间,体积小、维护方便、成本较低,从而适应各种不同的地铁车辆,满足用户要求。

(3)高质量的输出电压,使标准的工业电机与压缩机负载和其他设备在地铁车辆中得到可靠应用。

(4)采用微机数字控制。随着计算机技术的发展,系统控制以高性能微机为基础,在以 PWM(脉宽调制)控制为中心的控制运算中心部分采用数字信号处理器(DSP),其强大功能促进了控制方式的不断发展,具有良好的稳定性、快速的动态响应性能,适应性不断得到提高和优化。

第二节 辅助逆变系统

辅助逆变器是城轨车辆上一个必不可少的关键的电气部件,安装于拖车构架上。当供电系统供电正常时,DC 1 500 V(或 DC 750 V)的直流电源经辅助逆变器(DC/AC)逆变为 AC 380 V/220 V 的交流电源,向设备供电,并经过直直变换器(DC/DC)变换为 DC 110 V 电源,供蓄电池充电及其他直流负载用电,辅助供电系统的负载设备遍布全车。

一、系统的构成

逆变器系统是辅助供电系统的核心,主要部件包括滤波电抗器、充电电路、滤波电容器、EMI 电容、辅助逆变器模块、三相滤波器、变压器等。

滤波电抗器和滤波电容器构成高压输入部分的滤波器,它能抑制输入电路的谐波和减少输入电路暂态过程的影响。输入电路的负极通过转向架接地,负极上接有 EMI 电容,其作用是为了确保高频接地和降低电磁干扰对辅助逆变器的影响。辅助逆变器的输出经三相输出滤波器进行滤波,该滤波器由三相滤波电抗器和三相滤波电容器构成,属于低通滤波器,能滤除逆变器输出的 PWM 波的大部分谐波。三相滤波器后面是一个输出变压器,将逆变器的输出电压为 380 V,并起到使低压和高压隔离的作用。

以广州地铁 2 号线为例,全车由 6 节车编组组成,采用 4 动 2 拖,其中 2 台动车和 1 台拖车为 1 个牵引单元。整列车有 2 个辅助逆变器,每个逆变器能提供约 50% 的冗余,保证一个辅助逆变器故障时全列车的空压机、牵引设备的冷却风扇和全列车一半的空调等设备的正常运行。

二、工作原理

城轨列车辅助供电系统主要包括了脉冲整流器、降压斩波器、逆变器、三相降压变压器以及直直变换等步骤。其电源取自直流供电网,经过 DC/DC 输入级在变频器输入端作了电位隔离和退耦,变频器的所有输入、输出端都设有 LC 无源元件构成的滤波环节。输入端的滤波器主要是用来抑制网压峰值以及减小变频器对电网的反作用。输出端的滤波器主要是保证输出电压脉动及畸变系数小,它决定了所用的低通滤波器参数。滤波器将常有很大波动和畸变的直流输入电压变换成恒定的中间电路电压,再供给 1 个或多个输出级。IGBT 斩波器对直流电压进行高频斩波,经串联的变压器按需要作变压,IGBT 斩波器还可以根据输入电压的波动,利用移相脉宽调制(PSPWM)方法来保证输出电压的稳定。整流器和滤波电抗器电路再次对电压进行整流。

它的主要负载包括空调设备(空调压缩机、冷凝器风扇、蒸发器风扇)、空气压缩机、设备通风机、客室照明以及挡风玻璃除霜器、方便插座、雨刮器等。有的车上客室照明、雨刮器全用 DC 110 V 供电,有的车上所有设备都用自然风冷,则不需设备通风机。

三、技术要求

辅助逆变器(SIV)是恒压恒频输出。对它的技术性能要求与 VVVF 主逆变器有所不同。对 DC/DC 变流器性能也有特殊要求。

1. 要求在大电压波动范围内输出额定功率

列车的供电电压波动范围是-33. 3% ~ +20%,要求 SIV 在此电压范围内输出全功率,还要求输出电压值及谐波含量在规定值之内。这个要求是比较高的,特别是在最低电压情况下。

2. 负载特性

SIV 的负载很大部分是泵类,而且是直接启动,启动时冲击电流大。例如 SIV 最大负载的空调机,其中的压缩机又占主要部分,其他如制动系统等使用的空气压缩机。因此,对 SIV 负载的启动有种种限制。

3. 过载能力

SIV 的过载能力根据各厂商提供的参数不同,表示的方法也不同。有的以限定时间内过载电流值表示,有的则以过载容量值表示。辅助逆变器要求具有足够的过载能力。SIV 的短时过载能力以能达到其额定容量的倍数及时间来表示。各公司产品的过载能力相差较大,这主要取决于逆变器所用的功率半导体器件(如 IGBT 等)的电流冗余量。例如,容量同为 160 kV · A 的 SIV,三菱公司的过载能力为 200%,5 s;东洋公司有两种情况,分别是:150%,10 s;200%,立即封锁 SIV。

4. 对 SIV 输出特性的要求

输出电压畸变因数:输出电压波形为准正弦波,其谐波含量取决于 PWM 调制质量与开关频率,而过高的开关频率又影响效率。一般畸变因数要求小于 10%,个别用户要求小于 5%。

全负荷效率:SIV 的环节较多,从输入到输出经过线路滤波器、逆变器、输出滤波器、隔离变压器。又因 PWM 开关频率较高(2 kHz 以上),使 IGBT 的开关损耗较大,因此,系统效率不能太高,一般要求高于 90%,个别也有做到 92%。噪声:采用强迫风冷的 SIV 噪声较高,一般要求限制在 70 dB(A)以下(相距 1 m 处)。而对于自然冷却的 SIV,可以做到 65 dB(A)以内。三相电压不对称度要求小于 1%。

5. 对低压电源的要求

低压电源包括 DC/DC 变流器和蓄电池。DC/DC 变流器输出 DC 110 V 和 DC 24 V。在正常情况下列车运行时,车上所有 DC 110 V 负载全由 DC/DC 变流器供电,蓄电池处于浮充电状态。如 6 辆编组的列车上有两台变流器,1 台变流器供 1 个列车单元的负载,如果有 1 台变流器发生故障,则另 1 台变流器要给全列车的负载供电。即使在这种情况下蓄电池也不承受负荷。

因此,DC/DC 变流器的容量在设计时要考虑有足够的冗余量。只有当发生故障时(例如:电网供电中断),蓄电池才向应急负载供电。其中最大的负载是应急通风,此时的通风量是正常情况下空调通风量的一半,但要求持续工作的时间较长,一般规定在隧道中运行的车辆要保证供电 45 min,在地面或高架运行的车辆为 30 min。为此,要配置 1 台应急通风用的逆变器。由于风量与通风机的电源频率成正比,而通风机取用的功率与电源频率的 3 次方成正比。当风量比正常工作时减半,则通风机取用功率为正常工作时的 1/8。因此,应急通风用的逆变器的容量是不大的。

总之,城轨列车的辅助逆变器技术要求高,特别是在最低网压情况下能输出全功率,它的技术特性中最重要的是启动特性和短时过载能力。

四、对负载启动的要求

辅助逆变器的负载，经常是随机的、直接启动的，如空气压缩机。因此对负载启动有较高的要求：

（1）负载顺序启动，以避免启动冲击电流叠加。每次加到逆变器的负载不超过逆变器额定负载的 $x\%$。具体数值视逆变器的容量而定。

（2）当负荷在一定范围内变化时，要求其输出电压瞬间变化在一定范围内，且在限定时间内恢复其额定值。例如，当负荷变化为逆变器额定负载的±30%时，要求其输出电压瞬间变化范围不超过±15%，且在 300 ms 内恢复其额定值。

（3）重复启动和停止一定负载的能力（例如额定负载的 60%）。

（4）当逆变器已带有部分负载的情况下，启动空气压缩机或空调压缩机等负载，其输出电压降在允许范围之内。启动冲击电流消失后，要求在限定时间内恢复输出电压到额定值。

五、辅助逆变器系统的形式

辅助逆变器包括逆变器、充电器、隔离变压器三部分，它采用智能 IPM 电源模块驱动电路器件。目前辅助逆变器电路有两种型式：双逆变器型和单逆变器型。双逆变器型又有串联型与并联型；单逆变器型有先升/降压稳压后逆变型和直接逆变型。其中先升/降压斩波后逆变型是用在网压为 DC 750 V 时，因为它对的网压波动范围为 500~900 V，所以斩波器还有升压的功能。先降压斩波后逆变，是用在网压为 DC 1 500 V 时。这两种形式都能使得逆变器输入电压稳定，即使负载变化时，也能保证斩波器有稳定的输出电压。但从目前的技术水平来看，以 IGBT 为代表的开关器件的开关频率足以满足在网压波动范围内用 PWM 调制，完全可以使逆变器输出稳定，并且能满负荷运行。因此现在一般都采用直接逆变的方式。

辅助逆变器与低压电源的电路不同结构，目前在城轨车辆中应用的有以下几种形式。

（1）线路滤波器—升/降压斩波器—滤波器—逆变器—滤波器—隔离变压器—隔离变压器的一组次边绕组输出带中点的 AC 380 V；另一组次边经二极管整流桥—滤波器—输出 DC 110 V。它的作用是一方面使逆变器输入电压稳定，另一方面对逆变器起保护作用。

（2）线路滤波器—降压斩波器（CHO）—滤波器—逆变器（INV）—滤波器（FIL）—隔离变压器原边（T_0）—输出带中点的 AC 380 V（图 4-1）。

从 AC 380 V 输出—降压变压器（T_1）—二极管整流滤波—输出 DC 110 V。

从 AC 380 V 输出—降压变压器（T_2）—二极管整流滤波—输出 DC 24 V。

降压器一般有斩波降压和逆变降压两种方式，它使逆变器输入的电压稳定并对逆变器起到保护作用。逆变器 INV 的输出经电感电容滤波网络 FIL 滤波后输入到隔离变

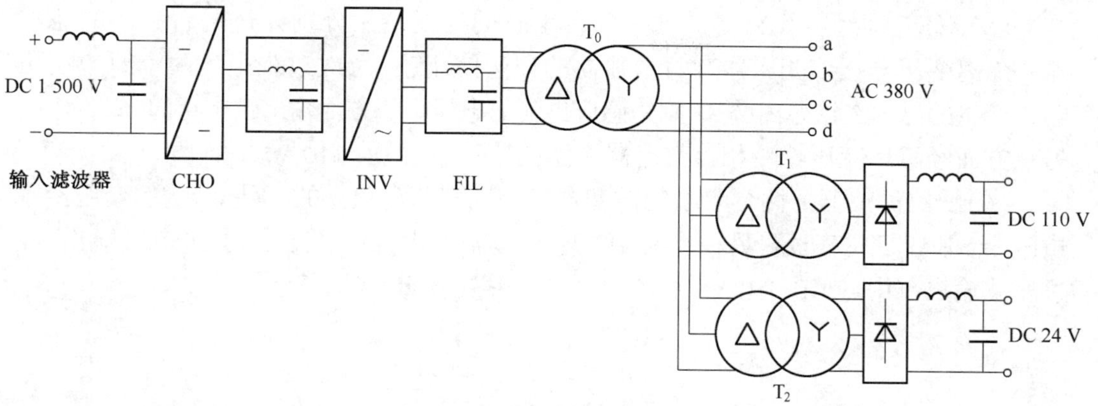

图 4-1　先降压斩波后逆变原理框图

压器 T_0 变压器的原边绕组为△形连接，次边绕组为 Y 形连接。输出三相四线 AC 380 V/50 Hz电压。另有 2 个变压器 T_1、T_2 由 AC 380 V 供电。分别经过降压、整流、滤波后，最终输出所需要的 DC 110 V 和 DC 24 V。目前由于器件水平与控制技术的提高，已很少采用升/降压环节。

(3)线路滤波器—逆变器—滤波器—隔离变压器——组副边绕组输出带中点的 AC 380 V；另一组输出—二极管整流—滤波—输出 DC 110 V。

单逆变器电路相对简单，使用的电子器件少，可靠性较高。但是其开关频率高，因此开关损耗较大，使用的效率相对较低。

(4)线路滤波器—滤波器—隔离变压器—变压器次边一组输出带中点的 AC 380 V；另一组输出经降压变压器—相控整流桥—滤波器，输出 DC 110 V。

直接逆变是城轨车辆辅助逆变电源最简单的电路形式(图 4-2)。开关元器件通常采用大功率的 GTO、IGBT 或 IMP 集成模块，逆变电源采用直接从受电弓或第三轨受流方式。这种电路结构简单、元器件数量少、控制方便。但这种逆变器电源输出的电压易受电网输入电压波动的影响，功率电子器件换流时承受的 du/dt 较大，尤其是在高压情况下。例如，DC 1 500 V 供电系统再生制动时，网压可达 2 000 V。

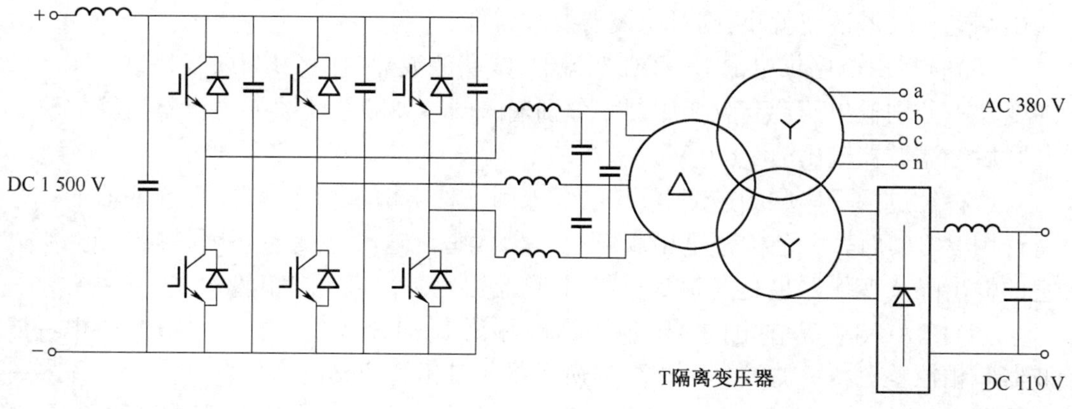

图 4-2　直接逆变型

(5)双逆变器型:线路滤波器—两台串联的逆变器—分别经过两台独立的滤波器—隔离变压器。该变压器有两个独立的原边绕组,一个次边绕组。两个原边绕组输入产生的磁通在铁芯内叠加,副边感应出输出电压。一方面输出带中点的 AC 380 V,另一方面经降压变压器—相控整流器—滤波器—输出 DC 110 V。

(6)线路滤波器—两台串联的逆变器—分别到两台独立的、不同结构的变压器原边(一台称 D_Y 型变压器,另一台称 D_Z 型变压器)。D_Y、D_Z 变压器次边串联输出,经过滤波输出带中点 AC 380 V。广州地铁 1 号线采用此种方式。

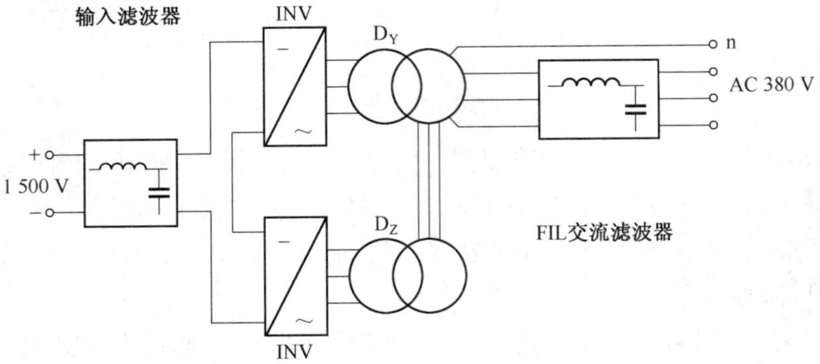

图 4-3 双逆变器型

这种系统没有从 AC 380 V 变换为 DC 110 V 输出,另外设有一个由电网直接供电的 DC/DC 变流器,输出 DC 110 V。此种方式开关损耗小、逆变器效率高,对输出滤波器要求低。可把较低电压的电力电子器件用于较高电源电压的逆变器。但是,双逆变器的电路复杂,使用器件多,动态均压要求高,故障率也高。

(7)线路滤波器 q 台串联的逆变器—分别输出多绕组变压器的两个原边。该变压器有 2 个原边绕组,3 个次边绕组(AC 380 V 三相绕组、AC 220 V 单相绕组、DC 110 V 的三相绕组)。2 个原边绕组在铁芯中产生的磁通叠加,在副边绕组感应电压。

该系统与形式 6 不同之处在于,前者是将两个变压器次边输出叠加,是电路的叠加,后者是磁路的叠加。这两种电路中,逆变器输出电压有一个相位差,这样叠加后输出侧电压波形谐波就小,则对滤波器要求就低。

(8)直接由电网供电的 DC/DC 变流器,线路滤波器—两台串联、半桥、单相、高频逆变器—分别输出两台高频变压器—分别输入两台高频整流器—两台整流器的输出并联后经滤波器输出 DC 110 V。

这种经过两个串联的逆变器形式,是采用一种半桥单相逆变器,即逆变器的一个桥臂用 IGBT,而另一个桥臂是用高频电容器代替。这种逆变器必须是高频的,所以它的输出隔离变压器也是高频变压器,其整流器也是快恢复二极管构成。

(9)由 AC 380 V 供电的 AC/DC 系统(输出 DC 110 V)。由 AC 380 V 供电—滤波器—相控整流桥—滤波—单相高频逆变器—单相高频隔离变压器—高频整流器—滤波器—DC 110 V 输出。采用高频逆变可以大大缩小隔离变压器的体积,但变压器的设计、制造技术要求较高。

这种形式从网侧起算是 DC-AC-DC-AC-DC 变流器。第二次 DC/AD 变换也是采用高频逆变的方法,变压器为特殊的高频变压器,整流器用高频管,技术要求较高。

六、辅助逆变器技术参数

辅助逆变器的主要技术参数如下:

1. 使用条件

(1)环境温度:−25~+45 ℃。

(2)输入电压:

额定电压:DC 750 V;

电压范围:DC 500~900 V;

最大值:DC 1 000 V(短时间)。

(3)控制电压:

额定电压:DC 110 V;

最大值:DC 121 V;

最小值:DC 77 V。

2. 逆变器技术参数

(1)输出形式:交流输出用直接三电平 IGBT 逆变器方式;直流输出用高频逆变器方式。

(2)冷却方式:自然风冷。

(3)特性:

①形式:IGBT 逆变器;输出:10 kV · A。

②电压:

AC 380×(1±5%) V,三相(包括整流器的输入);

DC 110×(1±3%) V;

DC 24 V。

③频率:(50±1) Hz。

④过载:DC 750 V,150%过载,系统 10 s 后动作;200%过载系统立即动作。

⑤输出电压变化:当负载从 100%降至 70%(额定值),输出电压变化范围为±20%。

⑥稳定时间:在额定输入电压/输出负载情况下,瞬态输出电压在 100 ms 内得以稳定。

⑦输出失真:在额定输入电压/输出负载情况下小于 5%。

⑧效率:大于 90%(在额定条件下)。

⑨噪声:距箱体 1 m 以外的地方(在额定条件下)应小于 70 dB。

⑩负载:照明及其他交流负载。

⑪保护:具备输出过电流、输入欠电压等所有必要的保护功能。

(4)辅助电源开关、熔断器:

①辅助电路转换开关:DC 750 V/800 A。

②辅助熔断器:DC 1 200 V/463 A。

第三节　地铁辅助逆变系统电路拓扑发展及特点

一、12 脉冲方案

两路逆变加变压器构成的 12 脉波方案电路拓扑如图 4-4 所示。以 1 500 V 供电为例,其 IGBT 的电压等级为 1 700 V,工作时开关频率低,波形质量好,串入小型滤波器就可获得满意的输出波形,而且可降低噪声。

但这种方案所用开关器件是其两电平方案的两倍,成本高。目前,香港地铁、北京国产化地铁、南京国产化地铁车辆用辅助逆变器均是采用 12 脉冲控制技术,尽管该技术有上述所说的开关频率低、波形质量好、损耗小等优点,但是主电路复杂、功率器件多,特别是变压器设计制造复杂,单位功率体积质量大,在功率较大和输入电压变化范围大的场合,这一缺点更加突出,目前不建议采用此方案。

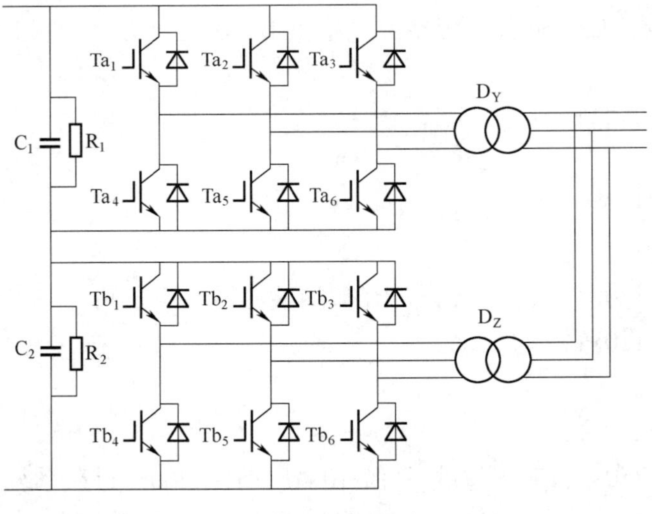

图 4-4　12 脉冲两电平逆变器

二、三电平逆变器方案

三电平逆变器是在传统逆变器基础上,通过对自身拓扑进行的改进,用来实现高压大功率场合的应用。三电平逆变器拓扑中的一个桥臂上有 4 个电力半导体器件,如图 4-5 所示,通过对直流侧的分压和开关动作的不同组合,可以实现桥臂电压的多电平输出,从而使输出波形更加接近正弦波。

从三电平的工作原理可知,每个功率开关器件的耐压为母线电压的一半,与传统的两电平逆变器相比,器件所需耐压降低了一半,因此这就解决了功率开关器件对高

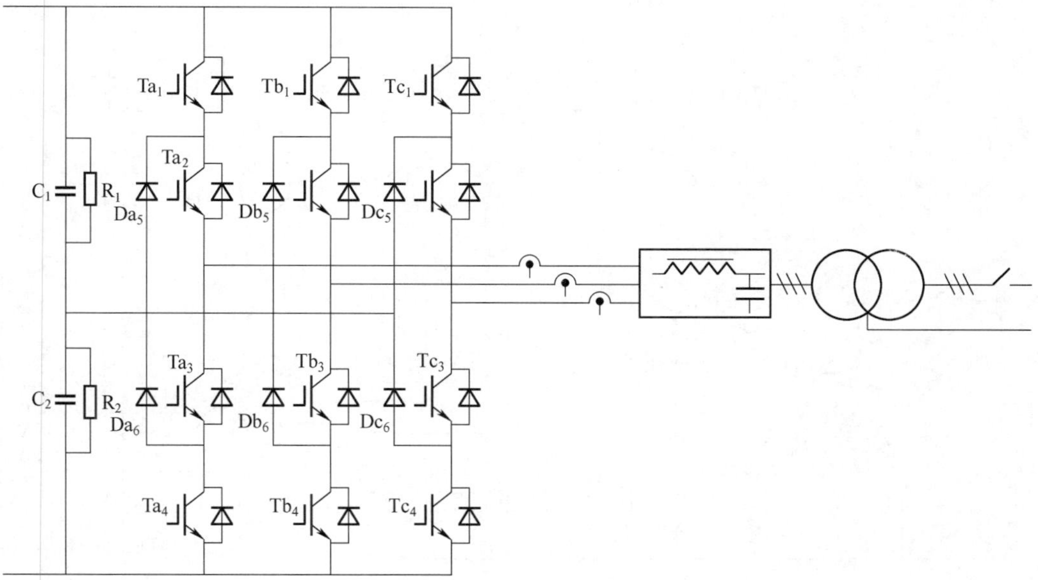

图 4-5　二极管中点钳位式三电平逆变器

压大功率能量变换的限制障碍。

此外,三电平逆变器较之两电平逆变器还具有:输出波形谐波更小、减少输出电压波形畸变(THD)、减小输出滤波电抗器体积、开关频率降低、开关损耗小等诸多优点。

但是,这种方案同 12 脉冲方案类似,所用开关器件是其他方案的两倍,成本高,由于功率器件的增加,也增加了三电平逆变器的控制难度,考虑到器件数量的多少以及体积重量等因素,也不趋向于采用此方案。

三、工频变压器隔离方案

此方案采用的是两点式逆变器直接逆变,逆变之后采用的是工频变压器进行隔离,110 V 控制电源亦是通过工频变压器隔离后整流滤波得到,电路拓扑如图 4-6 所示。

逆变器加滤波器直接逆变与工频变压器隔离,以 1 500 V 供电为例,如采用直接两点式逆变器方案,就要求采用电压等级 3 300 V 的 IGBT,逆变器输出经过三相滤波后,同时三相交流电压经变压器和整流后,可实现电源的多路直流输出。这种方案主电路简洁,只有 6 个高压 IGBT(或 IPM)构成逆变部分,这种电路的特点是电路结构简单、元器件使用数量少、控制方便。

缺点是逆变器电源输出电压容易受电网输入电压的波动影响,输出的电压品质因数差、谐波含量大、负载使用效率低,为提高供电质量,满足规定的总谐波畸变系数,改善输出波形,必须在直流侧以及变压器原边串入较高要求、较重的滤波器,滤波器重量体积大同时也是噪声源。

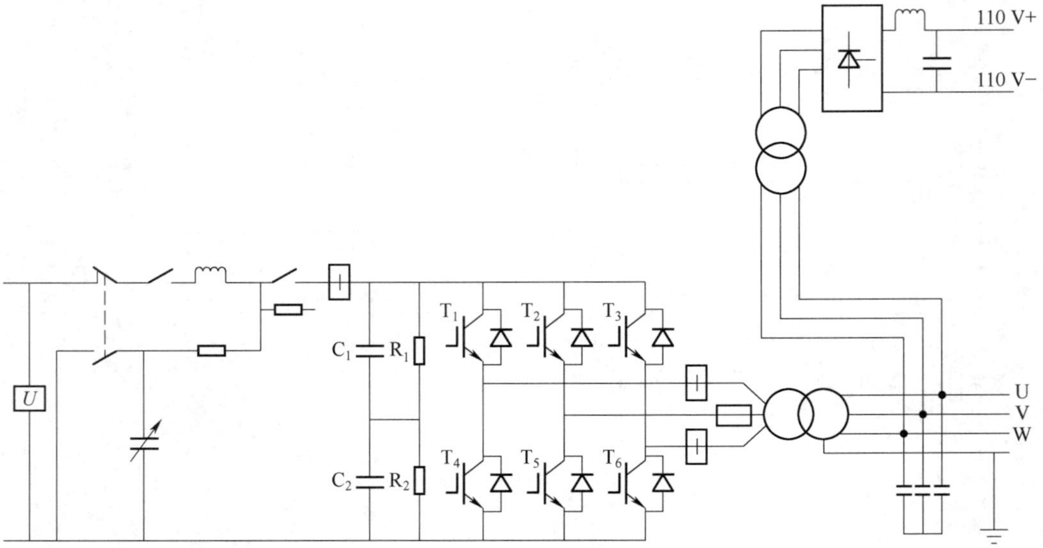

图 4-6 直接逆变与工频变压器隔离方案

四、高频变压器隔离方案

高频变压器隔离方案电路拓扑结构如图 4-7 所示。

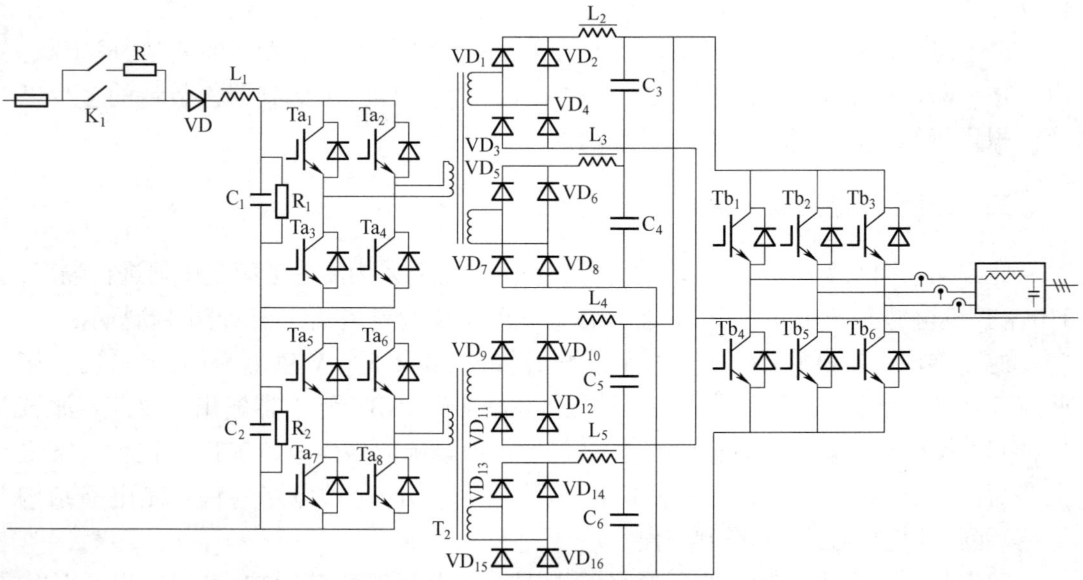

图 4-7 高频变压器隔离方案

直—直变换和高频变压器隔离方案，从减轻重量角度看，是较为理想的。此方案在逆变器直流输入侧加入带高频变压器隔离的 DC/DC 变换电路，直流 DC 110 V 控制电源，也采用直—直变换器来实现，独立于 AC 380 V 变换电路，输出电压不仅稳压精确，纹波度都达到很高要求，而且可靠性不依赖于 AC 380 V 变换电路，与静止辅助逆变器无关,也就不受逆变器故障的影响,有一定的好处。

其缺点是可靠性较前两种方案要差。如上海地铁 2 号线车辆静止辅助逆变系统,采用高频变压器与逆变器方案,开关频率为 6.20 kHz,虽然输出波形很好地接近正弦波,但由于开关频率高,开关损耗大大增加,致使寿命下降。目前上海地铁 2 号线交流传动车辆上这类辅助逆变器经常出现故障。

为此,若采用 12 脉冲波形,如上海地铁 1 号线直流传动车辆上的辅助逆变器采用的是 12 脉冲方案,其开关频率可大为下降,输出波形也已接近正弦波,然而开关损耗大为下降,模块寿命显著提高,尽管已使用了近 10 年,其故障率仍然很低。

第四节　蓄电池箱及蓄电池控制箱

一、蓄电池箱

辅助系统设有蓄电池箱,作为辅助电源逆变器的启动电源,又是牵引制动控制电路、辅助控制电路、开关门电路及直流照明、ATP/ATO、通信、广播、视频设备等 DC 110 V、DC 24 V 负载的备用电源。在车辆运行时,蓄电池处于浮充电状态,当辅助电源逆变器停止运行时,由蓄电池组给 DC 110 V 负载直接供电、通过 DC/DC 变换器向 DC 24 V 负载间接供电。

蓄电池箱由一个箱体、两个电池车、两个电池盒、76 只 SRM 140FR 中倍率碱性镍镉蓄电池组成的 110 V 蓄电池组、蓄电池控制箱组成。蓄电池箱结构如图 4-8 所示。

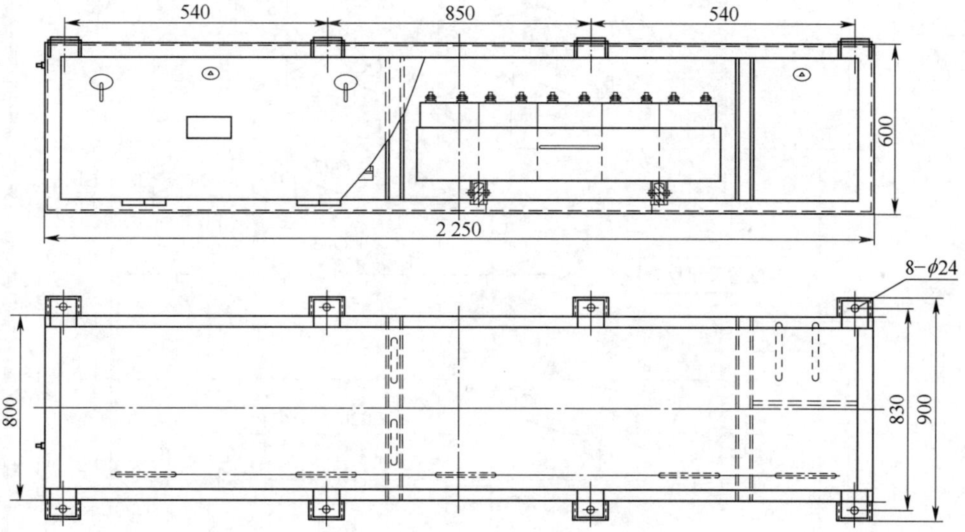

图 4-8　蓄电池箱体结构

二、蓄电池控制箱

蓄电池控制箱主要电器配置见表 4-1。

表 4-1　蓄电池控制箱主要电器配置

序号	代号	名　称	型号、规格
1	QF30	蓄电池温控开关	5SJ5 1067 CC20, DC 110 V, 6 A
2	QF29	蓄电池控制开关	5SJ5 1067 CC20, DC 110 V, 6 A
3	QF28	蓄电池总开关	5SP4 292-7, 2 极, DC 110 V, 125 A
4	KC1	蓄电池电压检测继电器	UMD-81-CK 74-77V
5	BATR	蓄电池断开继电器	B400 115 EGSVF1
6	QC1	蓄电池控制接触器	CZ28T-160/10(带常开辅助触头)
7		温度转换盒	TT125A
8		接线端子	WDU50N, WPE50N, ZDU6, ZDU2.5
9		二极管端子	ST4-QUATTRO-DIO/L-R

蓄电池控制箱接线图如图 4-9 所示。

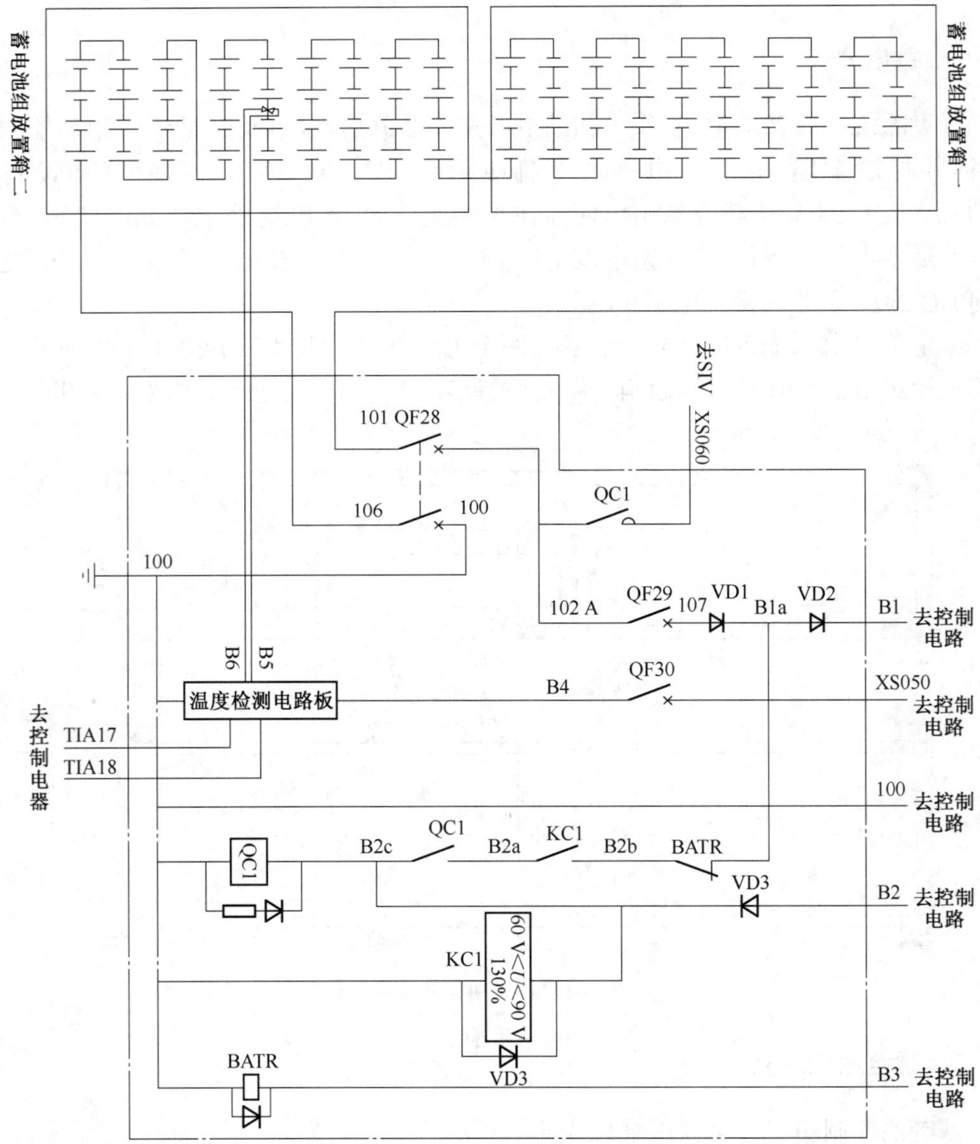

图 4-9　蓄电池控制箱接线图

第五节　地铁列车辅助逆变系统供电方式的发展

地铁车辆供电方式分为分散供电与集中供电。地铁车辆的编组方式大都采用两动一拖(3 节车辆)构成一个单元,由两个单元(所谓 3 节编组)构成一列车,每节车辆均配备一台静止辅助逆变器,每单元共用一台 DC 110 V 控制电源。每节车辆的辅助逆变器的容量为 75~80 kV · A,DC 110 V 控制电源(兼作蓄电池充电器)功率约为 25 kW。后来法国 Alstom 公司生产的地铁车辆改为一个单元中配 2 台静止辅助逆变器,每台容量为 120 kV · A,且每台含 DC 110 V 控制电源,功率为 12 kW。最近国外生产的地铁车辆,在 6 节编组中,每单元只配一台静止辅助逆变器,容量约为 250 kV · A,直流 DC 110 V 控制电源也一台,约 25 kW,即所谓的"集中供电"。

这两种供电方式各有优缺点。分散供电其冗余度大,均衡轴重好配置,但造价要大些,且总重量也会高些。而集中供电冗余度小,每轴配重难以一致,但相对而言,总重会轻些,成本低些。采用集中供电也是与电力电子技术发展、电力电子器件性能改善与可靠性的提高分不开的。从冗余度与轴重均衡出发,宁选分散式供电方案,如图 4-10 所示。

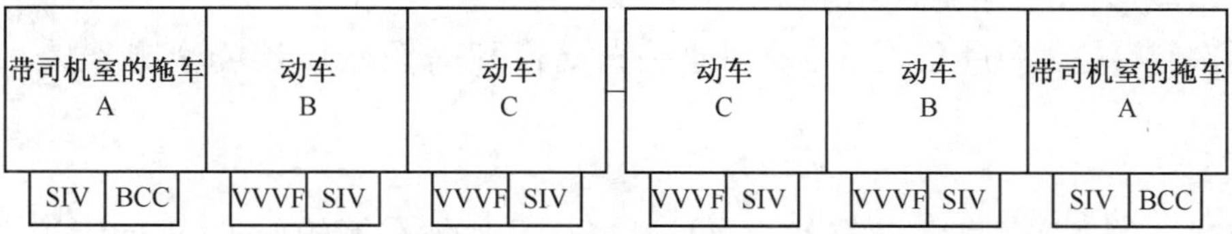

图 4-10　地铁列车供电方式

第六节　地铁辅助逆变系统方案综合评述与选择

1. 供电方式

地铁车辆上采用分散供电方式,即每车辆配一台静止辅助电源装置,从冗余度与确保安全性等方面考虑,应属首选方案,目前一个单元配两台静止辅助电源装置,如 Alstom 公司所采用的方案那样也比较常见。

2. 变压器隔离部分

为了人身安全,低压系统及控制电源必须实现与高压网压系统 DC 1 500 V 或 DC 750 V电气上的隔离。最佳且最实用的隔离方式是采用变压器隔离。从上述方案中看出,有 50 Hz 变压器隔离和高频变压器隔离两种方式。由变压器基本原理可知,50 Hz 变压器其体积与重量较大,而高频变压器其体积与重量就成倍地减小。但后者必须采用性能好的高频磁芯,目前大都采用铁氧体磁芯或国内已研制成功也批量投产的铁基微晶合金磁芯。因而采用高频变压器隔离,应用国产的高频磁芯,国内也已具备条件。

上海地铁 2 号线车门辅助系统是采用高频变压器实现电气电位上隔离的，其工作频率约 20 kHz，两个高频变压器容量各约 50 kV · A，其体积与重量同 50 Hz 变压器比较已缩减到几十分之一。考虑到高频时铁芯损耗，将高频变压器放置在强迫通风的风道内。

对分散供电方式，为减轻重量采用高频变压器隔离方式是较好的。为降低噪声，在冷却风道设计方面应仔细考虑。但对集中供电，由于容量较大，目前国外还大都采用 50 Hz 变压器实现电气电位上隔离。综上，我们选择的是高频变压器隔离方案。

3. 变流部分

上述三种方案各有其特点，而且都能满足地铁车辆的要求。上述方案的构成与 IGBT 器件阻断电压等级发展有关。

首先，如采用直接二点式逆变器方案，就要求采用电压等级 3 300 V 的 IGBT。这种方案主电路简洁，只有 6 个高压 IGBT 或 HVIGBT 构成逆变部分，1 个过压保护或放电的 HVIGBT，但为提高供电质量，满足规定的总谐波畸变系数，必须串入体积重量较大，较高要求的滤波器。

其次，采用三点式方案或两路逆变加变压器构成的 12 脉波方案具有相似的功能，其 IGBT 的电压等级为 1 700 V，工作时开关频率低，串入小型滤波器就可获得满意的输出波形，而且可降低噪声。

再次，从减轻重量角度看，采用直—直变换和高频变压器隔离方案是较为理想的。

4. 综合评定

上述三种逆变方案都各有其特点且都能满足地铁车辆的要求，因此无论选择哪种方案都要有所折中。

从运营部门角度出发，首要的是安全可靠与寿命长，不是单纯追求技术先进性，因而低故障率的 12 脉冲方案或三电平方案是一种合理的折中，即输出波形较好、变流装置也寿命长、能长时期地可靠安全工作，这是车辆运营部门所关心的重点。

从技术工作者角度出发，体积重量小、技术先进的直—直变换和高频变压器隔离方案是较为理想的。

第五章　制动系统电器与装备

第一节　制动系统概述

城市轨道交通车辆制动是人为地利用外力,使列车减速、停车、阻止其运动或加速的统称。外力是由列车制动装置产生的,它与列车运动方向相反。

城轨车辆的制动功能受信号设备和监控设备的监控。当信号设备判断列车需要制动时,在自动驾驶的模式下或者是司机操纵下,列车的制动设备会自动完成列车的制动。

为了顺利实现制动而安装于车辆上的一种制动设备,称为城轨车辆制动装置。一套完整的城轨车辆制动装置一般包括制动控制部分和制动执行部分。制动控制部分是进行操纵和控制部分的总称,包括制动控制信号的发生装置、制动控制信号传输装置以及制动控制装置组成。制动执行部分是产生、传送制动力部分的总称,主要由机械装置组成,又称基础制动装置,包括闸瓦、轮盘、轴盘等不同制动方式。列车制动装置又可分为机车制动装置和车辆制动装置。

由于一般城轨车辆采用动力分散型的形式,即车辆分为动车和拖车。因此,列车的制动也分为动车的制动装置和拖车的制动装置。两种车辆一般受城轨车辆制动控制系统的控制,制动执行部分会有所不同。

随着城轨车辆技术的不断发展,制动装置中越来越多地采用模块化和集成化的技术,越来越多地采用电气信号和电气驱动设备。微机和电子设备的出现使制动装置和制动控制功能融入了控制整体电路而不能独立划分。因此,不可避免的只能将具有制动功能的电子线路、电气线路和基础制动部分归结为制动系统。

一、制动力的产生

城轨车辆的制动力是由制动装置引起的与列车运行方向相反的纵向力,它比列车自然产生的运行阻力大得多,列车制动减速过程中,制动力起主要作用,与牵引力一样,制动力同样受黏着限制(非黏制动除外)。

目前,绝大部分的城轨车辆都采用钢轨钢轮的走行方式。轮对在钢轨上运行时,一般承受垂直载荷及纵、横切向载荷。垂直载荷来自车辆对轮对的正压力,纵向载荷主要来自牵引及制动,横向载荷来自车辆蛇行运动。牵引时,牵引电机通过传动机构,将牵引动力传递给动车的动力轮对(动轮),由车轮和钢轨的相互作用,产生使车辆运动的反作用力。根据物理学中有关机械摩擦的理论,轮轨间的切向作用就是静摩擦力。而最大静摩擦力就是钢轨对车轮反作用力的法向分力与静摩擦系数的乘积。稳态前进的非动力轮的车轮在不制动时,其纵向切向力平衡轴承阻力和蛇行时的惯性力。因此,无论是动力轮对或从动轮对都存在着纵向切向力,它导致了轮轨之间的纵向相对运动。但实际上,动轮与钢轨间切向作用力的最大值与物理学上的最大静摩擦力相比要小一些,情况也更复杂一些。

1.“黏着”与“蠕滑”

由于正压力面而保持车轮与钢轨接触处相对静止的现象称为“黏着”。黏着状态下的静摩擦力称为黏着力。轮轨间的黏着与静力学中的静摩擦的物理性质十分相似。黏着系数是由轮轨间的物理状态确定的。加大每个动轮对作用在钢轨上的正压力,即增加轴重,可以提高每个动轮对的黏着力和牵引力。但是,轴重也受到钢轨、路基和桥梁等各种条件的限制,不可能不限制的增加。城市轨道交通车辆由于采用动车组的编组形式,动轮对数量比一般铁路列车多,动力和黏着力比较分散,牵引力总量又很容易达到,与铁路列车的动轮对和牵引力都集中在机车头的情况相比,城市轨道交通车辆利用黏着条件就相对好得多,因而对保护轮轨间的正常作用是很有利的。

传统理论认为钢轮相对钢轨滚动时,接触面是一种干摩擦的黏着状态,除非制动力或牵引力大于黏着力时才会转入滑动摩擦状态。但是现代研究表明,由于车轮和钢轨都是弹性体,滚动时轮轨接触处会产生弹性变形,这种新的弹性变形会使接触面间发生微量滑动,称之为“蠕滑”(Creep)。

轮轨间由于摩擦产生的切向力反过来作用于驱动机构,随着切向力的增大,驱动机构内的弹性应力也增大。当切向力达到极限时,由于蠕滑的积累波及整个接触面,发展成为真滑动;积累的能量使车轮本身加速,这时驱动机构内的弹性应力被解除。由于车轮的惯性和驱动机构的弹性,在轮轨间出现滑动—黏着—再滑动—再黏着的反复振荡过程,一直持续到重新在驱动机构中建立起未定的弹性应力为止。

2. 制动力的形成

与牵引运行类似,制动力的形成也是通过轮轨间的黏着产生的。为了减低列车运行速度或者为了停车,我们必须用外力将列车动能移走。这个移走列车动能的过程称之为制动。一般城市轨道交通车辆的制动方式有三类,即摩擦制动(包括闸瓦制动和盘式制动)、动力制动(包括再生制动和电阻制动)和电磁制动(包括磁轨制动和涡流制动)。其中摩擦制动和动力制动都是通过轮轨黏着产生制动力的。下面以闸瓦制动为例,说明通过轮轨黏着产生制动力的过程。

制动力的大小可以采用增加或减小闸瓦压力来调节,但不得大于黏着条件所允许的最大值。否则,车轮被闸瓦“抱死”,车轮与钢轨间产生相对滑动,车轮的制动力变为滑动摩擦力,数值立即减小,这种现象称为“滑行”,是与牵引时的“空转”相对应的一种黏着状态被破坏的现象。滑行时,制动力大大下降,制动距离增加,还会造成车轮踏面与轨面的擦伤,因此也必须尽量避免。

动力制动产生制动力的过程与摩擦制动基本类似，它们都是通过轮轨黏着产生的，只是制动转矩是由电机（这时电机处于发电机状态）产生的，而不是由闸瓦产生的。摩擦制动力和动力制动力都是黏着力，它们与黏着关系密切。重复利用好黏着条件，不仅是牵引必须注意的，对于制动来说也是同样重要。“滑行”和“空转”都是必须避免的。

唯一不受黏着条件限制的制动力是电磁制动力。电磁制动有两种形式，即磁轨制动和涡流制动。磁轨制动是将带有磨耗板的电磁铁落在钢轨上，接通励磁电流，使电磁铁紧紧吸附，并通过磨耗板与轨面摩擦产生制动力。涡流制动的电磁铁没有磨耗板，它将电磁铁落在距轨面 7～10 mm 处，电磁铁与钢轨间的相对运动引起电涡流作用形成制动力。磁轨制动在欧洲的轻轨车辆或有轨电车上经常能看见，主要用于紧急制动。但磁轨制动应用最多的是高速列车，还有磁悬浮列车。

二、制动方式

（1）制动方式可以按制动时列车动能转移方式、制动力获取方式的不同进行分类。按照制动力形成是否依赖于轮轨之间的黏着关系来划分，可分为黏着制动与非黏着制动。

制动力的大小受黏着限制的制动方式称为黏着制动。闸瓦制动、盘形（包括油压卡钳盘式、涡流盘式）制动、电阻制动和再生制动均属于黏着制动，因为制动力的产生都离不开轮轨间的黏着关系，即轮轨接触区必须有黏着作用。

非黏着制动时制动力的产生与轮轨间的黏着作用没有直接关系，只取决于制动体与钢轨之间因接触摩擦所产生的制动力，或者电涡流作用而产生的电磁力。例如轨道电磁制动（磁轨制动、轨道线性涡流制动）则属于非黏着制动，北京机场线的磁轨制动属于非黏着制动，由于非黏着制动不受黏着限制所以可以采用较大的制动力得到较高的制动减速度。

（2）按动能转移方式分为摩擦制动和动力制动。

摩擦制动：电动车组常用的摩擦制动方式主要有闸瓦制动和盘形制动，在高速电动车组中，往往还要采用磁轨制动来辅助紧急制动。磁轨制动属于轨道电磁制动方式中的一种，也属于摩擦制动。

动力制动：城轨车辆在制动时，将牵引电动机转变为发电机，将列车动能转化为电能，对这些电能的处理方式不同又可分成电阻制动和再生制动两种形式。电阻制动是将牵引电动机转换为发电机，把列车动能转化出来的电能直接消耗在随车安装的制动电阻上转变为热能，然后再通过通风设备把热散掉；再生制动是将牵引电机的电动机工况转变为发电机工况，将动能转化为电能，把这种电能通过牵引传动的变流器逆向变换，再反馈给供电触网，可提供给相邻运行的列车使用的制动方式。

（3）按制动源动力分类，制动的动力源主要有压缩空气和电力，近来也出现了使用液压来作为制动的源动力的。以压缩空气为源动力的制动方式称为空气制动方式,如闸瓦制动、盘形制动。液压制动和空气制动类似,其制动执行机构因液压制动力大而体积比较小巧。以电为源动力的制动方式称为电气制动,如动力制动、轨道电磁制动等。

三、制动系统基本功能

城轨车辆在操纵上按用途可分为两种,即常用制动和紧急制动。常用制动时指正常情况下为调整车辆运行速度或将车辆停在规定地点所施行的制动称为常用制动,其特点是作用缓和、制动力可调。通常只用列车制动能力的20%~80%,多数情况下只用50%左右。而紧急制动是在紧急情况下,为了尽快使列车停止运行而施行的制动称为紧急制动,也称非常制动,其特点是作用迅猛、用尽所有的制动能力。目前,在城市轨道交通车辆上还采用一种快速制动,它基本上与紧急制动相当,但是紧急制动是不可自动恢复的,必须停车后人工恢复,而快速制动是可以恢复的。

从司机施行制动(将制动阀手柄移至制动位)的瞬间起,到列车速度降为零的瞬间止,列车所驶过的距离称为制动距离。制动距离是一个综合反映列车制动装置性能和实际制动效果的主要技术指标。

一般轨道车辆所采用的为空气制动方式,该方式具有空电制动复合、再生制动优先、再生制动不足时空气制动补充的总体功能。

(1)空电制动复合:指空气制动与电制动(再生制动或电阻制动)的混合控制,而且是制动计算机按照事先设定的设计原则进行制动力的协调计算、分配,不需要司机对电制动进行单独操纵。

(2)再生制动优先:指在该模式下,每节车的制动控制装置,只要接收到制动指令,首先让牵引控制装置(TCU)产生电制动力,然后根据反馈回来的电制动里的大小,决定空气制动力的大小。

(3)再生制动不足:在电制动中,再生制动是会受到很多条件限制的,如网压、列车速度等都有可能限制再生制动力的发挥,经常会有再生制动不满足制动的总需求的情况发生。

(4)空气制动补充:就是空气制动力在再生制动力不够时,补充所缺数值。

需要注意的是,再生制动是由牵引控制装置来实现的,不是制动系统的设备,所以再生制动只能在动车上进行,空电复合制动就需要在动车与拖车之间进行协调与分配。在实际制动产品中,由于地铁列车多采用动力分散模式,这就有一个复合控制的范围,即复合控制单元的概念。空电制动复合控制在动车与拖车之间形成一个控制单元,即复合控制单元。有的列车采用整列范围内动车的再生制动力总和与全列制动力总需求进行比较,再生制动力不足拖车控制力先补充,如果不够,动车的空气制动力再参与补充,再生制动失效时,全部制动力都是空气制动力。有的列车划分为几个复合控制单元,如1M1T为一个单元进行协调、分配,原理相似。

第二节　动力制动和电磁制动

一、动力制动的必要性和基本要求

从能量的观点来看，制动本质就是将列车已有的动能移走。所谓动力制动，就是在列车制动时，通过转换电路和受电器将列车动能转化为电能，并将电能反馈给供电触网或消耗在电阻器上。通过转换电路和受电器将电能反馈给供电触网，提供本车辅助电源或同一电网中相邻运行的列车使用的方式，就是再生制动。

如果触网电压太高，不能接受反馈电能，电能只能通过列车上专门设置的电阻器转变为热能（采用强迫通风，使电阻产生的热量消散于大气）从而产生制动作用，就叫电阻制动，又称为能耗制动。

以往采用最多的是闸瓦制动，但其摩擦产生的热能在闸瓦和车轮踏面间积聚，温度急剧升高，严重时高温可熔化闸瓦或烧灼踏面。同时，闸瓦与车轮踏面摩擦后会产生粉尘和热量，对环境有严重的污染，而且频繁和过量的使用摩擦制动，将使闸瓦更换频繁，车辆踏面的维修大量增加。

为了减少机械摩擦的损耗，应尽量采用无污染的制动方式。一般制动优先原则：第一优先再生制动、第二优先电阻制动、第三优先空气制动。由于现代城市轨道交通车辆一般都是采用电力牵引的动车组，采用直流或交流电动机牵引动力，因此以电气制动作为主要制动已成为潮流。电动车组中既有动车又有拖车，除了拖车没有电动机只能使用摩擦外，所有动车都可以动力制动，并且还可以承担部分拖车的制动力。

一个安全可靠的动力制动系统应满足以下基本要求：

（1）应具有机械的稳定性。电气制动时，如果列车速度增加，制动力也应随之增加。

（2）应具有电气上的稳定性。电气制动时如果发生瞬时电流波动、系统能自动回复原来的平衡状态。

（3）制动过程中无论外界条件有什么变化，如电网电压波动、黏着条件变化以及人为调节等，都不应产生大电流的冲击和制动力的冲击。

（4）电气制动电路的设计力求简单。

上述要求应在车辆的设计和生产时充分考虑，否则列车在运行过程中就不能实施动力制动。

二、再生制动电路

1. 直流再生制动电路

在各种形式的制动中，电气制动是一种较理想的动力制动方式，它是建立在电动机工作可逆性基础上的。在牵引工况时，电动机从接触网吸收电能，将电能转换为机械能，产生牵引力，使列车加速或在上坡的线路上以一定的速度运行；在制动工况时，列车停止从接触网受电，电动机改为发电机工况，将列车运行的机械能转换为电能，产生制动力，使列车减速或在下坡线路上以一定的限速度运行。

车辆进行电气制动时，首先应该是再生制动，即向供电网反馈电能。如果触网电压过高或同一供电区段无其他车辆吸收反馈能量，则电路转为电阻制动，把能量消耗在电阻器上。

图5-1所示为上海地铁1号线直流制列车的再生制动示意。列车主电路采用直流斩波器调压和串接直流电动机方式。本节主要介绍直流斩波器调压和串接直流电动机的制动工况。当一个直流斩波器控制的"两串两并"4个电动机的主电路由牵引工况转换成电制动工况时，原先的各自电枢和励磁绕组串联的两个支路，现在转换成交叉励磁，也就是电动机自己的励磁绕组去激励另一支路的电动机电枢，而另一支路电动机的励磁绕组来激励本机电枢。采用这种交叉励磁方法的目的是提高电路的电气稳定性。虽然这种交叉励磁电路看起来具有他励（对每一组的电枢绕组而言）的性质，但由于电动机型号和参数相同，实际上还是具有串励的特性，因为励磁绕组与电枢还是串联连接，只不过不是同一电动机的罢了。在制动回路中还需接入一个预励磁电路，因为当回路由牵引工况转为制动工况时，原先剩磁方向必须改变，为此必须对电动机预先他激励磁，以便使电动机建立起发电机工况的初始电压。

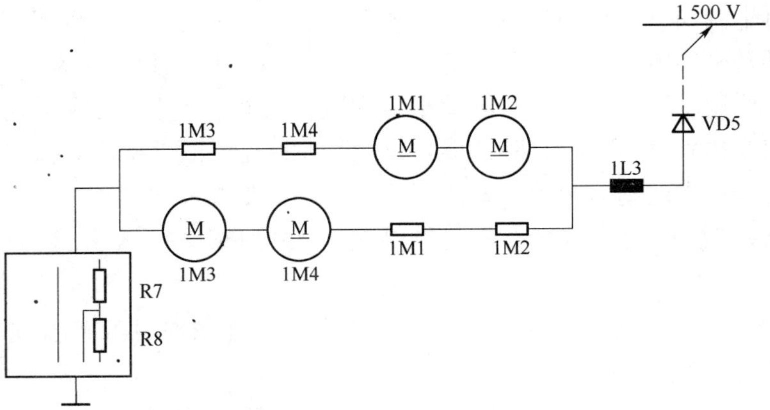

图5-1　直流制列车的再生制动示意

再生制动电路工作时，斩波器导通，制动电流流过各个电动机电枢、励磁线圈、平波电抗器（1L3）和制动电阻，使电动机建立起电枢电势，从而使平波电抗器也建立起感应电势；当斩波器关闭，电路通过二极管（VD5）续流，电枢电势与平波电抗器上的感应电势（此时感应电势的方向改变）叠加，向电网馈电。如果这时网上有负载（如本列车的辅助电源）或其他列车在附近，则可以作为负载吸收电能，再生制动成功；如果电网不吸收电能，网压太高，则再生制动失败，由制动电阻吸收电能，转为电阻制动。近年来，由于城市轨道交通车辆乘坐舒适性的提高，列车客室空调消耗的能量已大大增加，客室内乘客服务设施（如报站显示器、广告电视屏）的耗能也日渐增多，使得列车辅助电源用量大为增加。因此，再生制动的能量被本车辅助电源消耗吸收的比例已占到80%左右，而反馈到电网上可供其他列车使用的能量已经很少了。这样一来，再生制动的节能效果非常明显，而由制动电阻消耗的能量也相对减少了。

从上述描述中可以看到，在列车制动时，再生制动在满足下面两个条件下才能实现：

（1）再生电压必须大于接触网电压。

（2）再生电能可由本列车的辅助电源吸收，也可以由同一电网的其他列车吸收，这一条件不能由再生制动车辆自己创造，而取决于外界的运行条件。

2. 再生制动时的电流控制

再生制动电路建立后，电动机接通负载就会有制动电流，然后制动电流产生制动力使列车减速。但列车减速会使电动机电枢转速下降，引起电动机的电枢电势下降，从而使制动电流和制动力下降。制动电流的下降还会使平波电抗器的感应电势减小，达不到再生制动的第一个条件。为了保证恒定的制动力矩和足够的反馈电压，在上述的直流制列车制动时，直流斩波器按列车控制单元及制动控制单元的指令，不断调节斩波器导通比，无级、均匀地控制制动电流，使制动力和再生制动电压持续保持恒定。当车速较高时，制动电流较大，再生制动电路需串入较大的电阻，并且将斩波器导通角控制得较小，以控制制动电流不能太大；当车速太低时，制动电流较小，再生制动电路会在调节过程中逐级切除电阻，并将斩波器全导通，以提高制动电流并维持反馈电压。在列车进行再生制动时，再生制动产生的电能有时并不能完全反馈给电网，这时也需要将部分电能消耗在电阻器上，以保持制动恒定。

3. 直—交电路的再生制动

交流制列车进行再生制动时，主电路连接方式不需改变，因为异步电动机的旋转磁场。如果落后于转子转速，即转差率小于0，三相异步电动机工况就改变为三相交流发电机工况。在列车运行过程中，如果外力（如下坡）使车轮（也就是电动机转子）加速或人为控制定子频率降低，使转子频率高于定子频率，即可改变其牵引状态而处于制动状态。制动时，交流制列车的直—交逆变电路如图5-2所示，电动机为三相交

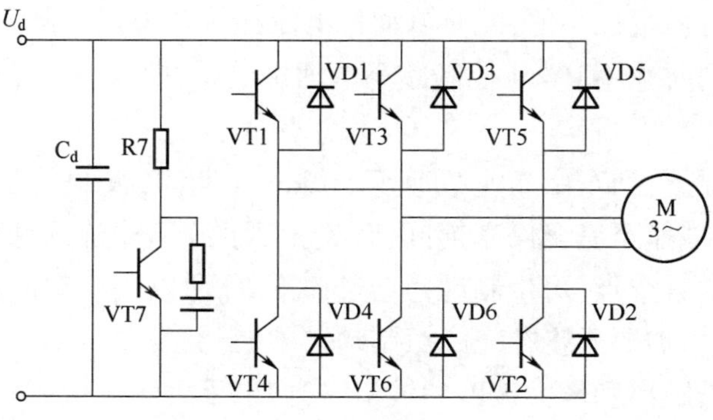

图5-2　交流制列车的直—交逆变电路

流牵引电动机,牵引逆变器控制旋转磁场,定子中的感应电流经续流二极管(VD1~VD6)的整流向电容(C_d)及直流电源侧反馈。牵引逆变器原来的输入端变为输出端,列车的动能转换成了电能。直流端输出的电能可以被本车的辅助电源吸收或被相邻的列车牵引使用,这就是全部的再生制动。

但是如果反馈的电能不能被吸收,储存在三相逆变器中间环节电容(C_d)上的电能会造成直流电压(U_d)急剧升高,该电压称为泵升电压,有可能瞬时击穿逆变器元件。因此,必须在电容边并联一个斩波调阻电路(R7 和 VT7),当直流侧电压高于 1 800 V 时,斩波器(VT7)开通,将再生制动电流消耗在电阻器(R7)上,这就变成电阻制动了。斩波器配合牵引逆变器,根据电动机制动特性限制和调节制动电流,使电动机保持恒转差率和恒转矩控制模式。这时动力制动转为部分电阻制动或全部电阻制动。

列车由运动状态逐渐减速直至停止的控制大致经历三个模式:即恒转差率控制模式(恒电压、恒转差频率)、恒转矩 1(恒转矩 1、恒电压)模式和恒转矩 2(恒转矩 2、恒磁通)模式。

(1)恒转差率控制模式

在高速时开始制动,此时三相逆变器电压保持恒定最大值,转差频率保持恒定最大值。随着列车速度的下降,减小逆变频率。电动机电流与逆变频率成反比增加,制动力与逆变频率的平方成反比增加。当电动机电流增大到与恒转矩相符合的值时,将进入恒转矩控制。但当电动机电流增大到逆变器的最大允许值时,则从电动机电流增大到该最大值的时刻起保持电动机电流恒定,在一个小区段内用控制转差频率的方法进行恒流控制。在这种情况下,制动力将随逆变频率成反比增加。

(2)恒转矩 1 模式

逆变器电压保持恒定最大值,控制转差频率与逆变频率的平方成反比,随着速度的下降,减小逆变频率,则转差频率变小至最小值。电动机电流与逆变器频率成正比减小,制动力保持恒定。

(3)恒转矩 2 模式

转差频率保持恒定最小值,此时电动机电流亦保持恒定。随着车辆速度的下降,减小逆变频率。同时采用 PWM 控制减小电动机电压,即保持 v/f_1 恒定,则磁通恒定,制动力恒定。

一般制动工况下,列车由高速减速至 50 km/h 期间,大约处于恒电压、恒转差频率区;由 50 km/h 减速至完全停车期间,理论上大约处于恒转矩控制区。但实际上,在 10 km/h 以下的某个点,再生制动力会迅速下降,所以当列车减速至 10 km/h 以下后,为保持恒制动力需要逐步补充摩擦制动。

列车在下较长距离和较大坡度的坡道时,如果重力作用使列车加速运行,这种加速会使动车上的感应电动机转子转速超过旋转磁场转速。列车会自动进入制动工况,制动转速会进一步增加。

三、电阻制动

再生制动失败,列车主电路会自动切断反馈电路转入电阻制动电路。这时由列车运行动能转换成的电能将全部消耗在列车上的电阻器中,转变为热能散发到大气中去。因此,电阻制动又称为能耗制动。

图 5-3 所示为一个直流斩波控制电阻制动电路。斩波控制器(GTO)按制动控制指令不断改变导通角,调节制动电压和电流的大小。电路中的电阻(R7~R9)也根据制动电流调节需要,按照车速的逐步减低而逐级短接,最后全部移除。

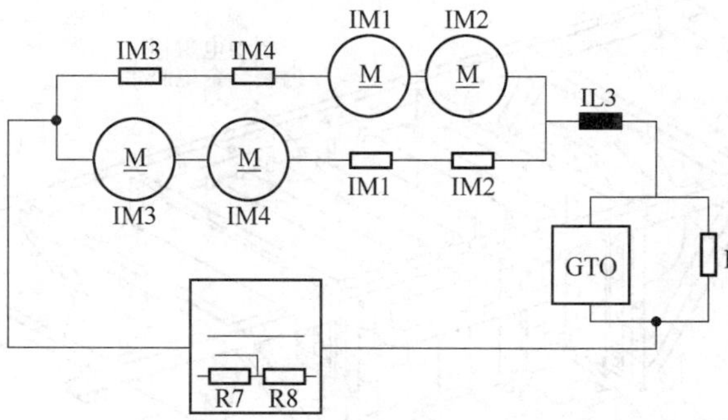

图 5-3　直流制列车的直流斩波控制电阻制动电路

在常规电阻制动中,电动机的电枢电流随着机车速度的减小而减小,机车轮周制动力也随着机车的速度变化而变化。加馈电阻制动就是为提高机车在低速运行时的轮周制动力,从电网中吸收电能,补足到电动机的电枢电流中去,以获得理想的轮周制动力。其优点一是加宽了调速范围,最大制动力可以延伸至接近零;二是能较方便地实现恒制动力控制。目前大部分轨道车辆都采用这种制动方式。

在加馈区制动时,只需调节半控整流电路中晶闸管的移相角即可调节加馈电源输出,及时补足制动电流,维持制动电流不变。

从理论上讲,加馈电阻制动可以使机车制停。而实际上由于牵引电动机整流器不允许静止不动,长时间通过额定电流,以防止整流器过热而烧毁。故机车速度低于一定值时,就切除加馈制动,改用空气制动停车。

直流斩波控制电阻制动电路也有多种,以北京地铁 DK 型列车为例,其主电路采用的是直流斩波器调阻和串接直流电动机方式,其动力制动是纯电阻制动。它的动力制动调节方法与上海直流制列车的直流斩波控制电阻制动电路不同:斩波器通过控制导通角改变制动电路中某个制动电阻的电阻值,以此调节制动电流,使列车保持制动力恒定。这种制动电路的缺点是不能进行再生制动。

交流制列车电阻制动的原理与直流制列车基本相同,只是控制设备不仅有直流斩波器,还有三相逆变器;不仅要调节制动电流、电压,还要调节频率。其具体方式请参考本章有关直—交电路的再生制动的内容。

一般每个动车都安装有制动电阻器箱(图 5-4),里面装有足够的制动电阻。电阻材料一般采用合金带钢条,这种合金带钢条不仅具有稳定的电阻率,而且具有相当大的热容性。电阻带分组安装在由电磁瓶绝缘的铁架上,电阻带之间留有很大的通风空间。为了尽快将电阻制动产生的热量散发出去,制动电阻器箱的一端装有大功率的通风机。通风机转速非常高,排风量很大。强迫风冷可以使电阻带的温度迅速下降。但是热量会散发到隧道中,使隧道中的温度升高,这对地下车站的空调环境很不利,夏季大大增加了通风和空调的电费支出。电阻制动会造成车辆能量和车站能量的双重浪费。而且,电阻带产生的高温明火会引起列车其他设备或者电缆的燃烧,给列车运行带来了潜在危险。所以要尽量减少电阻制动,提高再生制动。

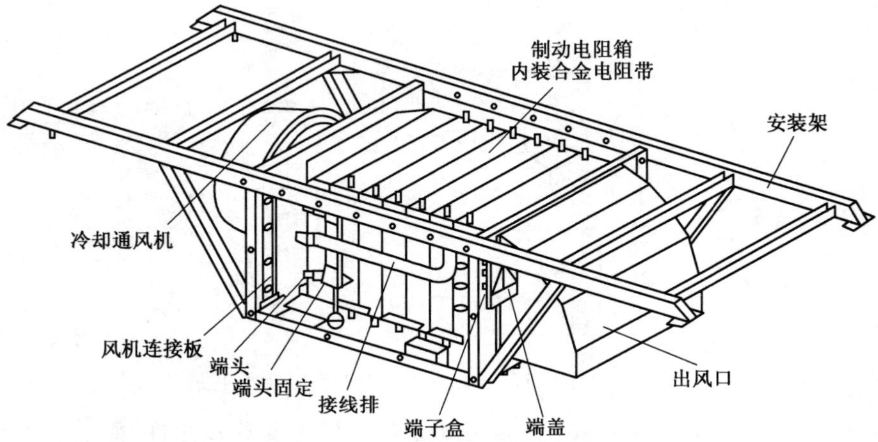

图 5-4　制动电阻器箱结构

第三节　防滑控制系统

一、防滑控制必要性

当制动系统给转向架轮轴上的制动盘加上制动力时,摩擦力迅速增加,轮缘速度迅速减小,车速也会减小。一旦制动力过大,轮子就会产生蠕滑。如果制动太快,轮子被锁死,蠕滑就会变为滑行。滑动摩擦下的制动力会比正常黏着行车时减小 1/4,不但急剧减小了制动力,又增加了制动距离,不利于停车。除此之外,车辆高速滑行会导致轮对的踏面和轨面互相擦伤,造成车轮转动困难的严重后果。所以,对制动过程中可能出现的滑行必须进行有效控制。

电气再生制动防滑保护系统和压缩空气制动车轮防滑保护系统,均包含由速度传感器等组成的测速装置和 WSP 车轮防滑保护控制模块。每个车轴都单独设置有防滑控制设备。

二、防滑控制设备

列车采用电气制动和空气制动的复合制动,因此电气再生制动车轮防滑系统和空气制动车轮防滑系统,均含有列车速度的测速装置和车轮防滑控制模块。每个基础制动装置的制动缸都单独设置有防滑控制设备。

速度传感器将信号传给防滑控制系统;系统经过速度差计算、滑行率计算进行滑行判断;同时,通过防滑阀控制指令和黏着恢复判断等使防滑阀、保持阀和排风阀动作,最后将制动控制信息传达给制动缸。WSP 采取轴控方式,通过分析每个车轴的速度信号,推算列车速度,称为第五轴速度,以此作为标准,凡速度低于该标准,则认为该轴发生滑行。

三、滑行检测

速度传感器安装在电机的非传动轴端。速度传感器主要用途如下:

(1)各车轮直径大小不一致造成转速存在差异,此差异可以通过设定控制牵引电机的逆变器频率予以消除。逆变器频率设定依据:运行时按 4 台并联电机中转速最低的电机设定频率;再生时按 4 台并联电机中转速最高的电机设定频率。

(2)空转检测。

(3)控制制动器。

(4)运行方向检测和控制主电路。

四、滑行控制

1. 滑行判据

减速度检测。各轴的减速度超过规定值时,报滑行。

速度差检测。在发生标准速度规定量的速度差时,报滑行。

2. 滑行控制一般方法

对来自各轴的速度信号取样求出列车基本速度,实时进行各轴之间的相对比较,根据以下作用以轴为单位进行黏着恢复控制。

在再生制动有效信号为“ON”时进行电气制动滑行检测,“OFF”时进行空气制动滑行检测,根据相应的滑行检测作用来进行。

在进行滑行检测时,如果处于电气制动工况,检测到滑行时则进行再生模式选择;如果是空气制动时检测到滑行,则控制阀输出针对该轴制动缸压力的缓解指令,使制动缸排气。

3. 回复检测

根据滑行轴的轴加速度判断黏着状态,进行回复检测。如果进行上述检测时检测到滑行,则控制阀输出对该轴的制动缸压力保压指令。

4. 再黏着检测

检测到滑行轴的轴速度在标准速度规定的速度差以内时进行黏着恢复。在进行上述检测时,如果处于电气制动工况,回到再生模式;如果是空气制动时,该轴返回到通常的制动状态。

第四节　制动控制系统

一、制动控制类型及总体性能

1. 制动控制类型

控制部分有气压控制、电磁控制、电气控制等典型方式，20 世纪初到 20 世纪 80 年代的制动系统采用电磁控制技术，20 世纪 80 年代后的制动系统多采用电气控制，而到 20 世纪 90 年代后期多为微机控制。

列车的制动系统从制动力形成上的指令、控制分类上看，是一种电气指令、微机控制、直通式的制动。

由于微机控制的技术是制动系统的主流技术，且微机控制空气压力所用的电—空转换阀又有两种不同的形式，采用模拟电—空转换阀的控制系统称为模拟型，采用电开关电—空转换阀的控制系统称为数字型，所以工程上习惯以制动系统微机控制的电—空转换阀形式来描述制动系统的特征，如模拟指令模拟控制、模拟指令数字控制、数字指令数字控制等几种类型。

2. 制动控制系统总体性能

(1)在制动控制效果上具有减速度控制、载荷调整的特点

采用制动力与载荷相适应的制动力计算原则，也就是以减速度为控制目标，空载制动力小，满载制动力大，超载制动更大。通过采集空气弹簧压力，计算出车辆当前质量和惯性质量，结合制动减速度计算出所需制动力。

(2)在制动力与黏着力控制上具有防滑控制功能

制动系统具有检测每轴瞬时转速、进行防滑控制的条件，制动软件可以结合防滑控制软件，实现防滑控制的功能，提高黏着利用率，防止车轮滑行、抱死。

(3)在操纵性能上具有阶段缓解能力

阶段制动、阶段缓解能力是制动系统主要的操纵性能，具体是指能够通过控制系统随意的改变制动缸的压力增大或减小，如阶段性的增大制动缸压力、阶段性的减小制动缸压力。

对于制动控制装置中的压力控制环节，要做到压力阶段性的增大是比较容易实现的，但压力阶段性减小，就需要看压力控制环节中采用的核心控制器件了，而这个压力控制器件是与制动控制类型相关的。

一般在自动式空气制动方式中，压力的制动实质上分成两个层面。

第一层压力控制是司机通过自动制动阀及均衡风缸、中继阀等器件对列车管压力的控制。在缓解状态，列车管通风至规定压力，在制动时，通过自动制动阀使列车管减压到一定数值，减压前后列车管形成一个压力差，即减压量。这个压力差形成的压力波动经列车管传至每节车。

第二层压力控制是在各车的制动阀根据传来的压力差信号，经转换控制，把压力

差转化成预控制压力，这个预控制压力控制中继阀，中继阀输出与预控制压力相同的空气传到制动缸。

阶段缓解型自动式空气制动机两层压力控制关系如图 5-5 所示。

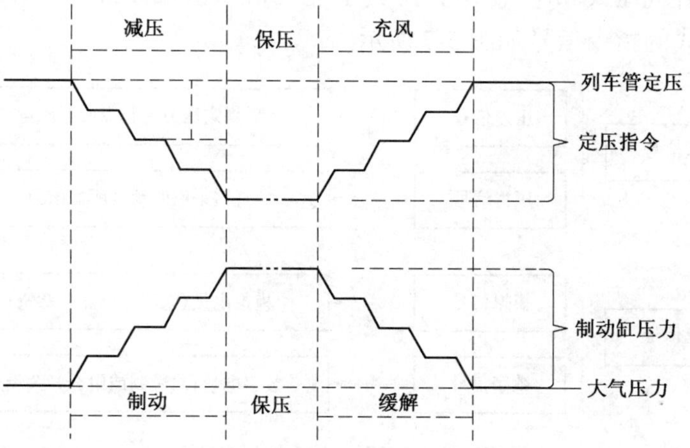

图 5-5　制动机两层压力控制关系

自动式空气制动系统采用的三通阀和大部分的分配阀，是不能实现阶段性的减小制动缸压力的，也不具备阶段缓解能力。对于这种制动控制器件来说，一旦制动缸压力空气开始排出就不会中间停止，因此也可以称为彻底缓解。

在直通式空气制动系统中，压力的控制只有一个层面。根据控制指令，压力控制部分直接形成预控制压力，反压力控制中继阀，中继阀向制动缸送出与预控制压力相同的压力空气。因此，没有从压力差向预控制压力转换的环节。压力差只是为了形成并传输制动指令用的。其压力控制关系如图 5-6 所示。

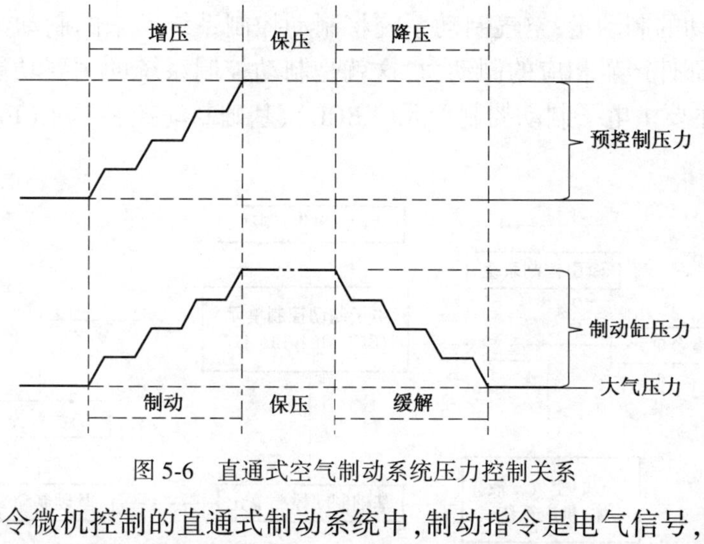

图 5-6　直通式空气制动系统压力控制关系

在电气指令微机控制的直通式制动系统中，制动指令是电气信号，直接由计算机控制空—电转换电磁阀形成预控制压力，不需要压力差信号，也不需要压力波的传输方式，所以没有三通阀或分配阀。预控制压力与制动缸压力之间只有中继阀，而中继阀具有比例特性,具有压力跟随性,所以预控制压力就决定了制动缸压力。

二、制动控制原理

指令部分有气压式和电气式两种,其中电气指令也可以细分为模拟指令和数字指令。不同方式的指令信号如图 5-7 所示。

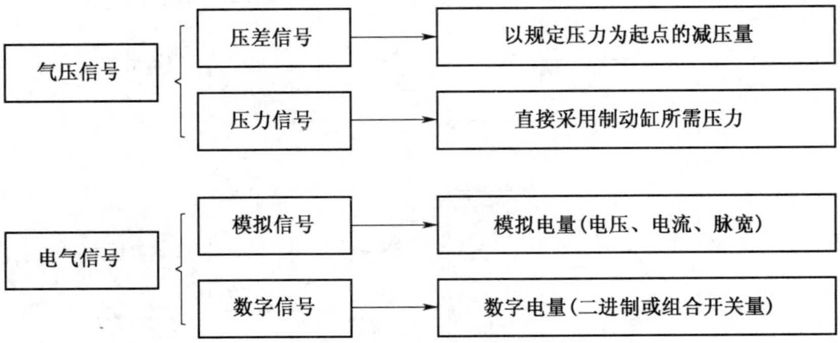

图 5-7 不同方式的指令信号

三、制动控制组成

制动控制系统是制动系统在驾驶员或其他控制装置(比如 ATC)的控制下,产生、传递制动信号,并对各种制动方式进行制动力分配、协调的部分。制动控制系统是空气制动系统的核心,主要负责接收城轨列车驾驶员或列车自动驾驶系统(ATO)的指令并采集车上各种与制动有关的信号,将指令与各种信号进行计算,得出列车所需的制动力,再向动力制动系统和空气制动系统发出制动信号。动力制动系统进行制动时将实际制动力的等值信号反馈给制动控制系统,制动控制系统通过运算协调动力制动和空气制动的制动量;空气制动系统将制动控制系统发来的制动力信号经流量放大后使执行部件产生相应的制动力,这就是制动控制系统的主要功能。制动控制系统(图 5-8)主要由电子制动控制单元(EBCU)、基础制动控制单元(BCU)和电气指令单元等组成。

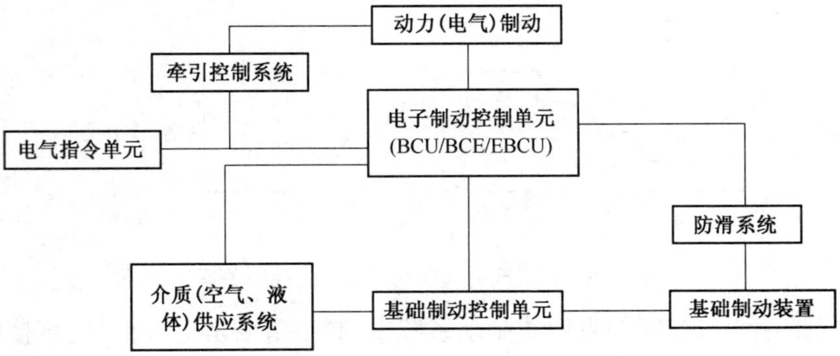

图 5-8 制动控制系统组成

1. 电子制动控制单元

电子制动控制单元是近代城轨车辆发展的新技术,城轨列车在发展之初仅以压缩空气作为唯一的制动信号和动力源而没有电气制动;电磁式制动机虽然采用电气指令控制,但它们作用非常简单,只是通过司机制动控制器(电空制动控制器)进行励磁和消磁,控制列车制动或缓解,没有其他功能。随着电子技术的迅速发展,特别是微机技术的发展,列车制动控制再也不靠司机人工进行判断,而是由微机综合列车运行中的各种参数,经过判断和运算,给城轨列车制动系统发出准确的指令。以微机为中心的电子控制装置被称为电子制动控制单元(EBCU),微机制动控制单元(MBCU)或制动控制电子装置(BCE)等。电子制动控制单元的主要功能如下:

接收司机控制器或 ATO 的指令,与牵引控制系统协调列车的制动和缓解。设有紧急制动电路,当紧急制动指令发出时,列车能迅速调用全部空气制动能力实行紧急制动。

将接收到的动力(电气)制动实际值经控导阀 EP 转换,将电信号转换成为压缩空气的气动信号发送给空气制动控制单元。在保证电制动优先作用下,空气制动能自动进行列车制动力的补偿,将制动所需压力传递给基础制动装置,从而使列车制动力保持不变。

控制供气系统中空气压缩机组的工作周期,监视主风缸输出压力等参数。如果供气系统中某台设备发生故障,及时调用备用设备填补。

在列车制动过程中始终收集列车所有轮对速度传感器发来的速度参数,对轮对在制动中出现的滑行进行监视。一旦发现滑行,立即发出防滑信号并采取防滑措施。

对列车制动时的各种参数和故障进行监视和记录。故障记录可以在列车回库后用便携式计算机读出。

城轨列车的电子制动控制单元硬件设备只是计算机和必要的输入输出设备,其核心技术应该是其控制软件,只有城轨列车的制动控制程序软件的编制水平不断提高,才能使得电子制动控制单元的功能越来越完美。目前,城轨列车的网络通信已经成为城轨车辆控制技术的新宠,相应的电子制动控制单元也成为列车控制网络中的重要一环。集成电子技术越来越多地融入制动系统,机电一体化元件的出现,使电子制动控制单元、微机制动控制单元和制动控制电子装置等已经逐渐被机电一体化组合件智能阀、网关阀和远程控制阀等所替代,这些新的元件不仅仅保留并扩大了原先电子制动控制单元的所有功能,还能承担起网络通信的职能。

2. 空气制动控制单元

空气制动控制单元是制动系统中电气制动和空气制动的联系点,也是电子、电气信号与气动信号的转换点。因此,在过去许多制动技术论述中将其称为中继阀或 EP 阀。一般空气制动控制单元由各种不同功能的电磁阀和气动阀组成。主要零部件包括:内部有腔室及连通腔室大小通路的阀体;控制腔室与各通路的活塞和阀门;控制活塞和阀门的膜板、弹簧、顶杆和铁芯;控制(吸引)顶杆和铁芯的电磁线圈;与阀体内部大小通路相连接的输入、输出气管接头；气—电或电—气转换元件。空气制动控制单元组成部分根据各制造厂商的产品系列和电气指令的模式不同也有很大的不同，但基本上分为EP阀、中继阀和空重车调整阀等几种。

(1)EP阀

EP阀又称为控导阀或模拟转换阀，是一个电气转换阀，主要由电磁线圈、铁芯、顶杆和活塞等组成。当电磁线圈没有励磁时，铁芯和连杆落在阀底，通路阻断或通路与大气连通；当线圈励磁，铁芯被吸引上移，推动顶杆和活塞上移，通路与储风缸压力空气连通。如果励磁线圈电流增大，铁芯吸引力也增大，阀腔内形成的空气压力信号也相应增大；反之，励磁线圈电流减小，阀腔内形成的空气压力信号也相应减小。从功能上来看，EP阀具有将一个电流信号转换成一个空气压力信号的功能，并且空气压力信号与励磁电流呈线性关系。

(2)中继阀

中继阀是对空气制动控制单元中最重要的电磁阀的统称，中继阀的上部是给排阀，下部是腔室。腔室中是活塞和膜板，活塞和膜板带动有空心通路的顶杆上下移动。有些中继阀的腔室大些，数量多些，活塞和膜板也多些，结构复杂一点。由于充气腔室的数量不同，活塞和膜板的截面积不同，因此共同作用在顶杆上的移动力也不同。经过电磁阀的励磁和消磁的不同组合，可以引起多个充气腔室充气或不充气的组合。这些组合造成输出通路会输出与预充气腔室压力相等的空气压力。中继阀也是一个将电信号转换成压力空气的电磁阀，只是电信号的变化不是励磁电流的变化，而是通过电磁阀励磁线圈励磁和消磁状态的不同组合，将多个电信号输入转换成对应空气压力输出。此外，中继阀还具有气流放大的作用。

(3)空重车调整阀

空重车调整阀的作用是根据车辆载重的变化，即根据乘客的多少，输出一个空气压力信号，并通过中级阀使单元制动机风缸保持一个恒定的制动力。空重车调整阀输入的是车辆二系弹簧(空气弹簧)的空气压力信号。考虑到车辆载重的不平衡，一般采取前后转向架对角的两个空气弹簧压力为输入信号，这样就能比较准确地使空重车调整阀的输出压力信号与乘客负载成一定比例关系。由于电子技术的发展，空重车信号已经直接将空气弹簧压力转换成电子信号输入BCE或EBCU，空重车调整阀输出的空气压力信号在常用制动时根本不起作用。但是在紧急制动时，空重车调整阀输出的空气压力信号还是可以越过中继阀，对紧急制动起到限制冲动的作用。

空气制动控制单元虽然是一个以气动元件和气路为主组成的系统，它控制的不仅有腔室、膜板、活塞和弹簧等气动控制元件，而且还有电磁线圈、铁芯和电气转换元件等电气控制元件；给定值或预置量并不都是空气压力信号，也有电流值、电压值等模拟量，还有数字量(如电磁阀励磁线圈组合)。由于空气制动控制单元结构复杂、制作困难、维修成本高，因而受到越来越多新的机电一体化元件的冲击。与电子制动控制单元一样，空气制动控制单元也将被机电一体化元件所替代。为了节约空间和减轻重量，目前空气制动控制单元都实现了集成化，即把所有的部件都安装在一块铝合金的气路板上，犹如电子分立元件安装在一块印刷线路板上一样，这样可以避免用管道连接造成的泄漏，同时元件所占空间也大大减少。这些空气制动控制单元还在气路板上装置了一些测试接口，如果需要测量各个控制点压力或风缸压力，只要在这块气路板上就可测得，这样日常的检修保养工作就很方便。如果空气制动控制单元在运营中发生故障，也可以将整个控制单元的气路板更换下来，列车可以马上重新投入运营，故障气路板则带回检修，处理故障和检修都非常快捷。

第六章　列车通信网络系统电器与装备

列车控制及信息管理系统(Train Control and Management System, TCMS)采用车载分布式的计算及网络系统,承担列车牵引机制动控制指令的传输,同时对列车上的主要设备进行状态监测,从而减轻了列车总重并提高了系统可靠性。该系统对列车的供电状况、速度、列车运行模式等状态信息进行实时监控和识别,并根据读取到的列车驾驶人员发出的指令信息,对列车上各个子系统发出相关控制指令,进而使各子系统产生相应的调整控制,以符合设定的功能要求,能实现对列车的有效控制。

第一节　城市轨道交通列车通信网络系统概述

一、列车通信网络功能

为了实现列车中分散于各车辆中设备的协调工作以及列车运行过程中安全信息的传输,列车通信网络在初期串行通信总线的基础上逐步发展起来,它能够实现整列车中所有设备的信息共享、协调工作以及故障的远程诊断和维护,为旅客提供信息服务等功能。

世界各国铁道列车车辆生产企业在各自发展过程中使用了不同的列车通信网络技术。目前广泛使用的列车通信网络有符合 IEC 标准的 TCN 网络(IEC 61375)、符合 IEEE 标准的列车通信网络(IEEE 1473,包括 TCN 网络和 LonWorks 网络),以及其他工业控制网络,如应用于 TGV 高速列车 ARGAT 控制系统的 WorldFIP 网络、应用于日本新干线高速列车的 ARCNET 网络等。列车通信网络(TCN)制定于 1999 年,后来经过不断的发展,现在已是国际上一个统一的标准,它是由国际电工委员会(IEC)制定的,将通信网络的总线层次架构分成两级,分别是:WTB(Wire Train Bus)和 MVB (Multifunction Vehicle Bus)。其中前者是用来连接各节可动态编组车厢的绞线式列车总线,后者是用来连接车厢内各种固定设备的多功能车辆总线。图 6-1 所示的是列车通信网络(TCN)的网络拓扑结构图。多功能车辆总线(MVB)在我国已有较多的应用,比如在“大白鲨”“蓝箭”“中原之星”“先锋号”“中华之星”“长白山号”等动车组中,MVB 都有成功的应用。

1. 列车通信网络的任务与功能

基于计算机技术和通信技术,现代列车普遍配置了基于网络的分布式计算机控

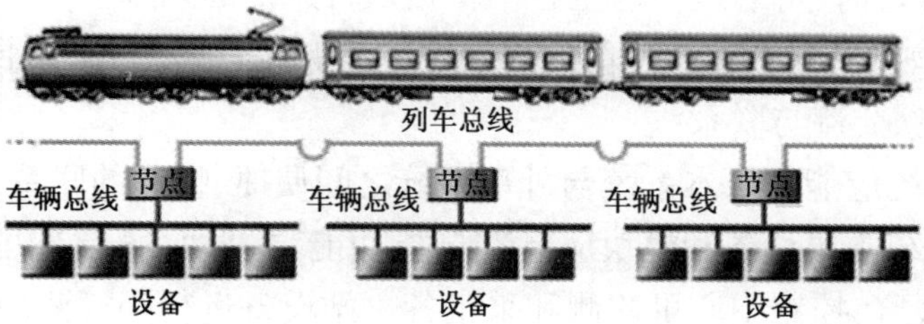

图 6-1　列车通信网络(TCN)网络拓扑结构

制系统,实现列车的控制、监测和诊断等功能。

列车通信网络是面向控制的一种连接车载设备的数据通信系统,是分布式列车控制系统的核心组成部分,以计算机网络为核心,把计算机技术、控制技术、设备故障诊断技术、网络通信技术紧密结合起来。将整个列车计算机控制系统的各层次及各层次各单元之间连接起来,作为系统信息交换和共享的渠道,实现全列车环境下的信息交换。列车通信网络的应用使得列车控制系统真正成为一个分布式控制系统,为列车系统的智能化、网络化与信息化打下基础。

列车通信网络的主要功能如下:

(1)实现各动力车的重联控制;

(2)实现全列车(动车和拖车)所有由计算机控制的单元联网通信和资源共享;

(3)实现全列车的制动控制、车门控制、空调控制及轴温监测等功能;

(4)完成全列车的自检及故障诊断决策。

上述功能由很多不同的计算机控制单元共同完成。从功能上讲,这些控制节点具有不同分工,可以相对独立的完成某个一定的功能,如检测节点负责控制某一部件等;从空间分布上讲,这些节点分布于整列车的不同位置。要将上述众多的控制节点组成一个网络控制系统,共同协调地控制列车的正常运行,必然要求系统内部节点间能进行必要的信息交换。

列车通信网络通常采用分层结构。根据列车控制的特点分为上下两层,即列车总线和车辆总线,列车总线连接不同车辆(单元)中的网络节点(网关),车辆总线连接同一车辆或固定车组内部各种可编程终端装置,列车总线和车辆总线是两个独立的通信子网,可采用不同的网络协议通过一个列车总线节点(网关)互连,在应用层的不同总线之间通信时由此节点充当网关,在车辆总线下扩展第 3 级总线即设备总线,如连接传感器的总线或连接执行单元的控制总线,它们可作为车辆总线的设备连接到车辆总线上。列车通信网络的拓扑结构如图 6-1 所示。

2. 城市轨道交通对通信系统的要求

城市轨道交通对通信系统的要求是能迅速、准确、可靠地传递和交换各种信息。

(1)对于行车组织,通信系统应能保证将各站的客流情况、工作状况、线路上各列车运行状况等信息准确、迅速地传输到控制中心。同时,将控制中心发布的调度指挥命令与控制信号及时、可靠地传送至各个车站及行进中的列车上。

(2)对于城轨运行的组织管理,通信系统应能保证各部门之间、上下级之间畅通、有效、可靠的信息交流与联系。

(3)通信系统应能保证本系统与外部系统之间便捷、畅通的联系。

(4)通信系统主要设备和模块应具有自检功能,并采取适当的冗余配置,故障时能自动切换和报警,控制中心可监测和采集各车站设备运行和检测的结果。

二、通信网络的分类

1. 按业务分类

(1)专用通信

专用通信是供系统内部组织与管理所使用的通信网络,包括行车、电力、维修、公安和防灾调度以及站内、区间、相邻车站的通信。平时,主要用于直接组织、指挥列车运行;紧急情况下,可进行应急调度指挥,是城市轨道交通中最重要的业务通信网。

(2)公务电话通信

公务电话通信是城市轨道交通内部的电话网,相当于企业总机。供一般公务联络使用,并提供与外界通信网的连接。

(3)有线广播通信

有线广播通信是城市轨道交通运行组织的辅助通信网。平时,向乘客报告列车运行信息、扩放音乐;在紧急情况下,可进行应急指挥和引导乘客疏散。

(4)闭路电视

闭路电视是城市轨道交通的现场监控系统,用以监视车站各部位、客流情况以及列车停靠、车门开闭和启动状况;在紧急情况下,用以实时监视事故现场。

(5)无线通信

无线通信提供对位置不固定的相关业务工作人员以及列车司机的通信联络,作为固定设置的有线通信网的强有力的补充。

(6)其他通信

时钟系统,使整个系统在统一的时间下运转;会议通信系统,提供高效的远程集中会议通信,如电话会议、可视电话会议等;数据通信系统,用以传送文件和数据。

2. 按传输媒介分类

城轨通信按传输媒介可分为有线通信和无线通信。

有线通信的传输媒介为光缆、电缆。有线通信包括:光纤传输、程控交换、广播、闭路电视等。

无线通信利用空间电磁波进行传输。无线通信包括:无线集群通信、无线局域网(WLAN)、移动电视和公众移动通信网等。

第二节　通信网络结构及组成

一、通信网络结构

城市轨道交通通信系统应是一个能够承载音频、视频、数据等各种信息的综合业务数字通信网。一般情况下一条城轨线路建立一个独立的通信网,一个城市建立多条线路的情况下,可通过数字交叉连接设备(DXC)和中继线路连接各条城轨线路的通信网。

城轨通信网由光纤数字传输系统、数字电话交换系统、广播系统、闭路电视监控系统、无线通信系统等组成。上述系统通过电缆、光缆、漏泄电缆和空间电磁波等传输媒介,在控制中心与各车站、列车之间构成多个互相关联、互相补充的业务网,为城市轨道交通提供综合通信的能力。

构成通信网的基本要素是传输设备、交换控制设备和终端设备。将传输设备(链路)和交换控制设备(节点)按照适当的方式连接起来,就可构成各种通信网。

若为一种业务网建立一个专用的传输网,会造成线路与传输设备的浪费。在城轨通信中,通常的做法是建立一个大容量的公共光纤传输网,利用复用、解复用设备和数字交叉连接设备(由软件控制的数字配线架)为城轨各种业务网提供骨干传输通道。

目前,城轨传输网的物理网络均采用图 6-2(a)所示的光纤环网拓扑结构,其主要优点是在光纤中断或传输节点故障时仍能保证正常的通信,故亦称为光纤自愈环。在光纤环路中,根据所传送业务的不同,城轨各通信网的逻辑网络(承载在物理网络上)拓扑结构有总线形和星形等拓扑结构,在图 6-2(b)所示的总线形结构中,控制中心与各车站业务节点设备均连接在总线上;在图 6-2(c)所示的星形结构中,控制中心与各车站业务节点设备以点对点方式相连接。

根据城轨通信的需求,要求城轨传输网络能够承载音频、视频和数据等综合业务。目前,城轨传输网多数采用基于 SDH 的多业务传输平台(MSTP)。

MSTP 环路可以提供电路和分组两种传输通道。在分组传输中,因每个数据包均带有地址信息,故网络拓扑以总线方式为主;在电路传输中利用信令连接通信电路,故网络拓扑以点对点方式(星形)为主,但对音频、视频和数据的广播信息以及在电路数据通道中传送带地址编码的数据时,网络拓扑也可采用总线方式。

传统的数字音频和视频均通过电路通道传输,随着 IP 电话、IP 视频技术的进展,城轨通信的音频、视频业务已开始进入分组通道传输。预计未来的城轨通信网将会演变为一个全 IP 网络。

二、通信网络基本设备

在城轨中各类业务网络采用同一个公共的传输网。在该传输网的节点上安装不同类型的业务节点设备，则组成不同类型的业务网络。

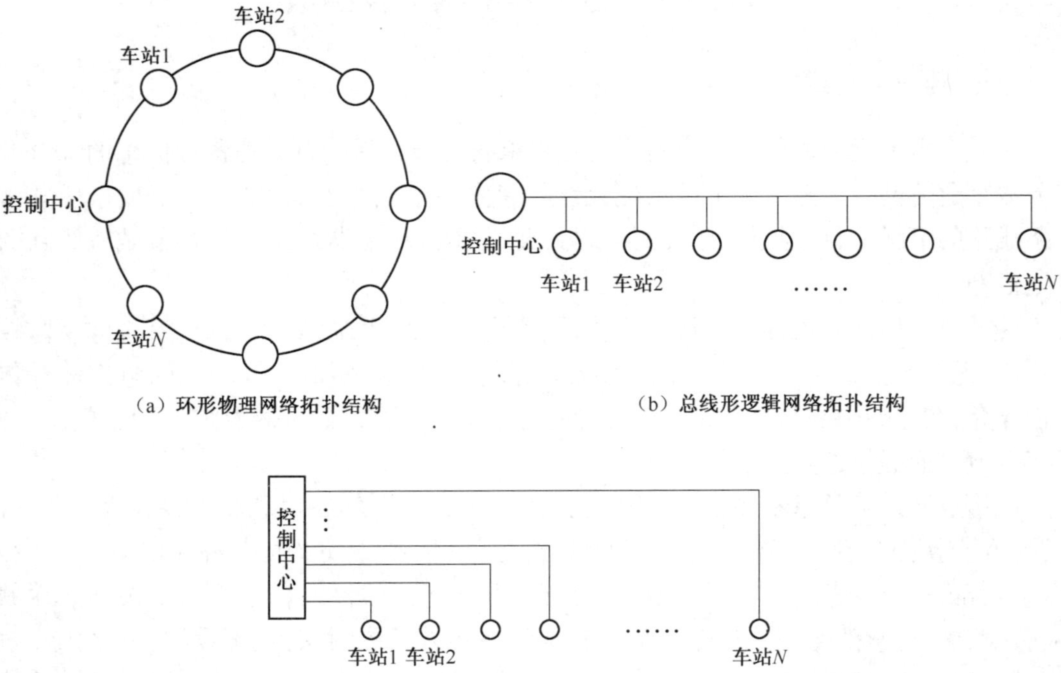

(a) 环形物理网络拓扑结构　(b) 总线形逻辑网络拓扑结构

(c) 星形逻辑网络拓扑结构

图 6-2　城轨通信网的物理网络与逻辑网络的拓扑结构

无论哪一种城轨业务网，在控制中心和各车站均应配备相应的业务节点设备，组网原理及通信控制过程基本相同。

城轨通信网(其中包含多个业务网)的设备组成如图 6-3 所示。对光纤环路而言，其物理网络的拓扑结构为环形结构，各通信节点与环直接相连，物理环网在光纤切断或环内传输节点设备故障时，信号可从另一方向环回，故有很好的抗毁性。

在传输电路分析中，对环形结构可视为总线形结构，故在图 6-3 中控制中心与各车站所组成的逻辑网络的拓扑结构表示为总线形结构。

控制中心和各个车站配置的业务节点设备主要包括：公务和专用电话交换设备、广播设备和闭路电视设备。

在控制中心的公务电话交换设备，通过光纤传输系统连接车站交换机或中心交换设备的远端模块。在车站电话交换节点设备上可以连接普通电话机、传真机、电路数据终端。控制中心与各车站的交换设备之间，在逻辑上一般采用点对点的星形连接方式，构成公务电话子系统。

在控制中心的调度电话交换设备，通过光纤传输系统和 PCM 接口设备连接各车站的调度电话机。中心调度交换设备与车站调度终端之间，在逻辑上一般采用点对点的星形连接方式，构成专用电话子系统。

控制中心的广播设备通过光纤传输系统与车站的广播设备相连接，中心广播设

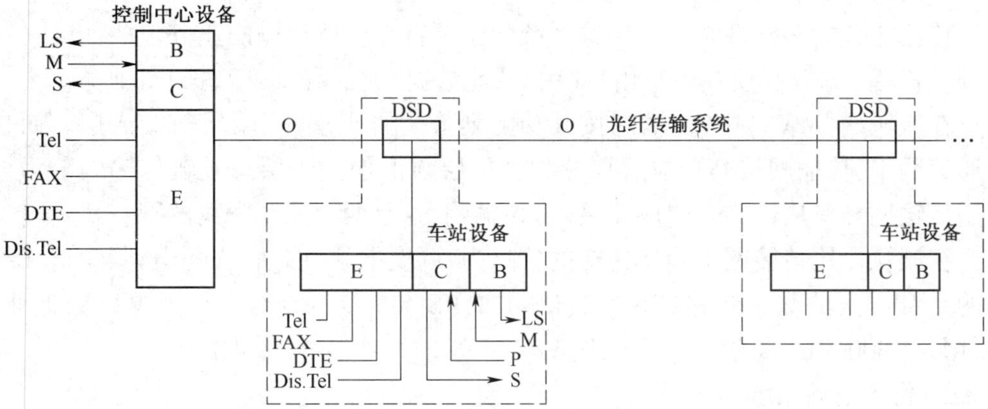

图 6-3　城轨通信网设备组成图

B—广播设备；C—闭路电视设备；E—交换设备；O—光纤传输系统；M—话筒；LS—扬声器；P—摄像机；S—监视器；Tel—电话机；FAX—传真机；DTE—数据终端；Dis. Tel—调度电话；DSD—数字信号分配器

备与各车站广播设备之间，逻辑上一般以总线方式连接，构成有线广播子系统。

控制中心的闭路电视设备通过光纤传输系统与车站的闭路电视设备相连接。中心闭路电视监控系统（CCTV）设备与各车站闭路电视监控系统（CCTV）设备之间采用点对点的星形连接方式，构成闭路电视子系统。

由于传输网的物理网络采用总线形（环网）结构，控制中心送出的各种信息必须按需在各个车站从总线上分出来，送到相应的车站设备，各车站送给控制中心的信息及各车站之间互相传递的信息又必须插入到总线上去，因此在各车站需配备数字信号分配器（DSD），以实现信息的分/插与连接功能。有了数字信号分配器，控制中心和各车站送出的各种信息能够汇集在同一个光纤传输系统中进行传输，并能顺利到达各自的目的地。

典型的数字信号分配器为 SDH 环网中的传输节点设备 ADM。ADM 串联在环中，将光信号转换为电信号，并进行解复用。解复用后的电信号经数字配线模块（DXC）让大部分承载信号复用和电/光转换后直通，小部分承载信号提供上下车站业务（落地）。

三、通信系统的组成

城轨通信系统主要由下列子系统组成：传输系统、公务电话系统、专用电话系统、无线集群通信系统、闭路电视监控系统、有线广播系统、时钟系统、乘客导乘信息系统、通信电源和接地系统、城轨地下部分的公共覆盖系统。

1. 传输系统

城轨的传输网是城轨通信网的基础。城轨传输网要求具有高可靠性和丰富的业务接口。

城轨传输网的低层一般采用 SDH 光纤自愈环路，在光纤切断或故障时能自动进行业务切换，故具有很高的可靠性。

传输业务的多样性是城轨传输系统的主要特点。所传输的业务包括：电话（窄带音频）、广播（宽带音频）、城轨信号（中/低速数据）、视频（高速数据）等业务。

在城域网（MAN）中，传输网按其功能划分为骨干层、汇聚层与接入层。而在城轨通信网中，传输网按其功能可划分为骨干层与汇聚接入层。城轨传输网分为城轨专用传输网和民用（GSM、CDMA 接入）传输网，这是两个完全隔离的网。

在城轨专用传输网中具体传送的信息为：调度电话、广播、公务电话、集群无线基站的 2 Mbit/s 的数字链路；RS-232、RS-422、RS-485 接口点对点低速电路数据业务；10/100/1 000 Mbit/s的以太网业务；ATM 业务。

2. 公务电话系统

城轨的公务电话相当于企业总机，采用通用的程控数字用户交换机组网，并通过中继线路接入当地市话网。一般情况下，中心交换机安装在控制中心和车辆段，而在各车站配置车站交换机或中心交换机的远端模块。中心交换机与车站交换机之间通过城轨专用传输网进行点对点的连接。为减少城轨通信设备的类型，目前城轨多数采用具有调度功能的交换机组成公务电话网。

3. 专用电话系统

专用电话系统包括：调度、站内、站间和区间（轨旁）电话子系统。

城轨的调度电话子系统主要包括调度总机、调度台和调度分机三部分，并通过传输系统或通信电缆相连接。在控制中心安装有调度机或交换/调度机作为调度总机，为调度人员提供专用直达通信服务。一般在城轨中设有行车调度、电力调度、维修调度、环控调度、公安调度的（虚拟）调度专网和调度台（其中行车调度专网设 2 个调度台）。调度台应具有选呼、组呼、群呼、强插、强拆、会议、应急处理等特定功能。调度分机安装在控制中心、车辆段以及各车站。调度台可单键直接呼叫分机；分机呼叫调度台分为一般与紧急两类呼叫。

站内的公务电话交换机具有热线功能，在提供公务电话业务的同时，亦可提供站内、站间和区间（轨旁）电话业务。站内电话子系统由车站公务电话交换机、车站值班台（主机）和电话分机组成。

站间电话可为车站值班员与相邻车站的车站值班员提供直达通信服务，也可以接入公务电话网。

区间电话通过站内电话子系统连接邻站的车站值班台或接入公务电话网，为隧道内的维修人员提供通信服务。

4. 闭路电视监控系统（CCTV）

闭路电视监控系统为控制中心调度管理人员、车站值班员、列车司机及站台监视亭值班员等对车站的站厅、站台、出入口等主要区域提供监视服务。

控制中心的行车调度员实时监视全线各车站的情况。车站的车站值班员能够实时监视本站情况。列车司机能在驾驶室看到乘客上下车的情况（站台与列车间用无线传送视频信号）。

监视画面要求具有 DVD 质量。采用控制中心和车站两级互相独立的监控方式，平常以车站值班员控制为主，控制中心调度员可任意选择上调各车站的各摄像头的监视画面。在紧急情况下则转换为以控制中心调度员控制。出于安全与事故取证要求，车站和控制中心的 CCTV 设备还应具有录像功能。

城轨的闭路电视监控系统有模拟、数字和网络三种组网方式。

在模拟闭路电视网络中，摄像头与监视器之间传输的是模拟视频信号，图像的切换和分割由硬件（视频矩阵和图像分割设备）完成。各车站传送至控制中心模拟视频信号，采用点对点的模拟光纤传输。

在数字闭路电视网络中，车站和控制中心仍以模拟组网，与模拟闭路电视区别仅在于：各车站与控制中心之间利用城轨传输网传送视频信号。因城轨传输网只能传输数字信号，为了将模拟视频信号从站点传到控制中心，需要经过编解码器进行模/数与数/模转换。在传输网采用 MSTP 技术后，目前亦有将模拟视频信号经压缩编码、成帧后，利用城轨传输网的分组数据通道以总线方式传送视频信号，其主要优点为可以按需动态分配带宽。

在网络闭路电视网络中，带有编码器的网络摄像头和带有解码器的数字监视器以及数字录像硬盘均接入站点的 Ethemet 或 ATM 局域网，监视器可根据摄像头的 IP 地址调看图像；并用软件进行图像分割，省略了视频矩阵和图像分割等硬设备。各站点局域网与控制中心局域网通过城轨传输系统互联成广域网，控制中心可以根据摄像头 IP 地址直接选调全线各摄像点的监控画面。

5. 有线广播系统（PA）

有线广播系统由正线广播和车辆段广播两个独立的系统组成。

正线广播又分成控制中心广播和车站广播两级，该系统为控制中心调度员、车站值班员、车辆段值班员提供对相应区域进行的有线广播，同时也为控制中心大楼提供广播功能。

有线广播系统具有自动和人工广播，以及相应的选择功能和优先级功能，采用车站和控制中心两级控制方式。平时以车站广播为主，控制中心可以插入；但在紧急情况下，则以控制中心广播为主。

6. 时钟系统

时钟系统是为保证轨道交通运营准时、服务乘客、统一全线设备标准时间而设置的。城轨的两类时钟系统均同步于 GPS（俄罗斯格林纳斯、欧洲伽利略、中国北斗一号作备用）或 CCTV 时间信息。

其中提供时间信息的时钟系统分为一级母钟系统与二级母钟系统。一级母钟系统安装在控制中心，二级母钟系统安装在各车站、车辆段的通信机房内，用以驱动分布在站内及车辆段的各子钟以显示正确的时间，同时为通信设备提供基准频率。

7. 乘客导乘信息系统(PIS)

乘客导乘信息系统与城轨信号系统相连接。PIS 主要功能是及时为车站和列车上的乘客提供列车导乘信息,同时也可提供诸如时间、天气预报、新闻及广告等其他信息。

为了在列车上提供实时的导乘信息、新闻、赛事等,可以在城轨中建设符合我国数字电视地面广播标准(DMB-TH)的移动数字电视系统。

8. 通信电源和接地系统

城轨通信的电源系统必须是供电设备独立并具有集中监控管理的系统。通信电源系统应保证对通信设备不间断、无瞬变地供电,满足通信设备对电源的要求。

城市轨道交通通信设备应按一级负荷供电。由变电所引接双电源双回线路的交流电源至通信机房交流配电屏,当使用中的一路出现故障时,应能自动切换至另一路。

对要求直流供电的通信设备,采用集中方式供电。直流供电系统可由直流配电盘、高频开关型整流模块、直流变换器、逆变器、阀控式密闭铅蓄电池组等组成,并应具有遥信、遥测、遥控性能和标准的接口及通信协议。

对要求交流不间断供电的通信设备,可根据负荷容量确定采用逆变器供电或交流不间断电源(UPS)供电方式。

通信设备的接地系统设计,应做到确保人身、通信设备安全和通信设备的正常工作。

城市轨道交通车站根据条件可采用合设接地方式,也可采用分设接地方式。分设接地方式由接地体、接地引入线、地线盘及室内接地配线组成。

第三节　城市轨道交通列车控制系统

一、控制系统拓扑结构

列车网络控制及监控系统采用分布式控制技术,符合 IEC 61375 标准,整个列车通信网络划分为三级,由贯通全列车的列车总线、贯通一个车辆单元的车辆总线以及车辆内与部分子部件通信的局部总线组成。列车总线和车辆总线之间通过网关模块 GWM 交换数据;车辆总线和局部总线之间通过 RS-485 通信模块 RCM、ATC 通信模块 ASM 交换数据。

按照不同的功能与硬件配置分为两种车型:带司机室的拖车 Tc 车,带受流器的动车 M 车。不同车型由数量不同的网关模块 GWM、事件记录模块 ERM、总线耦合模块 BCM、数字量输入输出模块 DXM、数字量输入模块 DIM、模拟量输入输出模块 AXM、RS-485 通信模块 RCM、ATC 通信模块 ASM、智能显示器 MMI 和必要的总线终端器构成。

二、TCMS 主从结构及配置

列车控制及监控系统拓扑结构如图 6-4 所示。

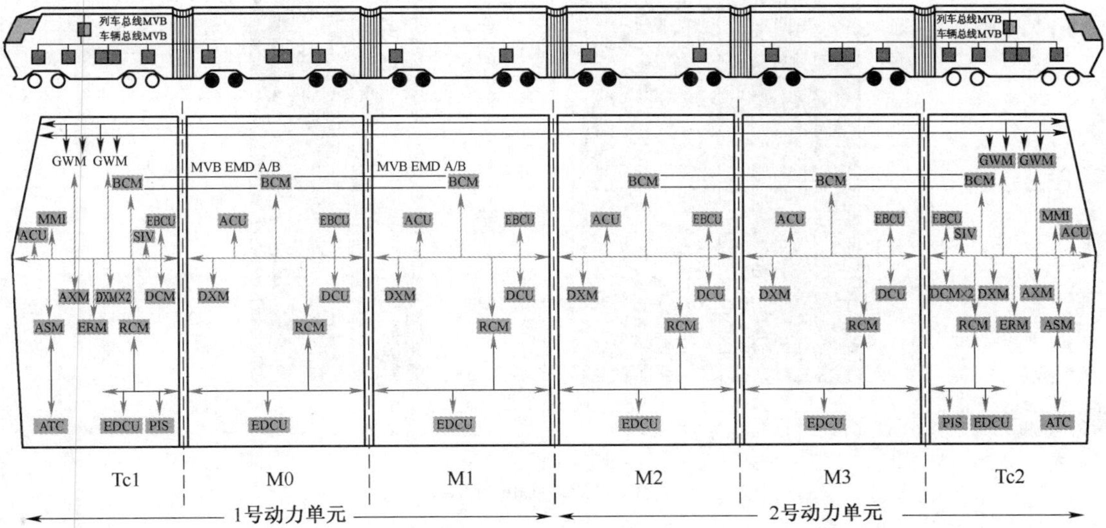

图 6-4 列车控制及监控系统拓扑结构

列车控制及监控系统所需硬件配置见表 6-1。

表 6-1 列车控制及监控系统硬件配置表

	Tc1	M0	M1	M2	M3	Tc2
GWM	2	—	—	—	—	2
MMI	1	—	—	—	—	1
ERM	1	—	—	—	—	1
BCM	1	1	1	1	1	1
DXM	1	1	1	1	1	1
DIM	1	—	—	—	—	2
AXM	1	—	—	—	—	1
RCM	1	1	1	1	1	1
ASM	1	—	—	—	—	1

三、列车控制及信息管理系统设备

1. CCU 中央控制单元

(1)硬件:中央控制单元的硬件是通用处理器 VCU-Lite,CRH1 型动车组上有两种 VCU-Lite:VCU-Lite(DCB 0911A)和 VCU-Lite M(DCB 0911B)。这些设备之间的不同之处是:DCB 0911A 有一个 MVB 通信接口,两个电绝缘的 RS-485 串行通信信道,其中一个可能被用作全双工或半双工,另外一个为半双工;DCB 0911B 有双重

MVB 功能,即有两个电绝缘 MVB 通信接口。VCU-Lite 外形如图 6-5 所示。

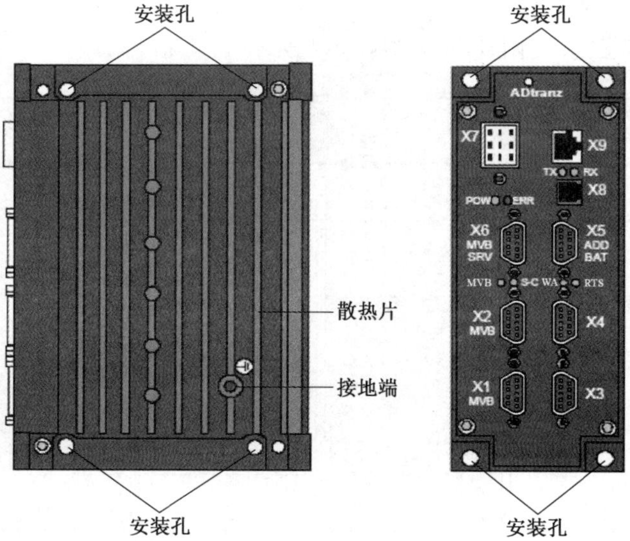

图 6-5　VCU-Lite 外形

VCU-Lite 的组成如下:DC/DC 变流器、MVB 通信、MVB 服务端口、一个全双工通信信道、一个半双工通信信道、4M E2PROM、4M SRAM、一个 10Base-T 通道、一个 RS-232 通道。

①VCU-Lite 的供电。直接蓄电池供电,内置的 DC/DC 变换器能够支持多种蓄电池配置。

②MVB 连接与终结。X1 插头和 X2 插座为两个 9 引脚 D-SUB 连接器,引脚分配相同,但极性相对,便于网络连接。如果处于网络的终端,需要在空的 D-SUB 连接器上接一个终端电阻连接器,即端接器。

③设备地址与 MOBAD。VCU-Lite 设备地址通过 MOBAD 上的串行 E2PROM 进行编程,在 MVB 设备启动时读取。MOBAD 与 VCU-Lite 一起使用,插在 VCU-Lite 的 X5 连接器上。

④MVB 服务器端口。可以将编程器或电脑用一条 MVB 电缆,通过 MVB 服务器端口直接连接到 VCU-Lite 上,对 VCU-Lite 进行编程或测试。

⑤专用 RS-485 串口。VCU-Lite 配备两个专用 RS-485 的串行信道 COM3 和 COM4,COM3 可用于半双工通信,COM4 可用于全双工或半双工通信。

⑥RS-232 端口。VCU-Lite 配有 RS-232 串行通信信道,使用时须有终端通信电缆,电缆 RJ-12 端连到 VCU-Lite 的 X8 上,另一端连到 PC 机的串口上。

⑦以太网。VCU-Lite 有一个 10Base-T 以太网接口,通过 RJ-12 连接,它提供了 RS-232 通信的另外一种选择,主要用于调试、下载应用程序及其他开发。

⑧发光二极管指示。VCU-Lite 有 8 个 LED。

⑨系统复位。可用多种方式启动 VCU-Lite 的系统复位。

(2)软件：CCU 的应用软件在 Mc1、Mc2 和 Tb 车的 VCU-Lite 硬件中执行，是 TCMS 的主软件，也是 TCMS 的核心，其他系统都受该软件的控制和监视。

2. GWM 网关模块

每列车装有 4 个网关模块 GWM，分别位于 2 个 Tc 车内，GWM 通过多功能车辆总线 MVB(ESD+)与其他设备通信，通过列车总线 WTB 与其他动力单元进行通信。

GWM 是 TCMS 的核心模块，具备如下功能：

车辆级过程控制：执行诸如牵引/制动控制、空电联合控制和空调顺序启动等一系列控制功能。

通信管理：具有多功能车辆总线 MVB 的管理能力，并且能够进行被动的主权转移功能。

显示控制：与 MMI 显示有关的数据传输。

故障诊断：状态数据、故障数据的采集处理，并通过 MMI 报告司机。

GWM 模块接口如图 6-6 所示。

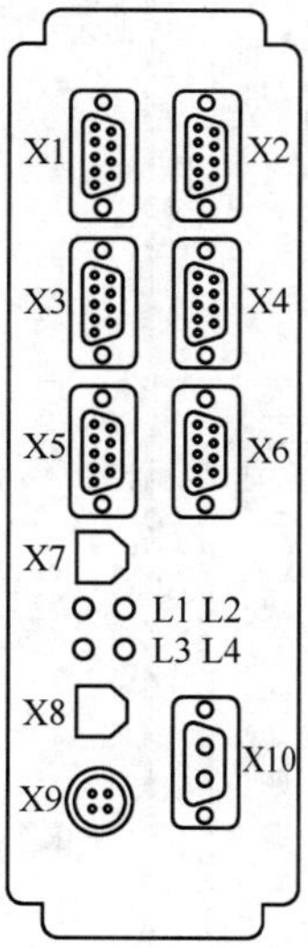

X1：WTB_Direction1 (9-Pin SUB-MIN-D Connector male)
X2：WTB_Direction2 (9-Pin SUB-MIN-D Connector female)
X3：MVB1 (9-Pin SUB-MIN-D Connector male)
X4：MVB2 (9-Pin SUB-MIN-D Connector female)
X5：MVB Service (9-Pin SUB-MIN-D Connector male)
X6：NC (9-Pin SUB-MIN-D Connector female)
X7：USB (RJ45 Connector)
X8：RS-232 (RJ45 Connector)
X9：Ethernet (M12 Connector)
X10：Power (2W2 SUB-MIN-D Connector male)

图 6-6　GWM 模块接口

GWM 的主要参数见表 6-2。

表 6-2　GWM 主要参数

序　号	主要参数	数　　值
1	CPU	32 位处理器，主频 400 MHz 以上
2	ROM	48 MB
3	RAM	64 MB
4	通信接口	WTB、MVB、RS-232、Ethernet
5	功率	<10 W

3. MMI 智能显示单元

每列车装有 2 个显示器 MMI，分别安装在两节 Tc 车中，MMI 通过多功能车辆总线 MVB(ESD+)与其他设备通信。MMI 是 TCMS 的显示终端设备,是司机和维护人员操作机车的窗口,具备如下功能。

信息显示:向车辆驾驶人员和维护人员提供车辆综合信息、各设备的工作状态、故障信息的综合与处理等。

参数设定:对轮径值、列车重量、站点、时间日期等参数进行更改与设定。

功能测试:进行列车运行时加速度、减速度、制动距离等基本参数的测试。

数据转储:通过 USB 接口,将故障信息转储地面进行统计、分析。

MMI 主要接口如图 6-7 所示。

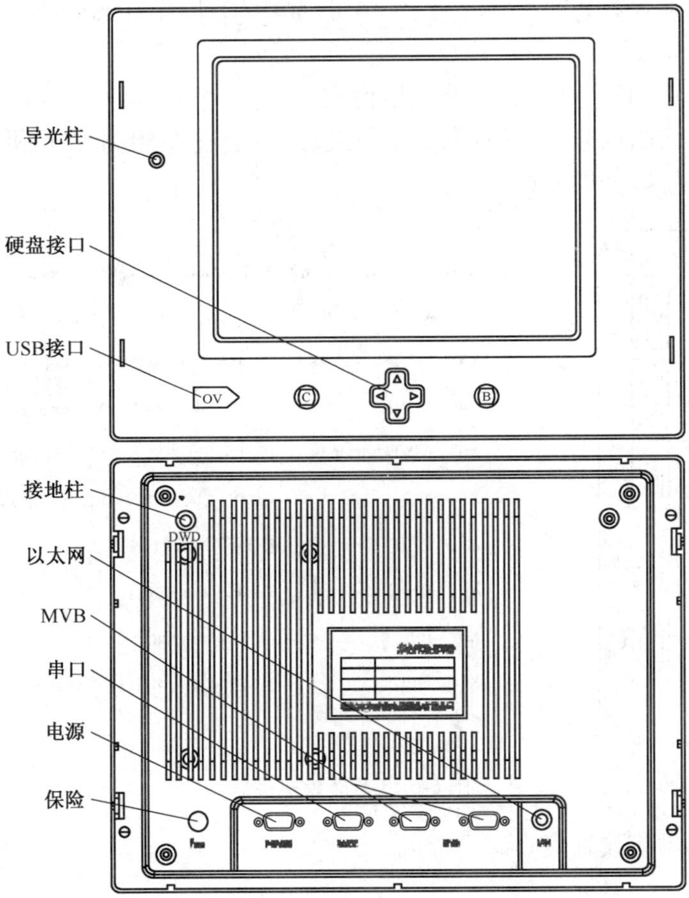

图 6-7　MMI 主要接口

MMI 主要参数见表 6-3。

表 6-3　MMI 主要参数

序　号	主要参数	数　　值
1	CPU	32 位处理器,主频 400 MHz 以上
2	ROM	32 MB
3	RAM	64 MB

续上表

序　号	主要参数	数　值
4	通信接口	MVB
5	显示屏参数	有效面积:10.4 英寸
		分辨率:640×480
		亮点直径:0.33 mm
		水平视角:140°
		垂直视角:110°
		亮度:380 cd/m²
6	功率	30 W

模块采用垂直安装方式,通过 ϕ5 mm 的十字盘头螺钉固定于司机室和客室电气柜中,柜内需安装风扇和进出风口,以保证空气对流。

显示器采用嵌入安装方式,安装于司机台上,通过 ϕ5 mm 的十字盘头螺钉固定。

模块和显示器通过外壳的接地端子与车体(柜体)的接地端子可靠连接。接地线缆截面大小为 2 mm^2,布线尽可能短。

为了便于模块散热和线缆前置空间的要求,模块与模块之间水平间隔应不小于 200 mm,垂直间隔应不小于 264 mm。模块前方线缆空间不小于 160 mm。

4. BCM 模块

蓄电池充电模块 BCM(Battery Charger Module)是一个静止的变流装置,其作用是将三相交流电压转变成直流电压,用来向蓄电池充电,并为直流母线提供电能,为其他直流负载供电。

BCM 主电路简图和电路原理图分别如图 6-8、图 6-9 所示。

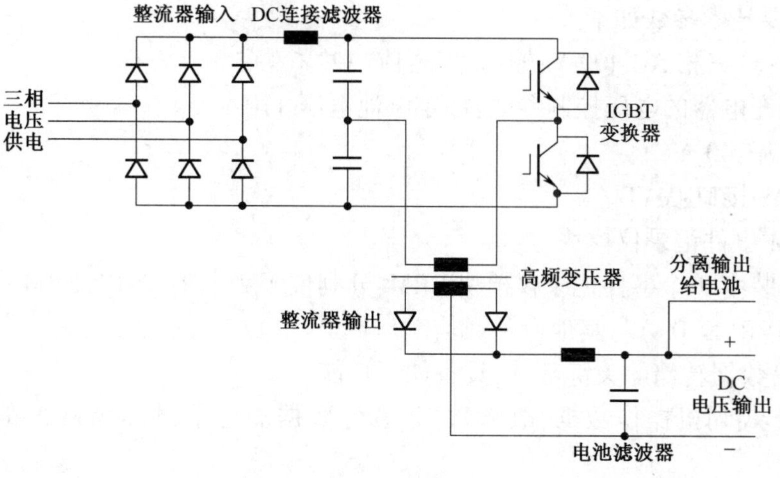

图 6-8　BCM 主电路简图

(1)从 MVB 输入到 BCC/I 的信号:允许完全充电,电池断开器闭合,电池接触器

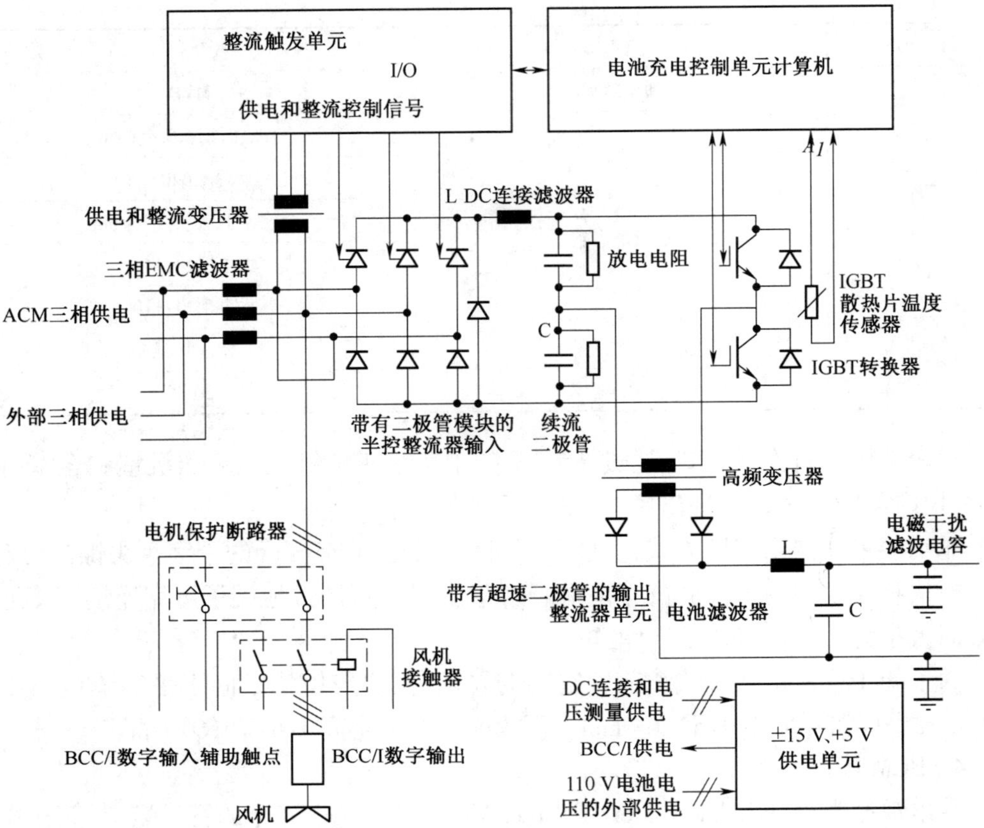

图 6-9 BCM 电路原理

闭合。

(2)从 BCC/I 输出到 MVB 的信号有:蓄电池充电器激活;蓄电池电压。

(3)主要技术参数如下:

输入电压:三相 AC 400 V;输出电压:DC 122×(1±5%) V。

蓄电池充电器的电压控制参数:额定电池电压 110 V。

最大电流:40 A。

与 TCMS 接口:MVB。

5. ERM 事件记录仪模块

每列车装有 2 个事件记录仪模块 ERM,分别位于 2 个 Tc 车内,ERM 通过多功能车辆总线 MVB(ESD+)与其他设备通信。

ERM 是数据转储的关键部件,具备如下功能:

数据记录:司机操作数据、故障数据、事件数据的记录,将 GWM 的故障数据具体化。

数据转存:通过车载信息网(工业以太网)将记录的数据下载,供便携式维护工具分析。

ERM 的模块接口如图 6-10 所示。

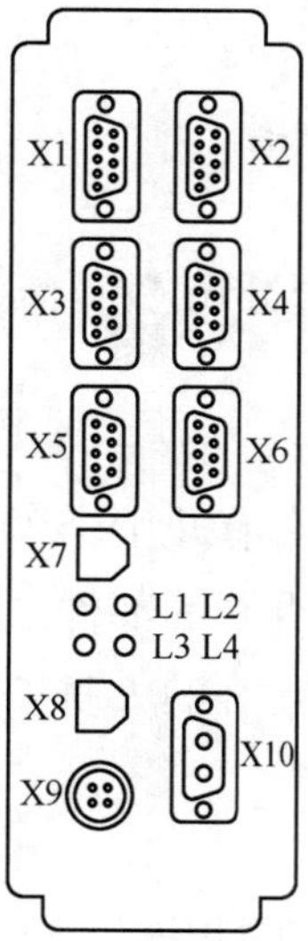

X1： WTB_Direction1　(9-Pin SUB-MIN-D Connector male)

X2： WTB_Direction2　(9-Pin SUB-MIN-D Connector female)

X3： MVB1　(9-Pin SUB-MIN-D Connector male)

X4： MVB2　(9-Pin SUB-MIN-D Connector female)

X5： MVB Service　(9-Pin SUB-MIN-D Connector male)

X6： NC　(9-Pin SUB-MIN-D Connector female)

X7： USB　(RJ45 Connector)

X8： RS-232　(RJ45 Connector)

X9： Ethernet　(M12 Connector)

X10：Power　(2W2 SUB-MIN-D Connector male)

图 6-10　ERM 模块接口

ERM 的主要参数见表 6-4。

表 6-4　ERM 主要参数

序　号	主要参数	数　　值
1	CPU	32 位处理器，主频 400 MHz 以上
2	ROM	80 MB
3	RAM	512 MB
4	通信接口	MVB、Ethernet
5	功率	<10 W

6. AXS 远程访问单元

AXS(Remote Access)远程访问单元用于列车上的 TCMS 和地面站点之间无线通信(GSM)，AXS 硬件由一个 VCU-Lite 和一个安装在 VCU-Lite 顶部的 GSM 无线电设备(包括无线电和天线)组成。

7. COMC 通信控制器

COMC(Communication Controller)通信控制器，实现 MVB 与 RS-485、RS-232 总线之间的通信转换。

第七章　车门系统电器与装备

车门是安装在车体上的重要部件，车门因其数量多（每列车有几十个车门）、操作频繁（运营中平均每2 min就须开关门1次）而成为车辆至关重要的部件。车门的结构和控制要安全可靠，否则将会影响运营，有的甚至直接危害乘客的人身安全。地铁公司十分重视车辆客室车门的安全性和可靠性。

第一节　城轨车辆车门特点及工作原理

一、城轨车辆车门特点及类型

1. 城轨车辆车门特点

根据城轨交通的特点，城轨车辆的车门应方便乘客，并尽量缩短乘客上、下车时间以满足列车运行密度的要求。因此，城轨车辆车门具有以下特点：

（1）要有足够的有效宽度（一般为1 300~1 400 mm）。

（2）车门要均匀分布，以方便乘客上下车。

（3）要有足够数量的车门（一般4~5对/辆）。

（4）车门附近要有足够的空间和面积，方便上下车乘客的周转。

（5）要确保乘客的安全。

2. 城轨车辆车门类型

按照用途分类，城市轨道交通车辆一般共有四种车门，即客室车门、司机室车门、紧急疏散门、司机室通道门。比如：北京地铁1、2号线每辆车安装了8个客室车门（每侧4个），供乘客上下车使用；司机室两侧设有司机室门，每个司机室前端装有1个紧急疏散门，后端有1个司机室通道门，整列车共有4个司机室车门，2个紧急疏散门，2个司机室通道门。

按照驱动系统动力来源的不同，分为电动式车门和气动式车门。

气动式车门由压缩空气驱动传动风缸，再通过机械传动系统和电气控制系统完成车门的开关动作。机械传动系统的作用是将传动风缸活塞杆运动传递至车门，使门动作。电气控制系统包括风动门控制、再开门控制、车门动作监视和列车控制电路联锁等内容，其作用是为了保证车门动作可靠和行车安全。

电动式车门由电动机、传动装置（轴、磁性离合器、皮带轮和齿形皮带）、控制器、闭锁装置和紧急开门装置组成。齿形皮带与两个门翼相固定,闭锁和解锁所需的扭矩由电动机提供。另一种电驱动装置为电动机通过一根左右同步的螺杆和球面支承螺母驱动滚珠摆动导向件和与其固定的门翼。

按照车门的运动轨迹以及与车体的安装方式,分为内藏门、外挂门、塞拉门和外摆门。

3. 主要技术参数

水平通过尺寸(宽度):离地板面 1 m 处测量的车门水平宽度。

垂直通过尺寸(高度):从地板面到上盖板底部的车门垂直高度。

车门全开时所占的空间:≤2 800 mm。

开关门延时时间:0~3.0 s(可调)。

额定开关门时间:(2.5±0.5) s。

开关门时间调整范围:(3±0.5) s。

供电电压:DC 110 V(DC 77~121 V)。

车门关紧力:在关门时最大挤夹力 150 N(有效值)。

探测最小障碍物:25 mm×60 mm(宽×高)。

车门前端最大挤夹力:车门关紧力<200 N;在开门时<250 N。

二、车门系统工作原理

客室车门系统的工作原理如图 7-1 和图 7-2 所示。

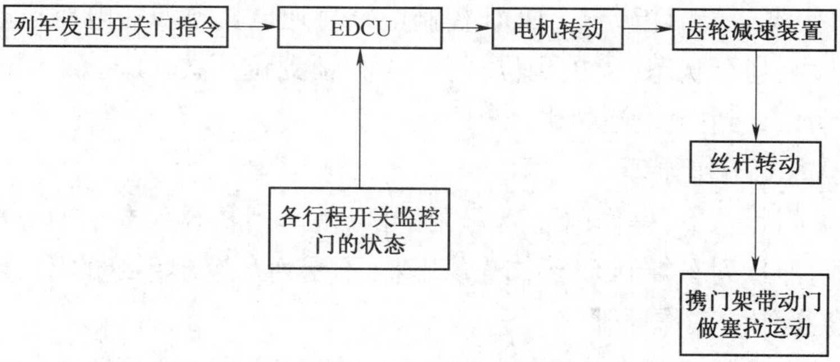

图 7-1　车门工作原理

车门打开需要满足两个条件:一是列车发出开门指令,二是列车处于停止状态。

(1)开门的工作原理

客室车门的开门过程如下:

列车控制系统发出开门指令(按压开门按钮或者自动运行模式下的自动开门指令)—列车控制系统检测列车状态—EDCU 接收到开门指令—EDCU 控制电路接通电机电源—电机通电并工作—端面解锁装置解锁(螺母锁紧装置退出丝杆的锁闭段)—携门架上的滚轮、上滑道、摆臂、下滑道及短导柱配合,实现塞拉—携门架、长导柱、上下滑道配合,实现平移—车门开启直到完全打开。

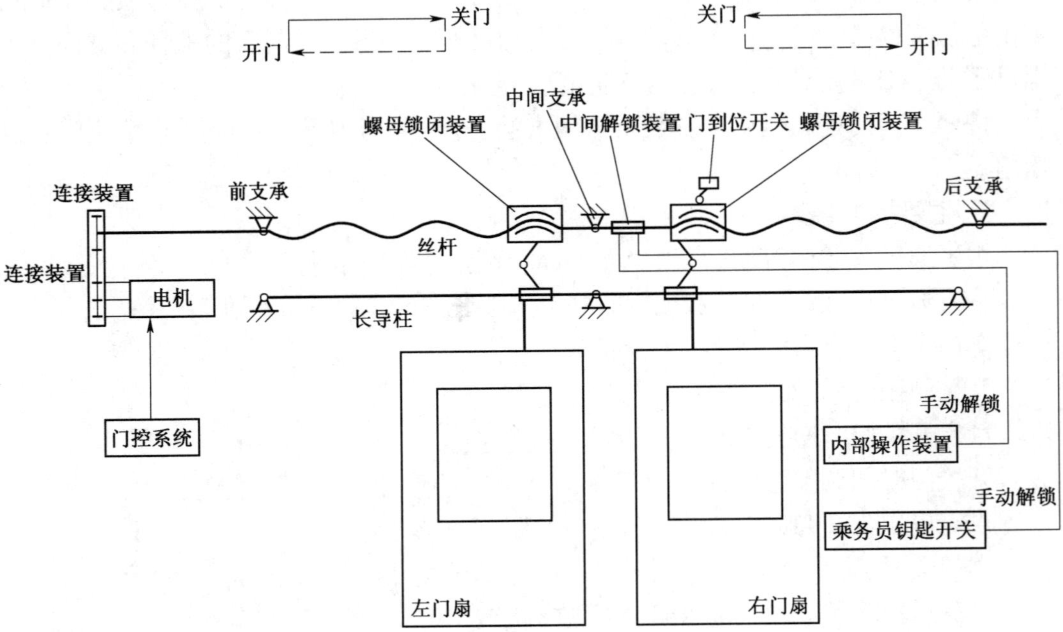

图 7-2 车门系统工作原理

(2)关门的工作原理

客室车门的关门过程如下：

列车控制系统发出关门指令(按压关门按钮或者自动运行模式下的自动开门指令)—EDCU 接收到关门指令—EDCU 控制电路接通电机电源—电机通电并工作—车门开始关闭检测列车状态(由关到位开关 S4 和锁到位开关 S1 检测、障碍检测等)—进行下一步动作直到门完全关闭。

(3)门隔离的工作原理

在车门关闭状态下,操作门隔离开关,可以使车门机械锁住,电气上从安全环路上隔离。该门即从列车控制系统中隔离开来,不受列车控制系统的控制。

(4)紧急操作的工作原理

操作内操作装置手柄或外操作装置钥匙—钢丝绳带动端面解锁装置滑轮—滑轮转动—带动解锁装置解锁,并启动紧急解锁行程开关 S3—门控器 EDCU 收到相应信号—门控器根据列车状态进行下一步动作(若零速信号有效,则车门解锁,可手动打开车门;若零速信号无效,则电机朝关门方向施加一个 300 N、持续 3 min 的力,以阻止车门被打开)。

第二节 城轨车辆车门结构

客室车门系统部件结构如图 7-3 所示,部件的基本信息情况见表 7-1。客室车门主要由顶部机构、门扇、隔离开关、运动导向装置、平衡轮组件等组成。

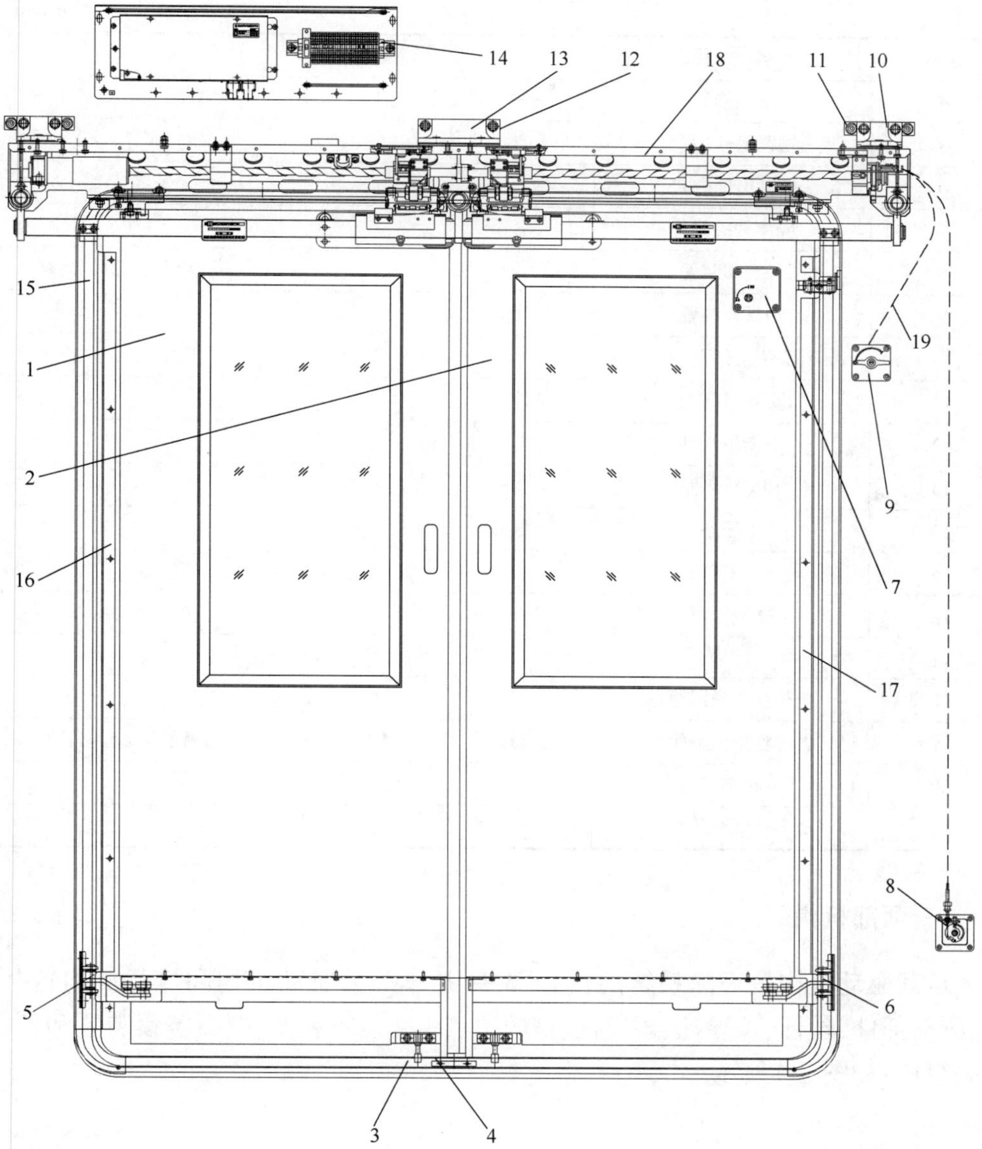

图 7-3 客室车门系统组成

1—左门扇;2—右门扇;3—嵌块;4—门槛;5—摆臂组件(左);6—摆臂组件(右);7—门隔离开关;8—外操作装置;9—内操作装置;10—安装架(两侧);11—安装架(中);12—平衡轮组件;13—电子门控器;14—上压条;15—左侧压条;16—右侧压条;17—承载驱动机构;18—内操作钢丝绳组件;19—外操作钢丝绳组件

表 7-1 客室车门系统主要部件基本信息

序号	名 称	单位	数量	备 注
1	左门扇	扇	1	
2	右门扇	扇	1	
3	嵌块	块	1	

续上表

序号	名　　称	单位	数量	备　　注
4	门槛	件	1	
5	摆臂组件(左)	套	1	
6	摆臂组件(右)	套	1	
7	隔离开关组件	套	1	
8	外操作装置	套	1	每辆车仅2套门具有
9	内操作装置	套	1	
10	安装架(两侧)	件	2	
11	安装架(中)	件	1	
12	平衡轮组件	套	2	
13	EDCU部件	套	1	
14	上压条	根	1	
15	左侧压条	根	1	
16	右侧压条	根	1	
17	机构	套	1	
18	内操作钢丝绳组件	套	1	
19	外操作钢丝绳组件	套	1	每辆车仅2套门具有
20	标准件	套	1	
21	各种调整垫片	套	1	

一、顶部机构

承载驱动机构是车门系统的核心部件，是车门的驱动机构和执行机构，它由基架、驱动部件、丝杆、长导柱、短导柱、携门架、LS型锁闭装置、端面解锁装置和各行程开关组成，如图7-4所示。

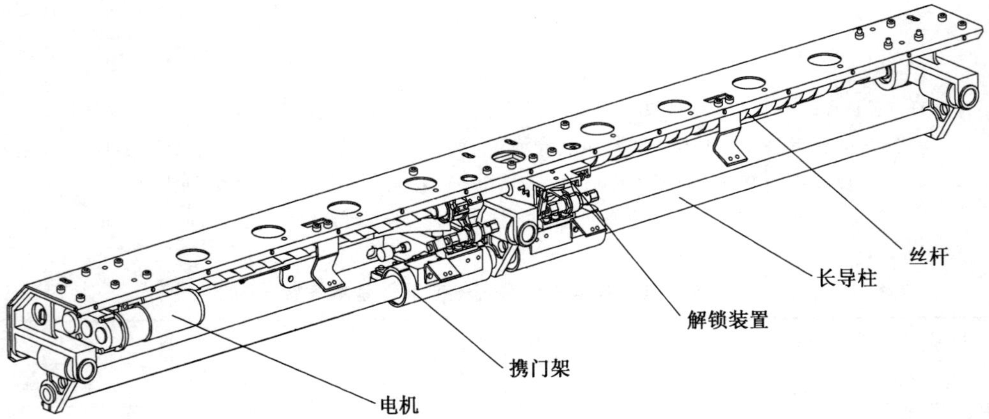

图7-4　顶部机构

1. 支撑部件

(1)长导柱

长导柱安装在3个挂架上,3个挂架分别在3根短导柱上移动,3根短导柱通过整个机构的一个基架安装在车体结构上。长导柱为门的纵向移动提供自由度并保证在开/关门过程中门板与车体平行。短导柱承受门板的重量并为门提供横向移动自由度。长、短导柱如图7-5所示。

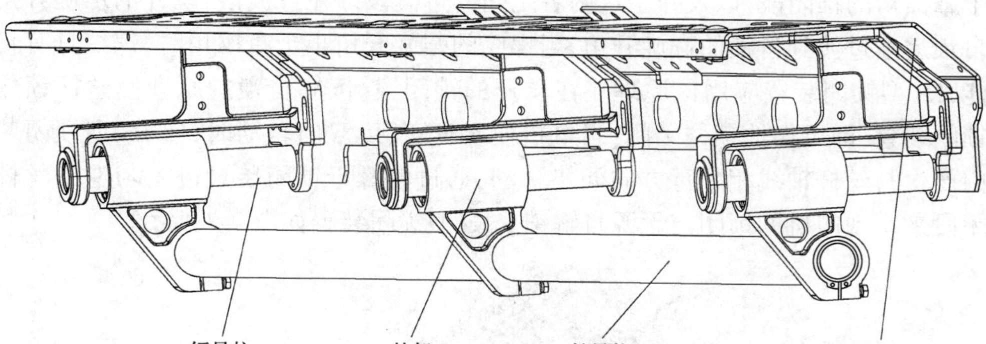

图7-5　长、短导柱

(2)携门架部件

携门架通过滚珠直线轴承在长导柱上滑动。它将力从机构传送到门扇并且也把力从门扇传送到机构。携门架通过螺钉牢牢地安装在门扇上,所以携门架将门扇的所有重量和动力传送给长导柱。

在携门架与门板连接处,提供了一个偏心调节装置(图7-6中偏心轮1),该装置用来调节门扇的"V"形。在携门架内部,还提供了一个偏心调节装置(图7-6中偏心轮2),该装置用来调节门扇与车体之间的平行度。

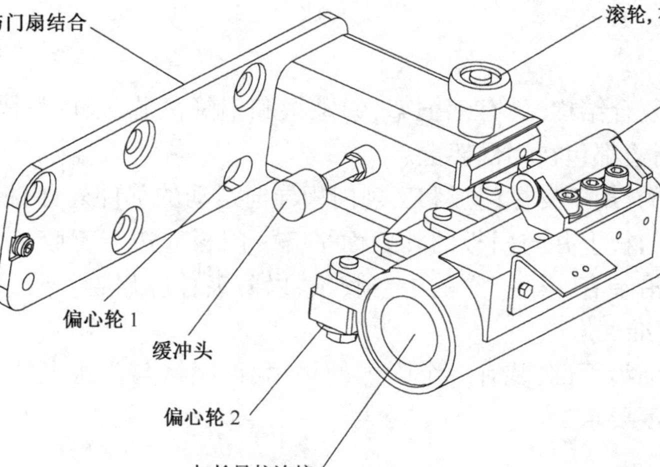

图7-6　携门架

2. 驱动部件

驱动部件作为车门实现开关动作的动力来源,安装在承载驱动机构上。驱动装置包括一个直流电机和一个齿轮减速装置,电机受电子门控器的控制。通过一个齿轮箱减速装置,电机的旋转运动传递到丝杆并最终带动门扇运动。

3. LS 型锁闭装置

丝杆的螺旋槽分为三段:一段是螺旋升角大于摩擦角的工作段,一段是螺旋升角小于摩擦角的锁闭段,以及介于这两者之间的过渡段。在过渡段,丝杆的螺旋升角由非自锁逐渐过渡到自锁的螺旋升角;当螺纹的螺旋升角小于摩擦角时,螺纹具有自锁功能,LS 型锁闭装置应用该原理。在丝杆的锁闭段,依靠自锁的原理使丝杆锁住螺母锁闭装置,即可靠地锁住了门;当电机使丝杆正、反双向转动时,使 LS 型锁闭装置和门产生与丝杆轴线相平行方向同步移动,通过使螺母锁闭装置进入与退出丝杆的锁闭段来实现门机的锁闭与无源自解锁。LS 型锁闭装置如图 7-7 所示。

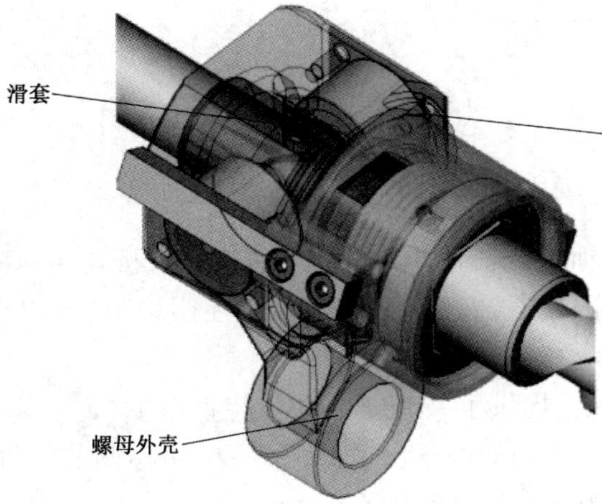

图 7-7 LS 型锁闭装置

二、门　　扇

门板为铝蜂窝复合结构,具有铝框架、铝蒙板和铝蜂窝芯,采用热固化。为加强机械强度,蒙板的周边都包在铝框架上。

除了一些必要的、用于支撑门板和实现门板导向运动的部件外,门板内表面是平的。窗玻璃粘接到门板上并与门板的外表面平齐。门板周边装有胶条,以实现门的周边密封。门板前沿装有一个特殊的中空胶条,以防夹住障碍物。胶条的烟火特性符合 NFF 16-101 标准。

在每扇门板的前沿下部,装有一个附加的挡销,该挡销与门槛上的挡块啮合,以实现关着的门的挠度要求。

三、隔离开关

可以通过门的隔离锁实现门的电隔离。在每套门系统的右门扇(从内往外看)上装有一把退出服务锁,以实现门的机械隔离。可以手动将门移至关闭且锁紧的位置,用乘务员钥匙实现隔离。门隔离开关如图 7-8 所示。

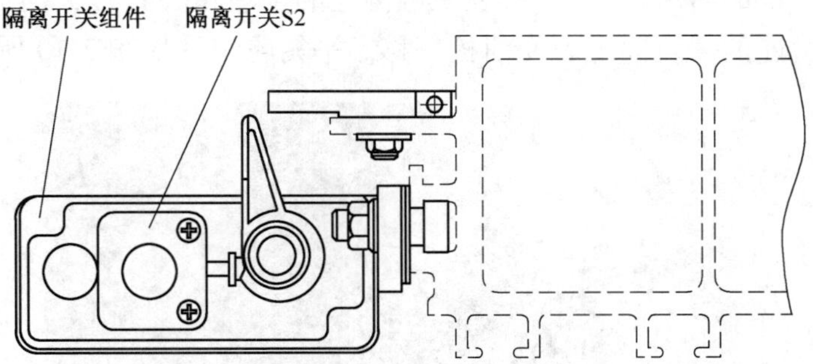

图 7-8　门隔离开关

四、运动导向部件

通过滑道(呈一定的形状,实现相关的横向和纵向运动)实现门扇沿设定的轨迹运动。上滑道安装在顶部机构上,携门架上有一滚轮在滑道里运动。

下滑道安装在门扇上,一个安装在车体结构上的滚轮摆臂装置与该滑道啮合,以提供所要求的导向运动。该导向部件仅承受横向力,不承受纵向力或垂向力。门扇下滑道如图 7-9 所示。

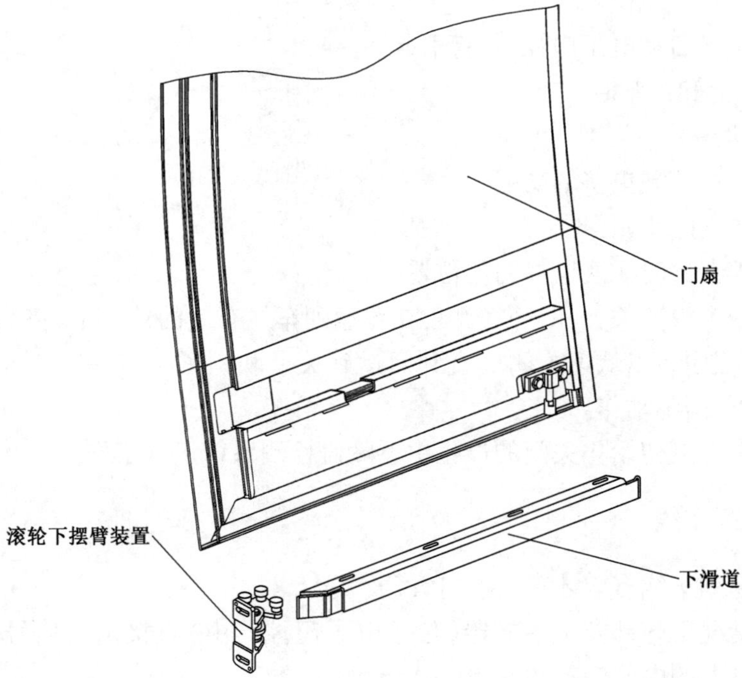

图 7-9　门扇下滑道

五、平衡轮装置

每扇门板上部的后沿，与一个安装在机构上的平衡轮装置在关门位置上啮合，以防止由于任何可能的垂直向上力使门板偏移。平衡轮组件如图 7-10 所示。

图 7-10　平衡轮组件

第三节　客室车门功能

一、电子门控器的启动

接通电源可启动电子门控器，将引起：

(1)门关上和锁紧时

门被启动并保持关闭。

按后续命令实现更多的功能。

(2)门未关上和锁紧时

电子门控器此时无法监控门的位置。

因此对一个没有关上和锁紧的门，在零速列车线有效的情况下，将会运行初始化例行程序，该程序将以低速关闭门直到门达到关上和锁紧位置一次。在零速列车线无效的情况下，门不动作。

在第一次上电初始化关门的过程中下障碍检测系统正常工作。

二、零速列车线

只有零速列车线有效才有可能打开门。

在这种情况下内部安全继电器(位于电子门控器中)直接由此信号(硬连线)激活。安全继电器的电流消耗约为 10 mA。

激活的安全继电器将接通接到电机电源的接线，从而使软件可以在开门方向上驱动门机构。

零速列车线无效时开启的门将立即开始关闭。

三、门的开启和关闭

门的开启和关闭是由零速列车线、开门列车线和关门列车线的电平决定的，见表7-2。

在门的整个关闭过程中内部报警灯闪亮报警(1 Hz)。

表7-2　车门开关电平状态

零速列车线	开门列车线	关门列车线	门的状态
0	0	0	保持
0	0	1	保持
0	1	1	保持
0	1	0	保持
1	0	0	保持
1	0	1	关
1	1	1	保持
1	1	0	开

1. 开门

(1)通过激活开门列车线开门

激活开门列车线，经过延时设定的时间后，车门开始开启。维修人员可以使用诊断软件将延迟时间在0~4 s之间进行调节。

门开启到开门终点位置后保持在这一位置，直到再接收到关门指令。

如果在开门过程中开门列车线无效，同时关门列车线也无效，门仍然会开启到开门终点位置。

如果在开门过程中开门列车线无效，同时关门列车线有效，门将执行关门动作。

(2)通过维护按钮开门

在关门列车线无效时，维修人员可通过操作维护按钮打开相应的门，再次操作维护按钮时，开门顺序会转变为关门顺序。

2. 关门

(1)通过激活关门列车线关门

激活关门列车线，通知车门关闭：

在提醒声响3 s后，车门开始关闭。维修人员可以使用诊断软件将延迟时间(出厂时为3 s)在0~4 s之间进行调节。

如果在关门过程中关门列车线无效，同时开门列车线也无效，门仍然会关闭到关门终点位置。

如果在关门过程中关门列车线无效，同时开门列车线和零速列车线有效，门将执行开门动作。

(2)通过维护按钮关门

在开门列车线无效时,可通过操作维护按钮将门关闭,门立即开始关闭。再次操作维护按钮时,关门顺序会转变为开门顺序。

(3)通过零速列车线无效的方式关门

如果零速列车线变为无效,门立即开始关闭。再要打开门已不可能。

3. 再关门列车线

在发出关门指令后,发现安全互锁回路信号没有给出,可通过按“再关门”按钮激活再开门列车线,使没有关到位的车门重新打开后再关闭。关到位的车门不动作。

四、指 示 灯

1. 内侧车门指示灯

在每个客室侧门的上方均设有一个橙黄色的指示灯:

当指示灯亮时表示该门开启;

当指示灯闪烁时(1 Hz),表示已发出关门指令,有关的车门尚未关上或尚未锁住;

车门全部关好后橙黄色指示灯灭;

在连续3次关门过程中均检测到障碍物,指示灯持续明亮,直到开门或关门指令重新将门启动。

2. 车门切除指示灯

在每个客室侧门内侧上方均设有红色指示灯:该灯亮表示有关车门已切除,不能操作。

3. 蜂鸣器

在每个客室侧门的上方均设有一个蜂鸣器,当蜂鸣器鸣响时(1 Hz),表示已发出关门指令,有关的车门尚未关上或尚未锁住。

如果操作了紧急解锁装置,蜂鸣器将持续鸣响,复位后蜂鸣器停止鸣响。

五、紧急解锁装置

为了在紧急状态下手动开门,设有紧急解锁装置。操作紧急解锁装置使锁闭装置解锁,并使锁闭装置处的限位开关动作。操作紧急解锁装置后,装置将被定位在操作状态。如果操作了紧急解锁装置,必须在列车重新启动之前将该装置复位,激活门的操作。

(1)当零速列车线有效时(速度< 2 km/h)操作紧急解锁装置将会引起:

①通过钢丝绳手动操作制动装置,从而对门进行解锁。

②门驱动单元上制动装置处的紧急解锁开关将发生动作。

③向电子门控器发出信号。

④门可通过手动在开门和关门方向上移动。

(2)当零速列车线无效时(速度>2 km/h)操作紧急解锁装置将会引起:

①紧急解锁开关被触动,门机械解锁。

②将一扇门板推向打开方向的力至少为 300 N。

③安全互锁回路由紧急解锁开关的 NC 触头断开。

④电机作用在门板关门方向 300 N 的力持续时间为 3 min。3 min 后电机电流变小,反向作用力变小。

当零速列车线无效时(速度>2 km/h),往开门方向推动单扇门板所需推力的测量方法如图 7-11 所示。

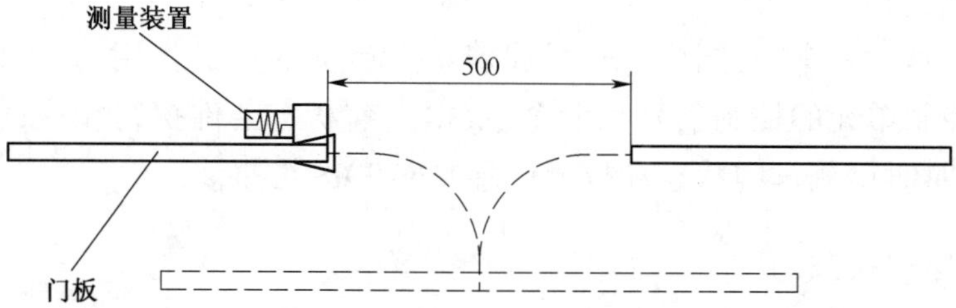

图 7-11　开门方向推动单扇门板所需推力测量方法

六、开关门过程的障碍检测

1. 开门过程中障碍检测

开门时若有障碍会使开门循环停止 1 s,障碍检测可被激活 6 次,在 6 次开门动作之后门将会停在此位置并且电子门控器会认为此位置是最大可达开门位置,此时任何关门指令都可将门关闭。

2. 关门过程中障碍检测

(1)电机电流监控:每次关门过程中电机正常关门电流曲线已被存储并自动调整;如果电机的实际电流超过额定值,障碍检测被激活。

最大电流值并不恒定,由门的位置和前几次关门运动的电流决定。即使当电子门控器的电源关闭时,最大电流值也被存储。如果电子门控器换到其他任何门上,有必要通过按下维护按钮的方式对其进行初始设置,按下时间超过 1.5 s(从接通电源开始计算)。

(2)路程/时间监测:通过门位置传感器的检测,将门的运动分成距离段,如果在给定的时间内门未通过这些距离段,障碍检测被激活。

如果障碍检测被激活,将会施加一个持续 0.5 s 的最大关门力(≤150 N)。之后门自动打开 200 mm(打开距离可调)左右,停止 2 s 后,再次关闭,以便清除障碍物。

这个循环将重复 3 次(循环次数可调),且在 3 次连续关门顺序中如果障碍检测都被激活,门将运动到开门终点位置并停留在这一位置,此门将由内侧车门指示灯指示以引导司机注意这个故障。

任何关门、开门指令都可使门重新启动。

第四节　车门控制单元(EDCU)

客室车门系统由电子门控器(EDCU)控制。其中,每辆车左侧1/3号门和右侧2/4号门的门控器为主电子门控器(MDCU),其余门的门控器为本地电子门控器(LDCU)。主电子门控器与MVB列车总线相连,本地电子门控器与RS-485车辆总线相连。通过MVB总线和RS-485总线,电子门控器与列车控制系统进行信息交换。电子门控器可传送门的不同状态信息(例如"紧急装置工作")和诊断信息(例如"门位置传感器失灵")。

门控器在整个列车门控制系统中,起着承上启下的关键作用,一方面接收、检测来自司机室控制单元的控制信号和命令,根据当前状态条件执行相应的动作控制流程,另一方面时时检测车门状态和故障信息并向TMS汇报。

一、初上电自检关门

(1)门控器上电自检时间控制在10 s左右。

(2)门控器初上电时,先检测门是否关到位,如果门没有关好,即门板到位开关和闭锁开关未都到位(2个门板到位开关,1个闭锁开关),车门将自动关门到位;若门关闭则保持关闭状态不动。

(3)上电自检关门时,若门超过时限(约5 s)不能完全关闭,则该门开关门指示灯常亮。此时可继续对该门进行开关操作,操作时伴有蜂鸣提示(开2声、关3声)。经过再次关门操作后,只要门被完全关闭(门板到位开关和闭锁开关都动作),该开关门指示灯即灭。

(4)上电关门并完全关闭好后,门控器即处于待命状态。

二、开关门控制

1. 电控开门

(1)只有在车辆处于静止状态下(车速<5 km/h时),隔离锁未锁闭、无紧急解锁时才可以进行电控开门操作。

(2)开门操作可通过集控开门、服务按钮之一来打开相应的门,开门信号为脉冲信号(信号宽度大于200 ms)。门控器收到开门信号蜂鸣器开始鸣叫(共2声,频率为1 Hz),门控器收到开门信号延时0~3 s(通过修改程序可调,暂定1.5 s)门开始动作,开关门指示灯闪烁,车门开好后开关门指示灯常亮。开门是否到位是门控器依据编码器输入的两路脉冲信号及对电机电流的实时监控来判断的,调整门的定位止挡,可随时调整门的净开度(可在1 300~1 304 mm间调整净开度)。

(3)开门信号生效后,超时(如超过5 s)门没有打开(闭锁信号不消失),则该门的门控器报警,这时仍可对该门再进行开关操作。

(4)被隔离锁锁闭的门,门控器对该门的任何电控信号均失效。

(5)开门操作需保持 200 ms,开门信号才能生效,操作时间短暂会被忽略。

(6)电控打开的车门,应保持一定的力,使车门不能轻易手动关闭。

2. 电控关门

(1)只有在车辆处于静止状态即有零速信号(车速<5 km/h)下,隔离锁未锁闭、无紧急解锁时才可以进行电控关门操作。

(2)关门操作可通过集控关门、服务按钮之一来关闭相应的门,关门信号为脉冲信号(信号宽度大于 200 ms)。门控器收到关门信号蜂鸣器开始鸣叫(共 3 声,频率为 1 Hz),门控器收到关门信号延时 0~3 s(通过修改程序可调,暂定 1.5 s)门开始动作,车门关闭。同时,门控器接收到关门指令后,橙色指示灯开始闪烁,直至门完全关闭灯才会灭。

(3)在门扇正常关闭的过程中,如果发生受阻信号,0.5 s 后门会停止关闭并自动开启(此时没有蜂鸣声响),车门在原有开度基础上再打开 200 mm,1 s 后车门自动再次关闭(关闭前和关闭时有蜂鸣器提示)。若障碍物仍然存在,该门重复上述过程,重复 1 次。车门保持打开,门控器报警,这时仍可对该门进行关门和再开闭操作。

(4)门关闭时没有受阻信号,且门被关闭,但是门控器没有收到完全关闭信号,又超过时限(约 8 s),此时门控器将停止该次关门动作,门控器报警。但对该门可继续再进行电控开关门操作。

(5)关门操作需保持 200 ms,关门信号才能生效,操作时间短暂会被忽略。

三、车门保护系统控制

1. 列车行驶自动锁闭功能(零速信号保护功能)

列车运行时,当没有零速信号时,没有完全关闭的车门将自动关闭,关好的车门保持关闭状态,车门完全关好并锁闭后,此时门控器不再响应任何开关门信号对车门的操作。

2. 障碍物探测功能

防夹功能最小检测障碍物大小为 25 mm×60 mm(宽×高),在正常关门时如果遇到障碍物,触发关门受阻操作程序。

3. 服务按钮功能

服务按钮是为车辆检修和维护准备的,是不经过集控就可以操作门的开关。使用这个开关时也需要 200 ms 以上的信号。

4. 紧急解锁功能

只要隔离锁未锁上,操作紧急解锁可实现机械手动开门操作。当有零速信号(车速≤5 km/h)时,电机断电,门可自由开启,此时手动开门力为车门的机械阻力;当没有零速信号(车速≥5 km/h)时,电机应保持一定的维持电流,此时需要克服电机的阻力(阻力≥200 N),才能实现手动开门,此时,开门力=电机闭锁力+断电时的开门力。

当开门力消失后，门将自动关闭。

5. 隔离功能

当该车门不投入运行或车门出现故障而不能及时修理时可锁闭隔离锁。当隔离锁锁闭后，隔离锁将车门机械锁闭，同时将隔离信号传至门控器，门控器自动切断该车门的控制回路，同时隔离开关输出 DC 110 V，点亮隔离指示灯，并向车辆计算机报告该车门退出服务，保证车辆的正常运行。

6. 门自适应调节开关门力功能

为适应每个门机械上不同造成的开关门力不同，门控器自动调节并记录好开关门力，达到各个门动作统一稳定。

四、车门指示系统控制

1. 开关门指示灯

当门在运动的时候，开关门指示灯就会闪，直到开门到位或者关门到位才会停止，频率 0.5 Hz。

2. 蜂鸣器

门控器收到开门信号蜂鸣器开始鸣叫(共 2 声，频率为 1 Hz)；

门控器收到关门信号蜂鸣器开始鸣叫(共 3 声，频率为 1 Hz)。

3. 门未关好指示灯

如果关门时门没有被锁闭，这个指示灯就会亮，直到门完全关好才会熄灭。

五、门控器故障自动诊断与显示

客室侧门系统故障诊断功能由系统控制单元集中完成。在客室侧门系统工作时，其硬件和软件故障在任何时候都能通过诊断系统检测到，并且所有诊断信息以及故障信息自动提供给列车监控系统。在该系统中，对于每个控制单元，系统可以诊断到最小可更换单元。监控系统通过列车总线控制系统接受从客室侧门系统传来的故障信息，并附带一定的相关数据和相应的时间。

双扇电动内藏门控制系统具有故障自动诊断功能和车门状态指示功能。故障诊断功能用数码管显示，不同数值和字母代表不同的车门状态、动作、门控器响应的指令及故障。

另外，在线诊断软件可通过 RS-232 端口与计算机连接，从而对车门的状态和故障实现在线诊断或程序刷新。诊断软件可在 Windows 2000/Windows XP 操作系统下运行，对计算机无特殊要求。

所有的故障信息可断电保存在存储器里，可方便地下载。容量为 1 M。

对于重要的故障信息包含相应的相关数据，通过相应的专家分析软件和专门通信线可以将下载的数据还原成可用于分析故障的故障记录表，分析过程可以在通用的 PC 上完成。该专家诊断软件可在 Windows 2000/Windows XP 操作系统下运行，对计算机无特殊要求。

门控器在执行相关操作过程中，对各个机械、开关零部件执行机构的响应时间、开关状态、电压、电流、压力、温度等多项参变量进行检测、分析，从而判断出不同类型的故障或状态，并报知列车信息系统。

每次电机故障的信息都会被记录下来并存储在芯片中。这个故障最直观地显示就是在 LED 显示屏中显示“E”。

第五节　客室门电气说明

一、布　　线

客室门电气布线在机构上完成，机构上在走线的位置上布有线卡或绑线杆，用尼龙扎带将电线电缆固定在绑线杆上。

每根电线上都穿有线号，是通过专用的打号机将线号打印在热缩管上（黑字白底）。用电吹风将热缩管缩紧在电线上，具有不掉色、清晰、紧固等特点。

二、电器元件

1. 门控器

每套客室门都配置一套门控器，门控器是整个客室门的控制系统。门控器安装在客室门机构上，响应各种指令，控制着车门动作、蜂鸣器和指示灯。门控器上设有 8 段码的数码管，可以通过数码管的显示判断出门控器在响应何种指令及车门处于什么状态。

2. 各种电气开关

（1）门锁闭开关。此开关检测锁钩是否锁到位。这个开关设有常开和常闭两组触点，这两组触点分别提供给门控器和车门锁闭硬线环路。

（2）门板到位开关。此开关检测门板是否到位。分为门板开关 1 和门板开关 2，这两个开关常开和常闭两组触点，这两组触点分别提供给门控器和车门锁闭硬线环路。

（3）紧急解锁开关。此开关是在操作紧急解锁操作后触发的。这个开关可以提供两个常开和两个常闭触点。紧急解锁开关动作后一般是给门控器提供一个信号，同时切断车门锁闭硬线环路。

（4）隔离锁开关。此开关是在操作隔离锁后触发的。这个开关设有常开和常闭触点，分别提供给门控器、隔离指示灯和车门锁闭环路。

3. 蜂鸣器

蜂鸣器在开关门及紧急解锁操作后，提供声音提示。蜂鸣器由门控器控制输出。

4. 指示灯

（1）车门指示灯（橙黄色）。在每个客室侧门的上方均设有一个橙黄色的 LED 指示灯，当指示灯亮时表示该门开启；当指示灯闪烁时，表示已发出关门指令，相关的车门尚未关上或尚未锁住。该灯由门控器控制输出。

(2)隔离锁指示灯（红色）。在每个客室侧门内侧上方均设有红色显示灯，该灯亮表示相关车门已切除，不能操作。该灯由隔离锁开关控制。

5. 电机

客室门驱动电机采用直流电机。

三、车门功率

双扇电动内藏门在待机时消耗的功率约为 10 W，在开关门过程中（运行状态）消耗的功率为 66 W，开关门启动时车门的功率最大（因为解锁电磁铁同时动作，其功率为 125 W，此时的功率约为 200 W）。

第八章　乘客信息系统电器与装备

随着轨道交通行业的日益完善,轨道交通技术逐渐成熟,如何提高轨道交通的服务质量已成为相关部门考虑的重点,以往以车辆为主要考虑对象的理念正在向如何为乘客服务转变。由之带来的是,乘客信息系统(PIS)越来越被重视,它的好坏对乘客的满意度有直接影响。

第一节　PIS 乘客信息系统

一、概　　述

乘客是轨道交通最主要的服务对象,不管是国内还是国外,越来越多的城市都在遵循以人为本的运营理念。以车辆为中心的运营模式,正在向以服务乘客为中心的运营模式发展。怎样提高轨道交通服务的品质,是目前很多地铁运营及建设单位需要考虑的问题。

乘客信息系统(Passenger Information System,以下简称 PIS)依托多媒体网络技术,以计算机系统为核心,以车站和车载显示终端为媒介向乘客提供信息服务。PIS 采用网络数字多媒体技术,利用先进的信息播出方式,实现信息服务功能。轨道交通系统在各车站的站台、站厅层以及列车上放置了 PIS 显示屏,让乘客通过显示屏及时了解到列车的运行状态及注意事项,从容的候车、乘车以及换乘列车。

乘客信息系统在正常行车的情况下,提供乘车须知、服务时间、列车到发时间、列车时刻表、管理者公告、政府公告、出行参考、媒体新闻、赛事直播、广告等实时动态的多媒体信息;在火灾、阻塞及恐怖袭击等非正常情况下,提供动态紧急疏散提示。

在遭遇紧急情况的时候,由于可以预先在 PIS 里面设定好相关参数,根据当前紧急情况进行自动报警或人工触发报警,此时终端显示屏就会发布警告信息或人流疏导信息。PIS 上也可以显示当前信息,在遭遇到紧急情况时,也可以由工作人员及时进行编辑并紧急发布,告知乘客紧急事件和事件进展等。PIS 上可以发送即时信息,这些主要是使车辆操作人员工作站可获取来自控制中心的指令或消息。

在列车运行中车载设备要实时接收来自地面运营中心的节目,在列车车厢显示屏上播出音视频。同时通过车厢内监控摄像头,监控旅客乘车情况,将监控视频信息实时上传至运营中心,作为管理部门安全决策的支持信息。

随着科技的不断发展,乘客服务及资讯信息不仅要实现运营中心与车站、车站与车站间的通信,还要完成列车与地面间的实时通信,例如:运营中心向列车实时转播数字视频等多媒体信息,列车实时上传车厢内的监控信息等。

地铁 PIS 系统是一个集地铁运营信息服务、多媒体实时资讯发布、广播电视节目制作与播出、电视监控、设备监控于一体的综合服务平台。地铁 PIS 系统为乘客提供上述各类信息,使乘客安全、高效地乘坐地铁,确保地铁系统高效安全运营。

二、PIS 系统结构及功能说明

乘客信息系统的功能包括信息查询、视频监控、广告节目制作、电视转播、实时资讯插播、智能播出、信号及数据传输、系统综合管理等。PIS 系统的信息显示功能,从信息发布的角度来说,分为 4 个方面。

1. 信息显示基本能力

(1)大于 15 个屏幕区域的分割;

(2)可为每个分割区域指定播放列表,并进行单独的日志、计费等;

(3)信息等级机制划分,按照信息等级的显示级别划分;

(4)与广播系统进行联动;

(5)系统可以显示全高清 1 920×1 080 分辨率的视频图像。

2. 实时信息显示

(1) ATS 信息显示——列车到站、下班车等倒计时信息,出库、清人、基本运营信息等。

(2)时钟信息显示——按照年、月、日、时、分、秒、星期时钟信息显示,并立即同步。

(3)直播信号——电视直播信号、DVD 直播信号等。

3. 及时信息显示

(1)自动触发信号——来自其他系统的信号触发,如:火灾等。

(2)人工触发信号——紧急疏散、乘客提醒、服务提示等由中心/车站管理员发布的信息。

4. 预制信息显示

即通过中心发布的预制的视频、动画、音频、图片、文字等信息。

PIS 系统信息显示功能如图 8-1 所示。

城轨 PIS 系统按其结构主要划分为五大部分:中心子系统、车站子系统、车载子系统、网络子系统以及广告制作子系统。位于地铁运营中心的 PIS 中心子系统,负责整个 PIS 的核心内容提供、节目播出、视频监控、运营信息查询及系统管理。中心子系统与各个车站通过有线网络实现节目、数据及图像的双向传输。车站子系统与列车之间通过专用车地无线网络实现节目、数据及图像的传输。

1. 中心子系统功能

PIS 中心子系统主要包括节目发布、视频监控和系统管理功能。中心子系统为

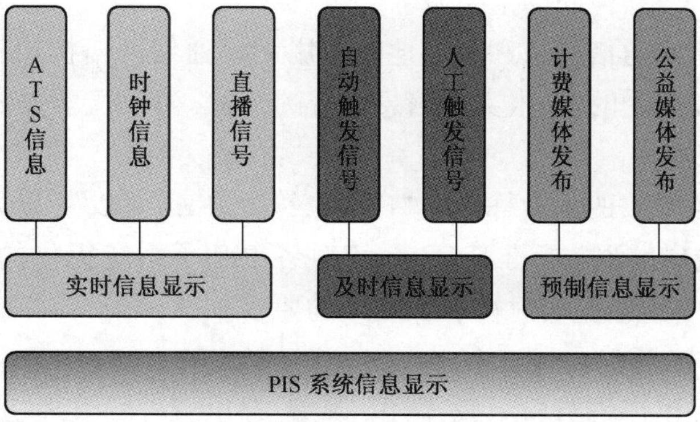

图 8-1　PIS 系统信息显示功能示意图

PIS 制作广告、提供电视节目和各种实时资讯，通过 PIS 网络向车站和列车发布这些内容，同时接收由车站和列车上传的监控信息，监控地铁运营状况。系统管理功能模块是 PIS 的管理平台，主要作用是负责 PIS 系统本身的维护管理，并提供和地铁其他系统的接口管理。

中心子系统通过中心发布平台，主要发布如下信息：管理地铁系统调度任务；发布列车运营及服务信息；发布乘客引导信息；发布一般站务信息；发布公共服务信息；发布商业广告信息；紧急情况下，发布灾难报警信息；自动生成调度业务报表、统计业务信息量。

2. 车站子系统功能

车站子系统主要有两大功能：车站节目播出和车站视频监控。

车站子系统通过有线传输网络接收并处理来自 PIS 中心系统的电视节目、实时资讯服务及运营服务信息、各种控制指令等，在权限范围内，可以修改播出信息，在本车站播出，同时通过无线网络向运营列车转发这些信息。接收并处理来自车载系统上传的监控及报警等信息，同时向 PIS 中心系统转发这些信息。在网络出现中断或节目出现异常时，车站子系统可以自动启动垫播模式，播出本地垫片。

3. 车载子系统功能

车载子系统主要有两大功能：车载节目播出和车载视频监控。

车载子系统通过 PIS 无线网络，接收由车站子系统转发的电视节目、实时资讯及运营管理信息、各种控制指令等，在车载 PDP/LCD/LED 显示屏上显示播放。通过车载监控系统采集保存各个车厢视频监控信息和设备监控信息，同时支持轮巡、自动筛选、任意指定等方式向车站和中心上传监控信息。在网络出现中断或节目出现异常时，车载子系统可以自动启动垫播模式，播出本地垫片。

4. 网络子系统功能

网络子系统简称 DCS，是 PIS 业务的专用数据承载平台，为传输列车运营服务信息、乘客引导信息、公共服务信息、商业信息等提供了透明的传输通道。完成控制中心与车站、车站与车站、车站与轨旁设备、车站与列车间数据、视频、语音等综合数据的双向传输,实现了车、地间的信息服务。

DCS由轨旁有线通信网络和车—地间专用无线通信网络构成,全面负责PIS各子系统之间发送和接受的IP报文等信息内容的传输,为乘客享受及时的信息服务提供了保障。

DCS系统按照开放的工业标准接口设计,符合IEEE 802.3(以太网)标准和IEEE 802.11系列(无线局域网)标准,DCS系统对各PIS子系统提供的是完全透明的传输,并且能够符合PIS系统实时性和吞吐量的要求。

5. 广告子系统功能

广告子系统提供广告节目上载、制作、串编、播出、存储、管理功能,形成一个完整的广告制作、播出系统。为地铁运营商提供一个很好的广告业务和增值服务平台,成为地铁运营的利润增长点。

三、网络拓扑结构

PIS系统从控制功能上分为4个层次:信息源、中心播出控制层、车站播出控制层以及车站播出设备。

随着无线通信技术的发展,专用车地双向实时通信系统可以使地铁列车在以百公里以上的速度高速行驶过程中依然能保持与地面的不间断实时通信,利用无线局域网技术,通过安装在列车上的车载无线通信设备与安装在轨旁的无线通信设备之间的无线通信,可以实现PIS中车地之间所需的数据、图像信息的传输。

PIS通过专用车地双向实时通信设备,使地铁车站和运营中心值班人员可以实时观察运行中列车乘客车厢、司机室内情况,司机能实时观察本列车乘客车厢内情况;运营中心向运行中列车发布及时信息,实时转播数字电视节目;运行中列车的紧急状态,如火灾报警、紧急开关车门,实时上传到运营中心和车辆段车场调度中心。

因此,当前PIS的应用将原有封闭的车辆空间变成了一个"信息娱乐中心",增加了乘客舒适感。同时由于车、地无线通信系统还有富余的带宽,PIS往往还与车辆监控系统相结合,将车辆内部图像实时上传到地铁运营中心和地铁公安系统,能及时发现车辆内的安全事故隐患并提前处理,确保列车行驶安全。

PIS的交互业务信息包括:紧急灾难信息、列车运营及服务信息、乘客引导信息、一般站务信息、公共服务信息、商业信息等。

在高速运行环境下进行信息的实时传输,而且为了给乘客提供高质量的信息服务,PIS要求列车在高速运行情况下,保证图像质量,不会出现马赛克、中断等现象,这就要求车地系统要有足够的带宽并且保证车地间信息的可靠传输。

地铁PIS网络系统由三层网络结构组成,即控制中心子系统、网络子系统(地铁802.11n的300 M无线接入网和站点网络系统)及车载子系统(列车1 000 M Ethernet LAN以及无线车载终端)。列车通过300 M无线接入轨道边AP,轨道边AP通过1 000 M Ethernet以太网接入车站交换机,车站交换机通过1 000 M Ethernet接入主干网络。

网络子系统结构如图 8-2 所示，网络拓扑图如图 8-3 所示。

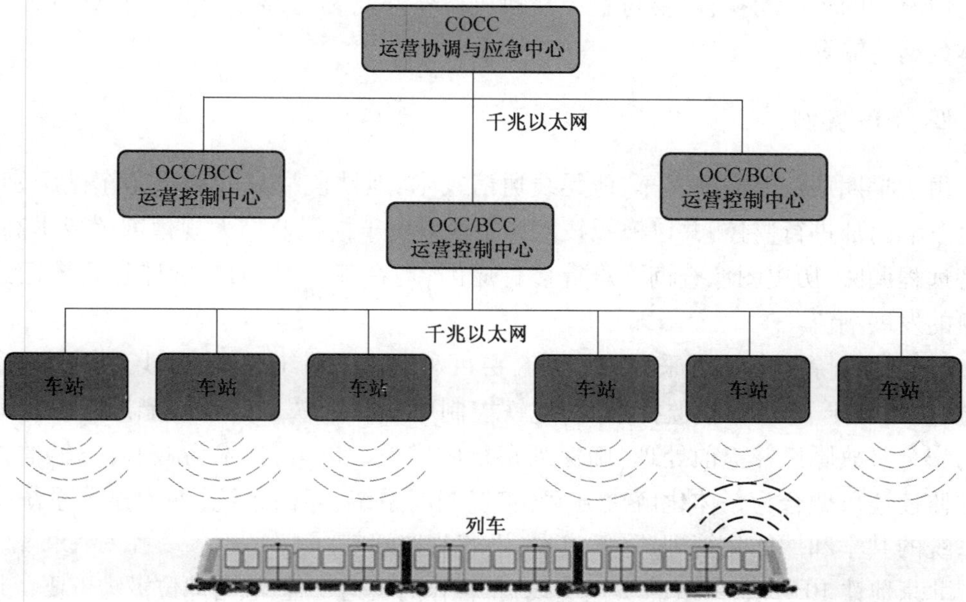

图 8-2　网络子系统结构

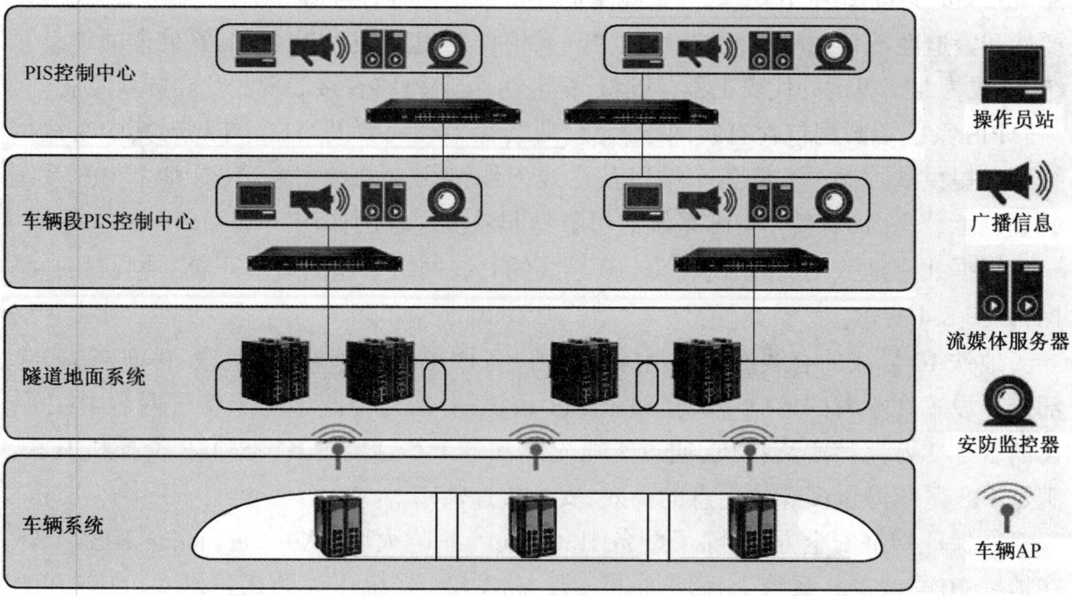

图 8-3　网络拓扑图

每个站台、轨道边沿线都铺设 2. 4 GHz 遵循 802. 11 标准的无线接入点（AP），通过铺设在轨道边内的以太网，接收从子系统控制中心发来的信号，列车终端依靠无线网络和以太网通信技术接收来自列车所到位置对应 AP 发送的即时信息，并实现视频信号的实时传输、播放。同时，由于无线信息传输的双向性，无线视频系统也可以将列车上的实时乘客信息、监控情况及时上传到车站控制室及子系统控制中心。

无线视频传输系统主要涉及轨道边沿线的无线接入点 AP 和天线的布放,高速移动情况下的无缝切换,以及与上级交换机设备互联和与媒体分发中心进行数字多媒体数据传输等。

四、PIS 实例

由于早期地铁建设缺乏车、地无线通信技术,地铁监控只能局限于车站级别,不能对车辆内部进行监控,并以模拟技术为主。但由于模拟监控大规模部署成本高,不支持远程调阅,历史图像查询困难等多种原因,现在基于 IP 的数字监控系统已经成为新的发展潮流。

新建地铁除了车站可采用 IP 监控,更可利用 PIS 系统车、地无线通信网的富裕带宽,构建基于 IP 的车辆监控系统,地铁控制中心和地铁公安系统能及时发现车辆内的安全事故隐患并提前处理,确保列车行驶安全。以 IP 技术为核心,车辆监控和车站监控还可融合为一体化解决方案,实现调度系统、存储系统、外置显示系统等多种系统的共享和一体化管理,降低成本,提高监控效率。

北京地铁 10 号线一期(含奥运支线)工程作为奥运工程,战略地位极为重要。它是北京轨道交通路网中一条由西北至东南的轨道交通半环线,工程线路总长为 30.462 km,共设车站 26 座,与 8 条线路进行换乘。它将直接服务奥运、服务公众,其重要性和紧迫性不言而喻。而 10 号线 PIS 系统作为直接服务奥运、服务乘客的信息系统,已成为北京奥运的代表工程,其运行稳定性、可靠性将直接展现在社会群众面前。

PIS 系统承载网包含有线网络、无线网络和车载局域网络三个部分,其中有线网络用于提供从控制中心到各车站以及沿线无线接入点的数据通道,是整个 PIS 系统的基础承载平台,对整个 PIS 系统的可靠性起着决定性的作用。

根据北京地铁 10 号线的特点,10 号线的有线网络采用高可靠三核心网状拓扑结构,如图 8-4 所示。

地铁 10 号线的有线网络包括控制中心、备用中心和车站(车辆段、停车场)三个部分。设置在小营的控制中心是整个 PIS 系统的核心,控制中心配备了两台 H3C 公司的 S9512 万兆核心交换机,通过千兆光纤和各个车站的 H3C S5648P 交换机互联,满足 PIS 系统海量多媒体信息的高效、安全传递需求。

在保证网络安全方面,除了配备 H3C SecPath 防火墙、H3C SecEngine IDS 以外,在地铁 10 号线 PIS 系统上还增加了一台 H3C IPS 系统作为防病毒网关。IPS 可对 2~7 层的网络流量做深度分析和检测,可有效检测并实时阻断隐藏在海量网络流量中的病毒、攻击与滥用行为。

为了保证整个 PIS 系统的高可靠性,小营控制中心和万柳备用中心的三台 S95 万兆交换机运行了 VRRP 协议,主控中心的一台核心交换机设置为 Active,处于工作状态,主控中心另一台核心交换机以及备份中心的核心交换机分别设置为“第一

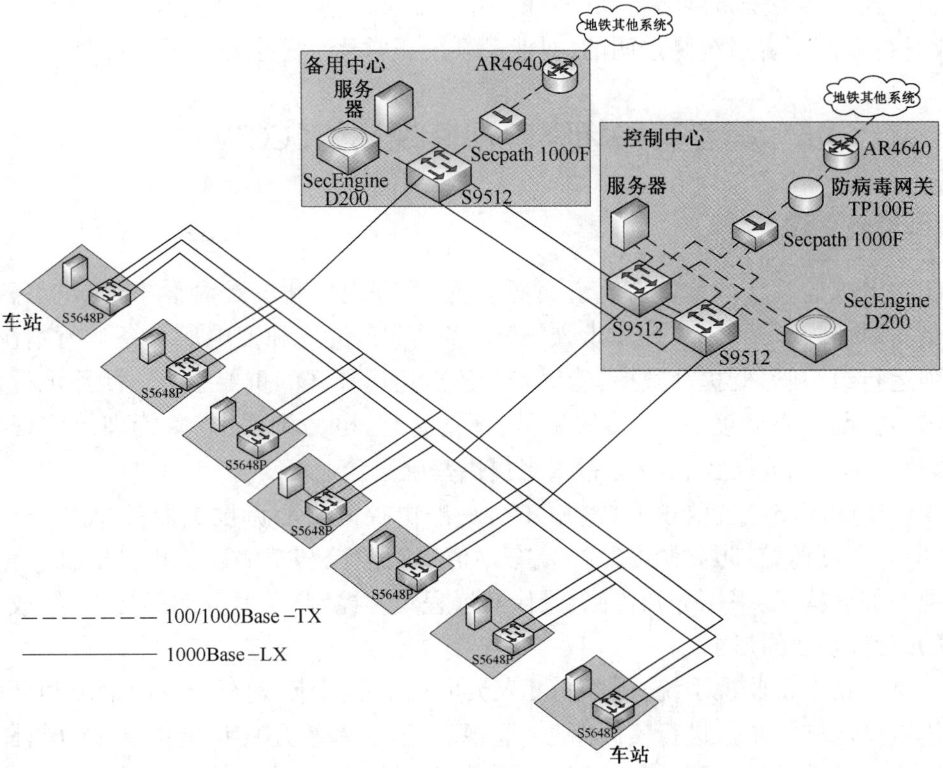

图 8-4　三核心网状拓扑结构

备份状态”和“第二备份状态”，当主核心交换机出故障时，优先由主控中心的“第一备份”接管任务，当主控中心两台核心交换机均出现故障，或者主控中心出现灾难性事故时，备用中心的“第二备份”将接管起整个系统的任务。控制结构如图 8-5 所示。

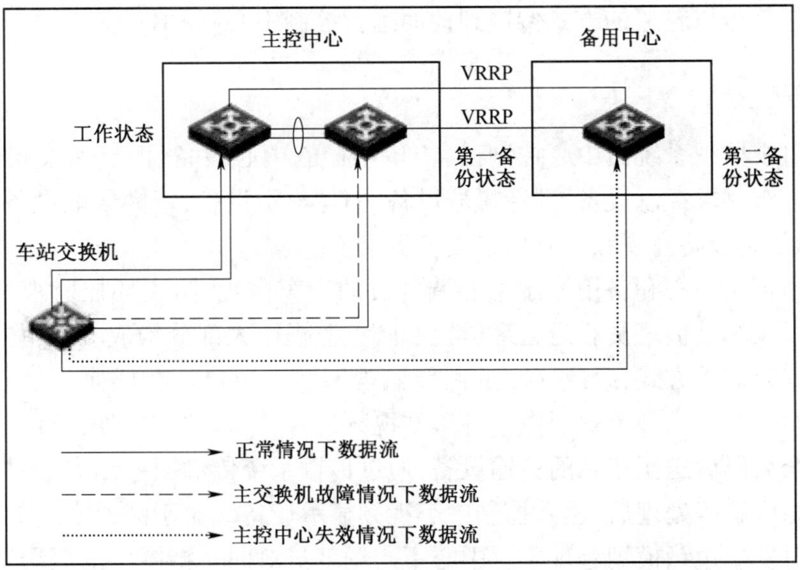

图 8-5　控制结构

由于此切换完全是网络自动进行的，并且非常迅速，不用改变 IP 地址和 MAC 地址，故对终端使用者系统是透明的，对业务系统正常运行不会造成任何影响。

第二节 闭路电视监视系统(CCTV)

一、概　述

闭路电视监视系统是城市轨道交通运营、管理现代化的配套设备，是供运营、管理人员实时监视车站客流、列车出入站、乘客上下车情况和变电所设备运行情况等，以加强运行组织管理，提高效率，确保安全正点运送乘客的重要手段。闭路电视监视系统满足控制中心调度员、车站值班员、设备管理、电力调度、应急管理等监视的需要，以及为车站治安防控、110 远程报警提供基础平台。

城轨中的闭路电视监视系统(CCTV)一般由控制中心调度员监控(含行车调度监控、电力调度监控、防灾调度监控)、车站值班员监控和车辆段值班员监视、公安治安监视四部分构成，采用分站控制、录像及远程集中控制、录像查询等方式，组成一个统一的闭路电视监控网络。

通过闭路电视监视系统，行车调度人员可对站台人流、列车开关门情况和站厅出入口等重要区域的图像进行实时观察、监视和控制，系统还应该能够智能分析图像、提取敏感事件并联动告警。各站图像除由本站行车值班员和警用人员监视外，还要传送到几十公里之外的控制中心，供地面运营控制中心(OCC)调度人员、派出所和分局警员监视，从而实现图像的远程监控。

车载 CCTV 系统在车辆网络的基础上，将各客室摄像头的信号采集后，采用一定的编码格式，记录在司机室内的视频服务器中，同时，经过车—地无线网络将客室内的视频图像信号以轮巡的方式传递到地面运营控制中心(OCC)。

二、系统组成

闭路电视监视系统由中心控制设备、备用控制中心设备、派出所设备、公交总队设备、车站/车辆段控制设备、图像摄取设备、图像显示设备、音频录取设备、图像存储设备、图像录制设备及视频信号传输设备等组成。

系统由控制中心和备用控制中心调度员的行车监视、防灾环控监视、AFC 监视、电力监视以及车站值班员客运管理监视和防灾监视两大部分构成。采用中心远程监控和车站本地监控方式，组成完整的两级监视网络。用户可在任何一个站点根据授权访问各站实时图像和历史图像。各车站视频信号，除本站监视外，还可通过视频数字编码器全编码后送至车站的传输设备，通过传输系统传输至控制中心，控制中心接收并进行相应解码处理后，送入控制中心视频显示设备。对于高速变化的图像，其画面质量不得发生边缘模糊等现象。中心不同调度员对同一幅图像的调用不可重复占用传输带宽。

闭路电视监视系统由专用视频监控及公安视频监控两部分组成,两套系统除视频控制终端、录像调用终端、监视器等监视设备分别设置外,其余设备安全共享。终端主要包括列车 CCTV、车站和车辆段三个部分,系统组成如图 8-6 所示。

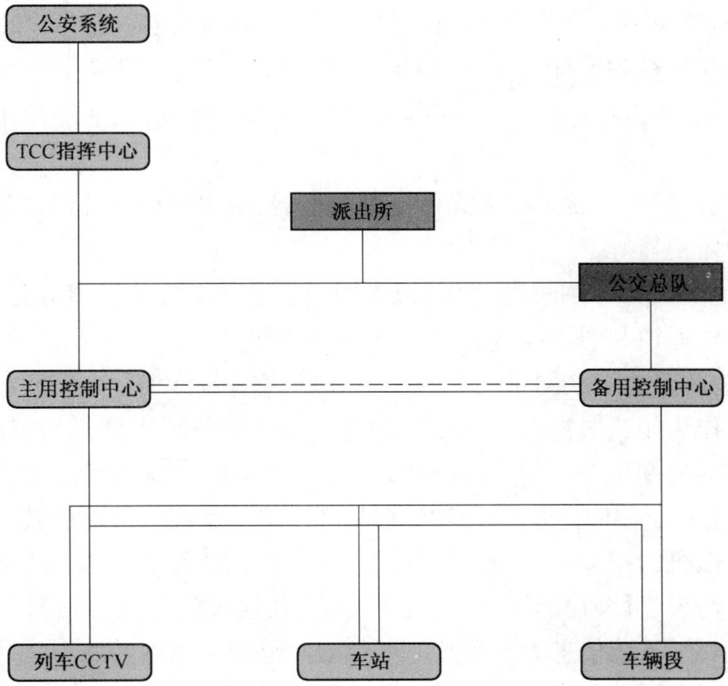

图 8-6 系统组成

1. 列车 CCTV

列车 CCTV 整个系统包含 3 个物理部分:车载部分、有线部分及车地无线部分。车载 CCTV 子系统完成数据源的采集、控制和存储,主要设备包含终端摄像头、司机室主机、司机室监控终端、客室分机(或交换机)、车载网络。

车—地无线网络及地面有限网络系统为 CCTV 视频信息上传到控制中心提供了基于传输控制网络通信协议的(TCP/IP)网络通道。主要包含的设备有控制中心的核心交换机、车站交换机、地面无线接入点和列车无线客户端等。为了与主系统大屏连接,还需要在地面控制中心安置中心服务器和接口服务器。

传统的车载 CCTV 系统采用标清模拟摄像头,可以提供标准清晰度的视频监控信息,随着高清技术的发展,高清摄像头提供了更加清晰的图像和更方便的调用方式。

车载 CCTV 子系统主要设备包含客室摄像头和分机、司机室主机和监控终端、车载网络,可完成数据源的采集、控制和储存。网络摄像头直接编码,通过客室交换机及车头、车尾的司机室交换机以组播的方式传递到各个节点,主要接收设备为车头、车尾的司机室主机及存储设备。司机室主机接收到摄像头数据后,根据司机选择或自动的方式输出数据到车头的监控触摸显示器,同时根据中心调度要求将数据转发给控制中心。

2. 车站本地监控

车站本地监控——含前端摄像机组件:包括摄像机、镜头、护罩、支架、云台等;信号处理系统:包括视频矩阵、矩阵控制键盘、画面处理器、字符叠加分配器、隔离地变压器、后置视频放大器、避雷器等;图像记录显示系统:包括数字硬盘录像机、专业视频监视器等。

中心远端监控——含远程多媒体控制服务器、录像管理服务器、多媒体控制客户端、专业视频监视器等。

传输通道——含 OTN 传输通道、以太网通道及线缆传输通道等三部分。远程视频、以太网传输通道和图像编解码由 OTN 设备提供。

车站作为闭路电视联网系统中的一个节点,它本身又作为一个独立的闭路电视系统,可完成作为闭路电视系统的所有功能,包括:对前端摄像机的控制(云台的上/下/左/右、镜头的变焦/聚焦/光圈控制)、切换、可编程切换、巡视、可编程巡视、预置位等功能。而作为系统中的一个节点,它又可以接受系统中其他设备对它的控制,包括:对前端摄像机的控制(云台的上/下/左/右、镜头的变焦/聚焦/光圈控制)、切换、可编程切换、巡视、可编程巡视、预置位等功能,及接收时间同步信号、电源控制信号和发送报警信号、系统信息等。车站的图像摄取范围为每站的站台、站厅、自动楼、扶梯及设有气灭装置的所有设备用房等,还应覆盖 AFC 的售票机和闸机、出入口、垂直电梯口及轿厢。车辆段的图像摄取范围为出入段线、平交道口及轨行区,停车列检库内、洗车库及重要公共区域、周界等。

三、CCTV 系统各部分介绍

1. 视频字符叠加分配器

从前端摄像机来的视频信号,经地环隔离变压器、视频后置均衡放大器后,输入车站控制中心,进入控制中心后首先接入视频字符叠加分配器,经叠加中文的字符(车站站名、摄像点名称)等信息后分配成 2 路,一路连接至矩阵输入单元,一路连接至数字硬盘录像机。本系统视频字符叠加分配器选用天津天地伟业科技有限公司的 TC-9316/16 路字元叠加器。

2. 报警接口单元

报警接口单元提供了 64 个报警输入接口,可以是闭路的/或开路的干接点信号,从 FAS 专业提供的报警信号接入报警接口单元后,视频矩阵可以逻辑的定义某一台或某几台摄像机图像输出至某一台监视器上,并且可以逻辑的定义某个球形摄像机旋转至某一个预先设定的位置,包括光圈、焦距、聚焦。并可联动数字硬盘录像机进行录像。

3. 码分配器

码分配器单元提供64个云台控制口,以接续云台,提供控制功能。设备供电,由本公司自己开发的电源控制箱供电,电源为单相AC 220 V。控制中心网管服务器可实现对各车站本系统设备自动、时序、定时开关机功能;控制中心客户端可设置自动电源控制开关的参数、人工开关机;在车站可人工开关机。

4. 数字硬盘录像机

数字硬盘录像机主要给系统提供自动、手动、报警存储备份功能及放像功能和报警联动功能。数字硬盘录像机的输入图像源为视频字符叠加分配器的其中一路输出。

四、闭路电视监控系统常见故障及原因

1. 监视器图像不良

(1)监视器的图像对比度太小,图像淡。这种现象如果不是控制主机及监视器本身的问题,就是传输距离过远或视频传输线衰减太大。在这种情况下,应加入线路放大和补偿的装置。

(2)图像清晰度不高、细节部分丢失、严重时会出现彩色信号丢失或色饱和度过小。这是由于图像信号的高频分量衰减过大,以3 MHz以上频率的信号基本丢失造成的。这种情况或因传输距离过远,而中间又无放大补偿装置;或因视频传输电缆分布电容过大;或因传输环节中在传输线的芯线与屏蔽线间出现了集中分布的等效电容造成的。

(3)色调失真。这是在远距离的视频基带传输方式下容易出现的故障现象。主要原因是由传输线引起的信号高频段相移过大而造成的。这种情况应加相位补偿器。

2. 监视器上出现木纹状的干扰

这种干扰的出现,轻微时不会淹没正常图像,而严重时图像就无法观看了(甚至破坏同步)。这种故障现象产生的原因较多也较复杂。大致有如下几种原因:

(1)视频传输线缆的质量不好引起的,特别是屏蔽性能差(屏蔽网不是质量很好的铜线网,或屏蔽网过稀而起不到屏蔽作用)。与此同时,这类视频线的线阻过大,因而造成信号产生较大衰减也是加重故障的原因。此外,这类视频线的特性阻抗不是75 Ω以及参数超出规定也是产生故障的原因之一。

由于产生上述干扰现象不一定就是视频线缆不良而引起的,因此这种故障原因在判断时要准确和慎重。只有当排除了其他可能后,才能从视频线不良的角度去考虑。若真是电缆质量问题,最好的办法当然是把所有的这种电缆全部换掉,换成符合要求的电缆,这是彻底解决问题的最好办法。

(2)由于供电系统的电源不"洁净"而引起的。这里所指的电源不"洁净",是指在正常的电源(50周的正弦波)上叠加有干扰信号。而这种电源上的干扰信号,多来

自本电网中使用晶闸管的设备。特别是大电流、高电压的晶闸管设备,对电网的污染非常严重,这就导致了同一电网中的电源不“洁净”。比如本电网中有大功率晶闸管调频调速装置、晶闸管整流装置、晶闸管交直流变换装置等,都会对电源产生污染。

这种情况的解决方法比较简单,只要对整个系统采用净化电源或在线 UPS 供电就基本上可以解决。

(3)系统附近有很强的干扰源。这可以通过调查和了解加以判断。如果属于这种原因,解决的办法是加强摄像机的屏蔽以及对视频电缆线的管道进行接地处理等。

3. 监视器上若干条间距相等的竖条干扰

这是由于传输线缆的特性阻抗不匹配引起的故障现象。这种现象的表现形式是在监视器的画面上产生若干条间距相等的竖条干扰,干扰信号的频率基本上是行频的整数倍。这是由于视频传输线的特性阻抗不是 75 Ω 而导致阻抗失配造成的。也可以说,产生这种干扰现象是由视频电缆的特性阻抗和分布参数都不符合要求综合引起的。一般可以用“始端串接电阻”或“终端并接电阻”的方法去解决。另外,值得注意的是,在视频传输距离很短时(一般为 150 m 以内),使用上述阻抗失配和分布参数过大的视频电缆不一定会出现上述的干扰现象。

五、CCTV 系统发展趋势

城市轨道交通作为最重要的公共区域,人群密集,CCTV 系统肩负运营公司的调度疏导、公安部门治安管理、查案乃至反恐的重要职责。现在,全国城轨 CCTV 系统均已陆续开始高清系统建设,建设模式成熟,后续系统建设将着重考虑以下需求:每座站部署的摄像机一般为 100~200 台,全线摄像机数量达数千台,存储的录像达数千 TB 到上万 TB。如此多的摄像机图像如何快速调看、如何在应急指挥工作人员间传递指挥信息、如何从海量视频中快速检索所需要的录像、如何形成人员在路网中的出行视频轨迹、如何识别乘客的身份信息?地铁 CCTV 应从以下几个方面进行考虑:

(1)基于城轨路网特点,构建路网、车站、站内的电子地图,基于电子地图实现图像的快速调用,如框选摄像机调用、线选摄像机调用、基于坐标信息的点击调用、网格化视频追踪等。

(2)即时、丰富的录像回放:即时回放当前时刻之前的摄像机录像,长时间录像的切片查找,同步回放某个场景的多路视频,帧预览查找目标录像位置而不影响录像正常回放。

(3)用户间通信:应急指挥时,向一个或者多个用户发送实时信息,信息中可以包含文字、图片、视频点位、录像、地理位置等信息,便于快速传递视频信息。

(4)视频智能分析:人群密度检测及人流计数为运营公司提供调度、疏导数据;人脸识别为公安提供管控人员的识别信息。

(5)目标特征信息提取:提取人员的挎包、拉杆箱、口罩、眼镜、性别、身高等特征信息,构建特征信息库并关联原始视频,从全线路的重要位置摄像机基于特征信息进行快速检索、排序，提高筛查效率。

(6)以图搜图：输入人员照片信息，从全线路的重要位置摄像机进行以图搜图比对检索。

(7)人员轨迹视频链：基于目标特征信息、以图搜图等技术，辅以人工确认，快速形成人员在路网中的轨迹视频链。

(8)物联网技术：如采用具有 WIFI 探测功能的摄像机，主动采集出行人员手机信息，识别人员身份。

第三节　列车广播系统

车载广播系统 PA 在列车正常运行的情况下，主要播放一些最基本、最重要的信息，如离站信息、报站信息、换乘信息和其他信息。当列车遇到紧急情况时，如恐怖袭击和发生火灾，乘客可以通过 PA 对司机发出紧急呼叫，司机能够通过 PA 对乘客进行疏散指导，以保障对紧急事故做出及时准确的处理。车载广播的这些功能都是列车乘客信息系统所必备的，它的作用是不可替代的。并且通过车载广播系统也使另外两个子系统得以更好地配合。通过 PA 和 PIDS 的通信，使得广播的内容与显示的内容相统一，司机也可以通过乘客报警信息将监控画面切换到报警所在的车厢，查看报警车厢的实时情况，实现声音画面的统一。

1. 乘客广播通信子系统(PA)

PA 提供以下四大类通信模式：司机对讲；司机对客室广播；司机与乘客紧急通信；运营控制中心(OCC)对乘客广播。

2. 乘客信息显示子系统(PIDS)

PIDS 通过安装在车厢内的 LED 动态电子地图、客室电视和安装在头车顶部的终点站显示器为乘客提供旅行信息。

3. 闭路电视监控系统(CCTV)

CCTV 是集实时图像、文字、声音、控制、报警于一体，充分利用丰富的网络资源，通过网络平台将各车厢现场画面进行统一管理、统一运用的综合监控系统。主要功能是通过摄像头，把客室内的图像信号传送到司机室的服务器中，并进行浏览、记录、设置等功能。

一、系统装备介绍

所有系统装备通过网络连接器挂接在控制通信总线上，利用通信网络交换多媒体信息流，与乘客信息系统周边设备一起完成系统全部功能。

1. 司机控制单元(DCP)

含话筒、扬声器，具有广播控制功能、广播监听及显示功能、司机对讲及显示功能等。司机通过控制单元上的控制键或触摸屏能够完成对列车线路的设置与更改。司机控制单元外观如图 8-7 所示。

2. 广播系统控制器(PCU)

是整个系统的控制核心,能够集中处理广播通信系统控制器内各个模块的各种信息,还能与列车广播及乘客信息系统的另一司机室和客室的其他设备进行通信和发布各种命令,包括列车自动广播、OCC 广播、自动语音广播与 LED 控制信息传输等功能。

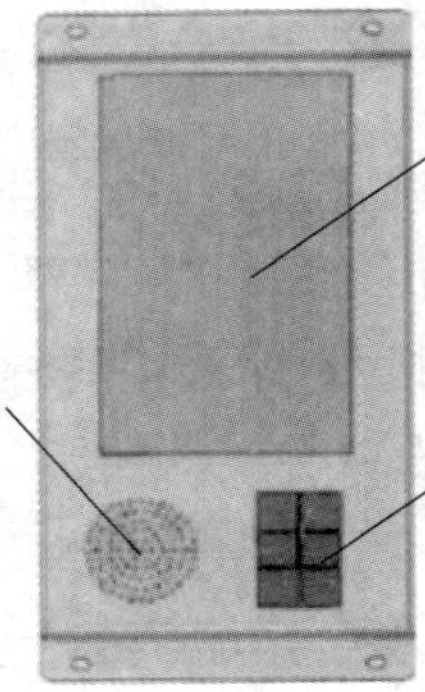

图 8-7 司机控制单元(DCP)外观

3. 司机室终点站 LED 显示器(ISD)

每个司机室设有 1 个可显示当前终点站的 LED 运行信息显示屏,也可进行列车种类(普通、试验、调试、回库等)的显示。

4. 司机室视频监视显示器(CMON)

用于完成列车视频监视系统所需的实时视频显示、控制操作等功能。

5. 摄像机

司机室摄像机(CAM1):采用焦距为 3.5 mm 的半球摄像机,清晰视野范围可达到 1~5 m,完全满足司机室监视要求。客室摄像机(CAM2):采用焦距为 12 mm 的半球摄像机,清晰视野范围可达到 10~20 m,完全满足客室监视要求。

6. 视频监视系统服务器(CSS)

将预留接口用于和列车监控系统装备互连,用以获取列车实时时钟等信息,同时将报警及状态信息发给列车监控系统进行处理。视频监视系统根据接收的报警信息(紧急报警、车门紧急解锁信息等),完成相应的报警处理,同时需要完成自动画面切换以及录像模式调整等功能。

7. 媒体系统车辆接口单元(VIU)

包括公共广播控制单元、视频解码单元、网络接口单元 3 个功能模块。

8. 监视系统车辆接口单元(CSC)

该设备将摄像机传回的视频信号进行编码后传送给视频监视系统服务器,监视系统车辆接口单元支持标准 MPEG4 编解码算法,以正常情况 8 帧/s、紧急报警时 25 帧/s 的实时速度处理两路视频数据。

9. 乘客紧急报警器(PAU)

每节车厢内提供两个按压式的客室紧急报警器,用于紧急情况下乘客向司机报警,一旦该按钮被触发,并被司机确认后,按钮旁的话筒就处于乘客与司机的双向通话的状态。

10. 扬声器

紧急报警扬声器(ESP):每节车厢安装 2 个紧急报警扬声器,用于紧急报警时的音频输出。紧急报警扬声器中带有噪声检验器件，在没有音频输出时可用于客室噪声的采集。

客室扬声器(MSP)：每节车厢安装6个客室扬声器，用于广播报站、列车广播及媒体信息的音频输出。

11. 客室LCD电视

播放高质量多媒体信息，具有音频功能，在列车广播的时候能自动变为无音状态。采用分屏方式，同时进行多媒体播放和乘客信息的显示，乘客信息显示至少包括中英文显示的到站名，下一站站名和列车换乘等信息。

12. 动态电子地图(FSM)

采用LED灯板，用于路线地图、开门侧实时显示。

13. 视频分配器(VGA)

将视频信号同时分配给相邻的4个LCD。

二、列车广播系统的发展现状

从国内已开通地铁的城市如南京、深圳的现状来看，大部分地铁列车车厢内所使用的广播系统都是基于模拟线路传输的，声音还是通过电信号来传输。模拟广播的传输过程大致是先通过麦克风将采集的声音信号转换成模拟电压信号，再通过音频线来将电压信号传送到扬声器，扬声器将模拟电压信号转换成声音播放出去。基于模拟电压信号传输的车载广播系统结构如图8-8所示。

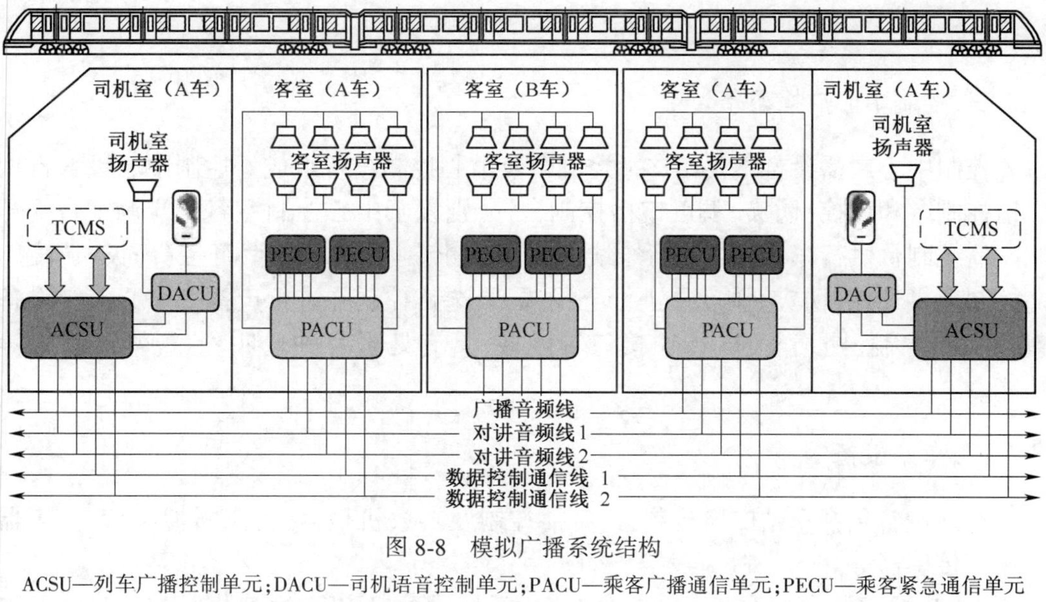

图8-8　模拟广播系统结构

ACSU—列车广播控制单元；DACU—司机语音控制单元；PACU—乘客广播通信单元；PECU—乘客紧急通信单元

由图8-8可以看出，为了提高广播系统的性能，由于模拟音频传输技术通常采用4根线来实现全双工通信，2根线实现单工通信。若要使得司机和乘客之间以及司机和司机之间的通话实现全双工，自动广播单工，并且在司机之间对话时可以进行系统自动广播，另外还有一些控制信号需要传输。总线需要至少 10 根线来传输语音音频信号和控制信号，其中包括 2 根广播音频总线，4 根对讲音频总线和 4 根数据通信控制总线。

地铁广播系统一般由控制中心广播设备、车站广播设备和传输通道组成，控制中心至车站音频广播信道与控制信道采用 PCM 话路共线传输。地铁广播系统结构如图 8-9 所示。

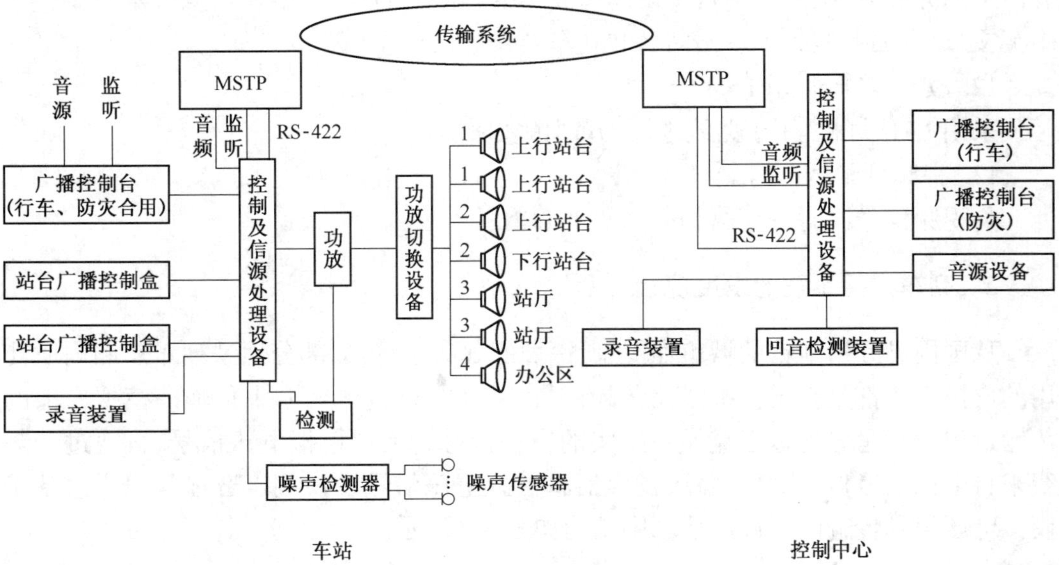

图 8-9 地铁广播系统结构

三、控制中心广播设备

控制中心广播设备主要由广播控制台及中心控制设备组成。控制中心设置行调广播控制台和环控(防灾)调度广播控制台，分别设于中心控制室各相应调度台。行调广播控制台供行车调度员进行全线选站、选路控制并进行广播，环控(防灾)调度广播控制台供环控(防灾)调度员进行全线选站、选路控制并进行广播。中心控制设备包括广播控制、网络管理、传输接口等设备，具有处理各种选叫、监视测试装置等功能。

四、车站设备

车站设备包括车站广播控制台、广播控制及功放机柜、站台广播控制盒、扬声器及噪声传感器等。

(1)广播控制台。设在车站综合控制室，为行车和防灾合设，供车站值班员对本站进行全站或选路广播。包括话筒、选路键盘、监听扬声器、音量控制器、语音合成器及其他音源设备等。

(2)广播控制及功放机柜。设在车站通信机械室，柜内设有功放机、负载切换装置、前级放大装置、传输设备接口、输出检测装置、站台音量反馈装置和检测单元。

(3)站台广播控制盒。设在客运服务员使用方便的站台位置,供站台工作人员对站台区域进行广播。

(4)扬声器及噪声传感器。扬声器应与车站广播分路的划分一致。

车站广播分路的划分:上行站台 2 路,下行站台 2 路,站厅及出入口 2 路,办公区域 1 路。站台和站厅采用吸顶式 5 W 扬声器,输出功率为 1~2 W,由 2 路功放输出间隔布置。一路故障时,另一路输出功率提高,以保证输出声场强度。室内采用墙挂式 2 W 扬声器,输出功率为 0.5~1 W。考虑防灾需要,车站两端办公区走廊吊顶布置吸顶式扬声器。选用 200 W 功放按 n : 1 备用方式运用,人工或自动倒换。

上行站台、下行站台、站厅及出入口等分区采用奇偶跨接法布置,噪声传感器布置在站台及站厅。

五、功能要求

地铁广播系统需要为控制中心行车调度员、车站值班员提供正常行车时列车到发车站、安全上下车、客流疏导、通告等客运信息;当车站发生灾情时,控制中心环控(防灾)调度员、车站值班员可选择相应车站、区域进行防灾广播。控制中心行车调度广播控制台、环控(防灾)调度广播控制台具有选区、选站和全播控制功能,中心控制主机要有对全系统监控、集中维护管理功能。车站值班员广播控制台要有选区和本站全播功能,并能监听站内各广播输出回路情况。因此,广播系统功能要求如下。

(1)能对控制权灵活设置多级优先级。

(2)控制中心列车调度员、环控(防灾)调度员通过各自的播音控制台可全线选站、选路进行广播,同时可根据需要选择监听任意车站的广播情况。

(3)车站值班员可通过车站播音控制台对本站某指定分路或全站广播,同时可根据需要选择监听本站各广播区的广播情况。

(4)站台客运服务人员可随时加入,向本站台进行语音广播。

(5)车站播音设备应有自动、手动 2 种播音方式。为提高列车到发时广播时间的实时性及准确性,提高自动化水平,避免人工操作,地铁广播系统应该设有列车到、发信号的引入接口,并配置相应的语音存储器。当车站收到上、下行 2 个方向的列车到、发信息时。系统可实时自动播出,并同时播放 2 段不同的语音信息。

(6)应具有任一信源经任一信道播向任一负载区广播的功能,并具有监听、检测、负载反馈显示、手/自动备机切换及故障告警功能。

(7)声场强度不论室内、室外均应大于环境噪声 10 dB。负荷区各点的声场均匀度及混响指标应保证广播声音清晰、稳定,并可根据环境噪声自动调整音量。

第九章　其他电器与装备

城市轨道交通具有准时、定点、快捷与其他交通方式无干扰等特点，成为人们出行的最佳选择，随着技术不断地发展进步，为了满足乘客出行及设备正常运转、营造一个安全良好的乘车环境、空调系统、采暖装置、通风系统和照明系统等都是城市轨道交通车辆必不可少的重要组成部分。

第一节　空 调 系 统

一、城市轨道交通车辆空调系统功能

城市轨道交通车辆乘客拥挤，必须设有通风装置。在地面高架或运行在较冷地区的车辆，应设有采暖电加热器。空调系统作为城市轨道交通中重要装备系统之一，担负着对城市轨道交通车辆内部空间的空气温度、湿度、空气流速、空气压力和空气品质进行控制的任务。列车正常运行时，为乘客和工作人员提供一个适宜的人工环境，满足其生理和心理要求；当列车阻塞在区间隧道时，向阻塞区间提供一定的通风量，保证列车空调等设备正常工作，维持车厢内乘客在短时间内能够接受的环境条件；当发生火灾事故时，提供迅速有效的排烟手段，为乘客和消防人员提供足够的新鲜空气，并形成一定的迎面风速，引导乘客安全迅速地撤离火灾现场；为各种设备提供必要的空气温度、湿度及洁净度等条件，保证其正常运转。

从系统功能上可以看出，以满足乘客出行为目的的城市轨道交通车辆需要空调系统为乘客和工作人员营造一个安全良好的内部空气环境，这是保证车辆运转必不可少的基础条件。

空调系统是随着技术不断进步而不断发展的，从最初完全采用自然通风到后来空调降温，目前城市轨道交通空调系统已经能够满足功能需求，技术比较成熟和可靠。

二、城市轨道交通车辆空调系统结构形式

城市轨道交通车辆空调系统主要由单元式空调机组、风道、送风格栅、司机室送风单元及控制装置等组成。一般来讲城市轨道交通车辆的空调系统是在车顶两端设置 2 台单元式空调机组，通过车顶风道及风口向车内送风。根据空调机组的出风方

式，一般可分为下出风和侧出风两种形式。

1. 出风方式

(1)下出风空调系统

根据车辆的总体布置，空调机组采用下出风方式，同时将回风口沿车长方向布置在车辆长度 1/4 处。以大连市 3 号线后续工程不锈钢车辆为例，其空调系统结构如图 9-1 所示。

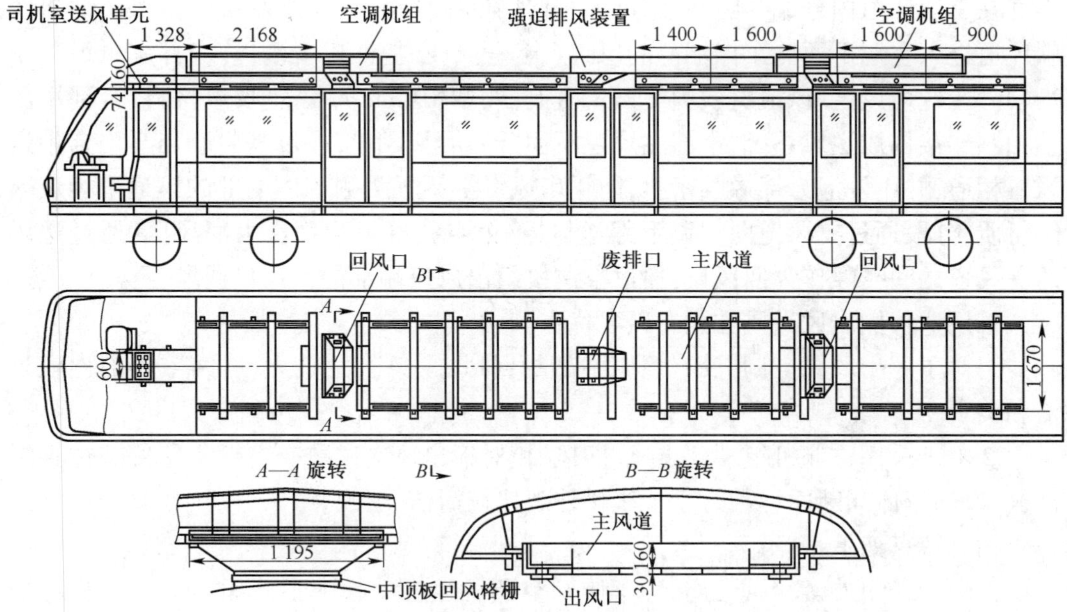

图 9-1　大连市 3 号线不锈钢车辆下出风空调系统布置

在车顶两端设 2 台单元式空调机组，每台机组有 6 个安装座，通过 6 个减振器固定在车顶凹处的平台上，并加设防护罩(侧罩板)以防灰尘和雨水。机组下面有出风口两处，回风口一处，其周围均设防风防雨密封胶条、胶垫与车体密封。风道系统送风经连接风道分为左、右两路，进入主风道。主风道采用均匀静压送风，以保证出风口送风的均匀性。空调机组送出的风进入车内主风道，并沿主风道在推进过程中进入静压箱，进行静压平衡调节，使沿车长方向的空气在静压箱中静压相等，并形成一定的静压值，空气通过静压箱上的开口将静压转换成一定的动压喷射出去。从相邻的空调机组主风道引支风管进入司机室送风机，经过风口调节后向司机室送风。主风道分前、中、后 3 部分贯通全车。主风道材质为 2 mm 铝板，外贴 10 mm 厚隔热吸声材料，通过法兰相互连接。空调机组下面两出风口之间为回风口。空调机组回风口通过回风道与车顶的回风口组成通路。采用这种下出风送风方式有以下优点：

①相对于侧出风空调的外露软风道连接，避免了外露软风道由于车体同空调机组振动频率不同而导致相对振动及早期破损、老化，导致连接处密封损坏出现漏雨等问题。

②送风分为 4 路，有利于降低风机压头，同时降低噪声。

③有利于向司机室内送风。

④风量分配更均匀，气流组织更合理，同时可以实现风道对称布置。

(2)侧出风空调系统

以大连市3号线不锈钢车辆为例，介绍其空调系统结构。

在车顶两端设2台单元式空调机组，每台机组靠6个安装座及6个减振器固定于车顶凹处的平台上。其两侧面均加防护罩板以遮尘土及雨水。机组端部为回风口和出风口。空调机组一端面有左、右两处出风口。送风经外露软风道进入三通风道，空气在三通风道内分成3路，一路进入车体中部主风道，另两路左右回转180°后再经软风道进入空调下两侧车体端部的风道(分一、二位左右共4组)。中部主风道采用均匀静压送风风道，风道材质为2 mm铝板，外贴10 mm厚隔热吸声材料，全部用法兰相互连接构成送风系统，中部主风道下面开有顺长风口，通过密封座与车内饰带送风口相通，并用发泡海绵橡胶密封，防止串风。空调下两侧车体端部的风道采用玻璃钢材质，分段通过支风道向空调下部送风，整个空调机组下部作为回风区，通过送风的支风道之间空隙作为回风口，通过空调机组出风口端部的回风口回风。

采用这种侧出风送风方式有以下优点：

①对于下出风式空调，没有顶棚中部的回风口，只有两条风栅，客室内部比较整洁和美观。

②由于采用空调机组端部出风、回风，相对下出风空调整个空调机组安装位置降低，可以同车体同断面，因此，整个车辆外观比较简洁、美观。

相对缺点如下：

①由于采用外露软风道连接，车体同空调机组振动频率不同而容易导致相对振动及早期破损、老化，导致连接处密封损坏出现漏雨等问题。

②中部主风道长，压头损失大，风量分配不均匀，气流组织不尽合理。

③空调机组下部通过两侧支风道送风，压头损失大，出风量不足。同时该部位又是回风区，通过送风的支风道之间空隙作为回风口，回风量不足，回风阻力大，相对噪声大，结构复杂。

(3)司机室空调

城轨车辆司机室内一般不设单独的空调机组，而设立一个单独的送风单元。该送风单元设有风量和风向可调的送风口，并且送风口可进行关闭，其内置的调速风机，可由司机根据实际需要进行手动控制。送风单元内置的调速风机通过单独的风道从相邻的空调送风道中吸入已处理的空气送入司机室，通过调节送风口大小来调节送风量，通过调节送风口方向来调节送风方向，回风通过司机室隔门上的百叶窗进入客室，实现回风。

2. 空调机组的制冷过程

单元空调机组包括主要全封闭压缩机、离心式通风机、蒸发器、轴流风机、冷凝器、干燥过滤器、压力控制器等，组成全封闭式制冷系统，装入壳体中。外壳呈箱体形，为适应日晒雨淋的恶劣气候环境，采用不锈钢铆焊成形，具有强度高、重量轻、耐腐蚀等性能。

空调机组制冷过程如图 9-2 所示，制冷剂 R134a 蒸气在压缩机内被压缩，成为高温、高压的气体，被分成两路经两侧风冷冷凝器的冷凝、冷却，通过冷凝风机吸入外界空气来强化对流，增强换热效率，且由控制压力开关来控制冷凝风机的运行台数，使经过冷凝器后的制冷剂成为常温、高压的液体，液体制冷剂进入储液筒、干燥过滤器、流量显示器后，再次被分成两路，每一路都先通过液体管路电磁阀到达热力膨胀阀，制冷剂在膨胀阀中被节流降压，变成低温、低压的气液混合状态，液体制冷剂在蒸发器管内吸收需冷却的空气热量，并由液态蒸发变成气态，气态的制冷剂被再次吸入到压缩机，重新被压缩，压缩机的不断工作和系统的往复循环，达到连续制冷的效果。

在制冷状况下，通过蒸发器的空气在蒸发器外被冷却，空气中的水分冷凝成水珠，通过机组上设的排水孔排到车顶上，最终通过设在车顶两侧的排水道排到车下。

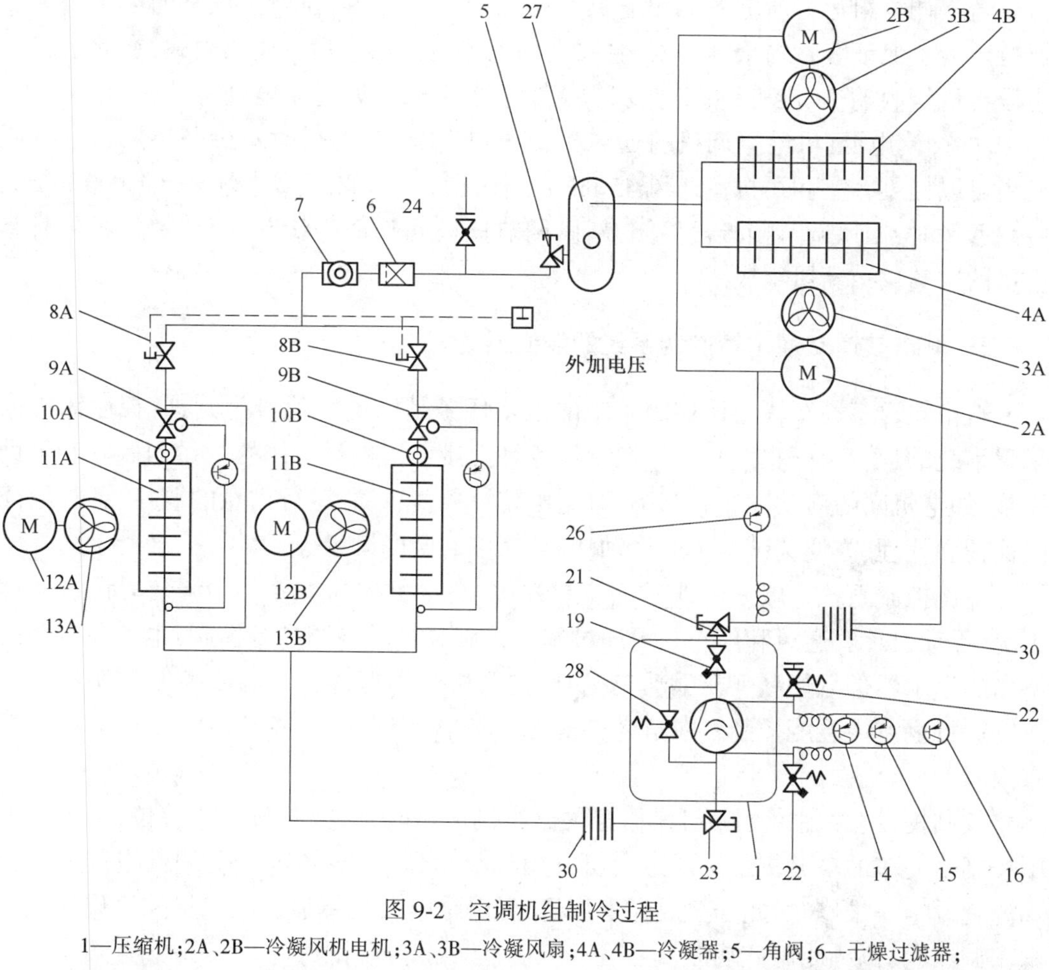

图 9-2　空调机组制冷过程

1—压缩机；2A、2B—冷凝风机电机；3A、3B—冷凝风扇；4A、4B—冷凝器；5—角阀；6—干燥过滤器；7—流量/湿度显示；8A、8B—液体管路电磁阀；9A、9B—热力膨胀阀；10A、10B—分配器；11A、11B—蒸发器；12A、12B—通风机风扇；13A、13B—通风机电机；14—高压压力开关；15—手动复位高压压力开关；16—低压压力开关；19—压缩机内止回阀；21—压缩机排气端截止阀；22—压缩机针阀；23—压缩机吸气端截止阀；24—充注阀；26—控制压力开关；27—制冷剂储液筒；28—压缩机内平衡阀；30—减振管空调系统采用的是上送侧回式送风方式，车外的新风通过新风口的挡水百叶窗和金属过滤网被吸入，并与部分来自客室的回风混合后被过滤，空气被过滤后进入蒸发器，空气经过蒸发器后被降温、去湿，被送风机送到风道内，然后沿车上的送风道、送风口到客室，客室内的一部分空气从座椅下方及车内墙板的后面导向车顶排出车外，另一部分通过回风道成为回风，成为循环空气。

在蒸发器被冷却、除湿了的空气通过机组的两台离心通风机吸入后，被输送到客室的送风道中，并通过风道均匀的被分配到整个车厢中。通过司机室的连接风道，与司机室相邻的空调机组将部分已处理的空气直接送到司机室，司机室内配有的独立风机可用来调节风量大小，通过顶部的旋钮来调节风量，风量调节范围设有三级，送风方向通过可调叶片调节。

3. 紧急通风

若空调机组运行所需的三相电源失效，制冷系统则不再运行，正常通风系统无法保持。为了保证客室内乘客的安全性，空调系统运行转为紧急通风模式，在此情况下由设在机组内的 DC/AC 静态逆变器将蓄电池的 110 V 直流电逆变为三相 100 V，38 Hz的交流电源，供给空调机组通风机，新风量比正常通风时减少一半。通过空调机组可以提供客室和司机室通风 45 min，且保证每节车的总风量不少于 4 000 m^3/h。应急通风时，回风调节挡板被关闭，新风调节挡板处于全开状态，即在紧急通风时客室里的空气仅由新风组成。

三、城市轨道交通车辆空调系统的控制系统

轨市轨道交通车辆空调控制系统的主要任务是以温度信号为判据，控制制冷或采暖系统的运行及停止。其余的控制任务是为让空调顺利工作的一系列保障和辅助措施，如电机间的启动顺序和互锁、避免压缩机频繁启动、运行信息的监控、各种故障的保护和处理、方便调试使用的手动功能、简单的温度设定等。

空调控制系统一般采用计算机控制方式，支持集控和本控。空调装置设有 4 种工况：手动、自动、通风和停止。可通过本车控制装置对空调进行控制，也可通过司机室内的显示器进行控制。在手动工况时，空调机组根据各自的温度控制器所设定的温度进行客室内温度控制。在自动工况时，空调机组根据外界环境温度自动调节客室内温度。

控制柜设有“集控/本控”操作开关。车辆运行时，此开关放在集控位，由司机集中控制全列车的空调机组。通过司机室内的显示器，可对各车厢空调机组进行控制和温度设定。维修时，此开关放在本控位，可由维修人员单独控制。集控出现故障或本车调试时，也可使用此功能。

当空调系统处于自动状态时，可根据外界环境温度自动调节客室内温度。计算机系统中的温度控制模块采集空调机组的回风温度和新风温度信号，经过 CPU 的计算处理，控制空调机组工作在不同模式，调节车厢温度在目标温度范围内。无论在任

何工况下，空调机组的通风机都保持运行，空调机组以当前温度设定方式计算的设定值为目标温度，根据制冷量和制热量的需求工作在相应的工作模式。

通风：仅两个送风机运行；

半冷：两个送风机运转，两个冷凝风机运转，空调机组的一个压缩机运转；

全冷：两个送风机运转，两个冷凝风机运转，空调机组的两个压缩机运转；

制热：两个送风机运转，两个冷凝风机运转，空调机组的一个压缩机运转。

当模式选择开关处于自动挡位时，若控制盘检测到主回路电源故障，控制器断开所有吸合的接触器，机组停止运行；延时 10 s，控制盘向紧急通风逆变器发送紧急通风信号，接触器 EMFK 吸合，送风机由紧急通风逆变器供电工作；当主回路电源恢复，控制盘取消紧急通风信号，接触器 EMFK 断开；主电路电源恢复后延时 5 s，机组进入正常运行状态；若主回路电源一直未恢复，则紧急通风状态一直持续，直到电源恢复正常后机组重新运行。

当接收到网络的“关闭新风”命令时，机组关闭新风阀，机组按原状态运行。

当新风温度高于 45 ℃时，机组卸载运行，如果当前机组运行在全冷模式，则压缩机减半运行，机组运行在高温卸载模式；当新风温度高于 50 ℃时，冷凝风机和压缩机全部停止工作，机组工作在通风模式。

当空调模式开关处在自动下时，空调机组控制器收到减载信号时，若当前机组工作在全冷模式则压缩机减半运行，若当前机组工作在其他模式则保持当前模式不变。

ACCU(空调机组控制器)通过 MVB 列车总线与 CCU(列车计算机单元)进行通信：进行交换信息和指令，将每节车空调机组的运行状态、温度通过车辆总线传递给列车中央控制单元，并在显示屏显示。

用户可通过 USB 口连接 PTU 软件：通过 ACCU 对单个机组可进行工况监控、系统联调，用户从 PTU 上可知当前机组运行状况、故障信息等，还可通过 PTU 下载历史故障，并以 EXEL 表格的形式保存。

故障处理：当 ACCU 检测到任何一个故障时，ACCU 将故障列入历史故障存入内部 FLASH 区域，用户可通过 PTU 故障下载界面下载历史故障信息；机组出现的任何锁死故障，ACCU 都将通过 MVB 列车总线上报给 CCU，通过显示屏显示以方便列车人员维护。

故障清除：机组部件除了自检自行恢复的故障外，对于锁死的故障，用户可将模式开关处于“停机”位，ACCU 将消除当前锁死的故障，或将控制盘控制电源重新上电，ACCU 也可以清除当前锁死的故障。

过载保护：控制系统对空调的送风机、冷凝风机、压缩机进行了过载保护。

系统还能对压缩机高低压故障、主回路过欠压故障、MVB 网络故障、紧急通风故障、温度传感器故障、接触器故障等进行相应的处理。

每个车厢配置一个空调控制柜，用于控制一节车厢内的两台空调机组。空调控制系统包括安装于控制柜内的 ACCU、断路器、接触器、过载保护元件等；通过 ACCU

接收选择开关的固定工作模式或接收到 MVB 给予的工况,结合传感器的温度检测,控制各电气部件的动作从而自动实现状态切换功能,使乘客有个舒适的乘车环境。

每个空调机组在送风口和新风口处设置 NTC 型温度传感器检测送风温度和新风温度,在室内温度传感器上检测取值作为客室温度。将客室温度与 ACCU 内部设定的温度比较后,自动进行通风、预冷、半冷、全冷、预热、制热等工作状态切换。

机组工作模式设定可以通过 HMI 和本车控制盘的模式转换开关来设定。控制盘上模式选择开关分为:测试 1、测试 2、停机、自动四个挡位(将测试 1 和测试 2 统称为测试),调节空调机组工作在不同的工作模式,具体见表 9-1。

表 9-1　空调机组工作模式

工况/触点	1	2	3	4
测试 2	1	0	0	1
测试 1	0	1	0	0
停机	0	0	0	1
自动	0	0	1	0

当模式选择开关处于测试 1、测试 2 挡位时,系统处于测试模式;此模式下,机组执行全冷工况,运行时间为 15 min 后停机,测试 1、测试 2 分别用以对 1 号空调机组、2 号空调机组的主要设备部件进行测试。

当模式选择开关处于停机挡位时,机组停止运行。

当模式选择开关处于自动挡位时,当 ACCU 接收到“自动调节温度”信号时,空调控制系统根据规定的设定温度、室内温度及室外温度,确定制冷和制暖需求,控制空调机组工作在通风、制冷、制热和紧急通风等各工作模式。

四、城市轨道交通车辆空调特点及要求

1. 免维护程度高

安装于车辆上的空调机并不能像地面制冷机组那样,可以给检修、维护人员一个易于检视的环境和空间。根据干线铁路车辆空调的使用经验,在条件允许的情况下空调制冷系统尽量使用单元式、全封闭式制冷循环系统,并提高免维护的元件使用率,尽可能不采用分体式空调机。以下是全封闭制冷循环系统的优点特性。

(1)出厂前所有制冷系统部件均焊接,故系统密封性好。

(2)出厂前充入定量制冷剂因在性能试验后发货,无泄漏,所以性能与质量稳定,可靠性高。

(3)由于可省掉储液器、管路接头,以及免充入过多的制冷剂,故重量轻。

(4)因为系统无泄漏,故制冷系统的维修周期长。

(5)因为管路元件少,系统不泄漏,故制冷系统维护工作量少,适合车辆使用。

2. 自动化程度

城轨车辆与铁路车辆运行情况及车辆配置人员不同。通常在城轨车辆运行当中

不配车辆设备巡检员。这就要求城轨车辆空调系统有较高的自动运行能力，能够在出现问题时自动处理，对非故障问题有自我保护及自我恢复能力；同时，对故障能够自我诊断及自动存储，以便车辆进站后，能够及时修复。

3. 小型轻量化

小型轻量化是城轨车辆空调系统的显著特点。由于城轨车辆一般比铁路车辆小，高度低，运载量大，而空调机通常置于车顶部，这样空调机体积重量受到一定限制。所以小型、轻量化是空调机要考虑的一个现实条件。近年来，很多空调成产厂家都连续采用一系列新技术来缩小空调机体积，如：采用卧式蜗旋式压缩机；换热器采用内螺纹管，增强换热效果，减少换热器体积；采用带亲水膜轻质铝翅片，降低换热器质量；引进高效进口风机等，在保证流量、噪声等要求下降低了体积及重量。北京地铁第一台拥有我国自主知识产权的国产化地铁空调机组充分采用了以上新技术。

4. 可靠性高

首先，车辆空调机组的耐振性能要好。车辆在运用过程中会产生较大振动，因此车辆空调系统要具备耐振性能。TB/T 1804—2009 对车辆空调设备做了抗振要求及试验标准。这个标准对运行条件好于铁路车辆的城轨车辆空调系统来说，应该是完全适用的。

其次，耐腐蚀性好。现在城市的污染程度较大，尤其是沿海城市的盐雾影响，对暴露在大气当中的空调机的电机、换热器壳体的耐腐蚀要求较高，因此空调机组在设计、制造当中要充分考虑到这点。如采用防护等级较高的电机，并在电机外部配合处增加电机防护技术措施，在换热器上采用耐酸、碱、盐雾腐蚀的覆膜铝翅片，并采用不锈钢板材制造空调机壳体，可有效防止腐蚀发生，延长空调机使用寿命。

此外，根据车辆运行特点，空调机组制冷系统尽量采用多系统，避免使用单系统的空调机组。因为如采用单系统，当制冷系统出现问题时，整个空调机组就不能为车辆制冷。而多系统的空调机组，当某一个系统出现故障时，另外的系统还可以工作，为车辆提供一定的制冷作用。以下是采用多系统的优点：

(1) 制冷系统故障对双系统或多系统的影响小。

(2) 双系统或多系统的空调机能使车内达到较稳定的温度。

(3) 由于双系统或多系统的空调机压缩机交替运行，压缩机磨损寿命长。

(4) 由于双系统或多系统的空调机压缩机分步启动，启动电流冲击小。

五、城市轨道交通车辆空调供电特性

现代城市轨道交通车辆全部采用 VVVF 逆变器控制的交流传动系统，辅助供电系统采用静止逆变器（SIV）。一般情况下每列车设置有两组静止逆变器（SIV）及两组蓄电池组。静止逆变器（SIV）将接收到的直流 1 500 V 或 750 V 高压电变换成三相 380 V/50 Hz 交流电、110 V 直流电及 24 V 直流电，作为客室照明、空调系统及各系统控制设备电源，同时可向蓄电池组充电，并满足不同负载的供电需求。

城轨车辆的空调装置及其压缩机、冷凝器风机、蒸发器风机一般采用 SIV 提供的三相 380 V/50 Hz 交流电工作，控制系统采用 110 V 直流电。

六、城市车辆空调发展趋势

1. 变频空调机节约能源

变频空调机的主要特点是高频降温、低频连续运转维持恒温、温度波动小。变频空调机的节电正是由于低速连续小功率运转时具有高能效比，且减少了多次开关造成的开关损耗，从而达到节能降耗作用。空调机压缩式制冷循环的原理在几十年来未发生变化的情况下，空调机的节能分为 3 类：第一类是节能元件的选用，例如采用高效压缩机，采用高效的直流风机电机，直流风机电机效率提高了近 1 倍；第二类是提高换热效率，例如采用浸水膜的铝箔，由于水不易形成水珠堵塞风道而提高效率，采用带内螺纹铜管提高效率等；第三类是运行节能控制，即变频节能。实践证明，变频空调机可实现运行节能 30% 以上。

2. 变频空调的低温供暖能力

变频空调机可利用其高速旋转的特点，额外补充一部分电功率，而使供风温度提高，实现供暖，变频空调机可使使用环境温度扩展到-10 ℃。

3. 变频空调机的舒适度

变频空调机实现了低频运转维持温度，相比普通空调机的开关维持温度，其温度波动大大减少，同时又利用了变频空调机的高速运转提升能力，实现迅速调温。

第二节　电　　暖

地铁车辆大多数的客室都是在座席底下装蒸汽或电气加热器。这种加热器依靠自然对流在整个车内散布热量。除了安装一般蒸汽和电气采暖设备的车辆外，客室内的空调系统也具有制热作用，在冬季气温比较低的时候，提高客室内的温度，保证乘客乘坐地铁的舒适性。

电热采暖装置与空气调节装置实行正连锁，分强、弱两挡采暖。当空气调节装置冬季取暖不足时，在客车内部采用电加热器加热来补偿车体的热损耗，使车内保持在标准规定的温度。电加热器是通过电热元件将电能转化为热能，然后通过热辐射和车内空气自然流通将热能传播出去。

随着经济的不断发展，人民生活水平的不断提高，对车内舒适度提出了更高的要求。对客车的舒适度而言，车辆的振动、照明、客室内夏季制冷和冬季采暖效果等均是影响因素。客车通风也提出了很高的要求。改革开放以来，我国空调客车发展迅速。起初，人们主要重视空调机组的质量和空调效果，只满足于空调机组能正常工作，客室内能够升温和降温。现在，随着上述问题的逐步解决，人们开始重视车内舒适性。

一、地铁车辆采暖系统的简述

1. 地铁车辆采暖装置

地铁客车采暖装置是当冬季车外温度较低时,为使车内达到标准规定的温度值以保证旅客舒适度而设计的一种加热装置。采暖有多种形式,包括温水采暖、空调采暖和电采暖等。温水采暖主要用于早期22型客车及25B型客车中,其工作原理为由锅炉(燃煤或燃油)将水加热,然后通过被加热的水经由散热器与冷空气交换达到采暖的目的,此种采暖方式结构较为复杂,安装困难。而后随着铁路客车向电气化方向发展,在25G型客车中温水采暖方式逐渐取消,而被空调采暖和电采暖装置所替代。随着25型系列产品的研制生产和投入运用,客车空调装置也在不断地发生着变化,但其发展速度远远不及民用空调的发展,很多新技术的运用较为滞后,而控制的标准基本上仅以满足温度调节为目的,对于风速、风量控制、新风量的控制至今未能提到一个较高的高度。

2. 自动控制系统

空调暖通系统的计算机控制分为三种类型即单片机控制、分布式中央控制、智能控制。单片计算机控制器自20世纪70年代末出现以来,性能不断提高,价格持续下降,应用日益广泛。目前,空调、电冰箱、洗衣机等家电产品中已广泛应用了这类单片计算机构成的控制器。单片计算机控制器由三部分组成:单片计算机本身、传感器与执行器、用户接口。单片计算机是控制器的核心部分,具有多路开关量和模拟量输入、输出通道与外电路相连,以实现测量控制管理的目的,它内部有数据和程序存储器,可以通过软件实现各种分析计算功能。

利用计算机的数字通信技术,从20世纪80年代开始,暖通空调领域就逐渐开始使用由多个计算机控制器和数字通信网构成的分布式计算机监测控制系统。分布式系统的结构设计、任务分解、通信方式等成为计算机控制系统设计中的主要内容。分布式控制系统的通信网与高速信息通信网搭接,使控制系统所涉及的暖通空调及建筑管理信息成为高速信息网所管理的信息的一部分,按照同样的方式来传递和管理这些信息,已成为目前的发展趋势。

3. 测量方式的改进

20世纪80年代以前,新风量的测定大部分采用风速传感器来进行,如采用超声波涡旋法、叶轮转子法、皮托管法、半导体法等。采用风速传感器来进行测量的方法为直接测量法,通过对新风风速或动压进行测量而得到风量,这在理论上是最简单的办法,但在实际运用中存在很大困难,有时甚至无法做到,一方面是因为新风管道的风速往往比较低,对应的动压也很低,且新风温度不断波动,使用速度传感器或皮托管无法准确测量新风,另一方面,在很多情况下,很难找到满足测量条件的平直管段,因而造成新风量的测量困难。从20世纪80年代开始,美国以室内空气中二氧化碳的浓度作为新风量调节对象,它与用风速测量方法相比有着不可比拟的优点。

二、采暖的基本要求

从这两种主要的采暖系统上可以看出,关于铁路客车的采暖和通风问题,由于装配和设备的不同,在满足要求的程度上也有很大差别,为了从技术和经济上得到合理的解决,必须考虑一些应该实现的基本条件,这些条件是:

(1)客室内人均新风量不应少于 10 m^3/h,系统运转时,客室内气流速度应大于 0.07 m/s。系统测试时规定的客室内风速测点在 24~28 ℃时最大气流速度小于或等于 0.9 m/s。

(2)当环境温度为 33 ℃时,车辆空调的制冷能力应能保证定员条件下车内温度不高于(28±1) ℃,相对湿度不超过 65%。根据不同地域的气候条件也可由用户与制造商协商确定。

(3)采暖装置应使司机室温度不低于 14 ℃,客室内达到的温度可由用户与制造商根据当地气候条件协商确定。

(4)客室内平均温度的变化允许偏离车内温度设定值的最大偏差为±2 K。系统的测试中规定的客室内温度测点,同一水平面或同一铅垂面上任意两点间的温度差不应大于 8 K。

(5)系统的设计应能保证整个客室内空气的均匀分配,保证出风口送风的均匀性。气流组织合理,不应出现送风和回风短路。在风道和客室区域内不应产生冷凝水。

(6)进入客室的新风应经过滤,客室排气最应保证新风量满足要求,并应使室内维持适当气压。

三、电加热器

1. 电加热器形式

按加热元件可分为管式电加热器和板式电加热器。按结构形式可分为独立单元式电加热器和嵌入式电加热器。

独立单元式电加热器可分别独立安装在所需部位,其结构简单,布置灵活,安装维修方便且成本较低,但与嵌入式相比所占用车内空间较多,容易给旅客的乘坐或活动带来影响。单元式电加热器的长短尺寸是根据需要来设定的,但为了避免规格太多,不便使用和管理,进行了规范。

嵌入式电加热器呈带状整体嵌入侧墙中,占用车内空间位置较小,较为美观,但由于该种电加热器部分嵌入侧墙内,故散热较差,且成本较高。嵌入式电加热器其底板和面罩均为型材结构,其断面结构有三种,其中,第三种电加热器外形尺寸相对于第一种和第二种较低,故一般用于卧铺下面,可保证足够的安装空间和散热空间;同时,第二种和第三种电加热器外形尺寸相对于第一种较宽,故在制作时有相对较大的空间可增加为两层电热板来增大功率,多用于高寒车。

2. 电加热器布置的基本要求

电加热器布置须考虑气流畅通,保证热量能顺利散发出来。同时,电加热器布置时须考虑装拆方便及电热元件更换方便,特别是面罩装拆方便。按照《铁道客车及动车组电取暖器》(TB/T 2704—2016)的要求:安装在竖直墙板或支架上的单元式自然通风电取暖器,上、下、左、右端距其他障碍物的距离不应小于 40 mm;嵌入竖直墙板内的带状整体式自然通风电取暖器,下端进气孔距地板面的距离不应小于 20 mm,上端距障碍物的距离不应小于 40 mm;电取暖器进出风口应有防止异物进入的措施。其次,电热器的布置应在保证加热功车的基础上尽量少占用车内空间且不影响旅客正常通行,因此通常电热器布置与茶桌下。此外,电加热器布置须考虑电气系统的三相平衡。电加热器设计时其电加热器的数量应是 3 的倍数。

一般情况下,在进行电加热器布置时,首先考虑尽量选用同一型号电加热器。通常,若采用单元式电加热器时,应首选外形为细长形的电加热器,这样可以将其安装在卧铺或座椅下面来保证足够的加热量。反之,若选用电加热器外形尺寸较高,由于卧铺或座椅下底面距地板距离较小,则导致电加热器无法安装,更无法保证电加热器安装后距四周障碍物的距离。若采用嵌入式电加热器时,可选用加厚型电加热器以保证足够的加热量。

3. 电加热器结构及材料

电加热器面罩采用不锈钢或表面处理的铝合金等高强度耐腐蚀的材料制造。面罩表面应平整、光滑、散热孔排列均匀,无明显伤痕,铝制面罩应进行阳极氧化或喷塑,表面光洁,涂层牢固。电加热器内部底板或底板与墙板接触部应垫有隔热材料。电热板的散热片应采用带散热翅片、导热良好的铝型材制造,并做发黑处理;电热管外壳及散热片采用不锈钢制作,散热片和电热管表面不应有气孔、砂眼等缺陷,并应保证足够强度,在车辆振动、冲击情况下不折断、损坏、漏电。

4. 电加热器电气控制

电加热器分全暖和半暖控制,分为两个控制单元,每个控制单元应形成一个完整的电器回路,这样可实现对单个单元的单独控制,通常一个电加热器有两块电热板,也就是说在进线时应接进四根线,外接一根接地线。

电取暖器在热态或湿热条件下,在额定工作电压、额定率下,泄漏电流不应大于 0.5 mA/kW。电加热器供电回路应加装超温保护器,在电热板温度达 210~250 ℃时,保护器熔断并不可恢复。电加热器的接线盒内应设有接地螺栓,该螺栓与电加热器底板紧密连接,接触电阻不大于 0.1 Ω。

第三节　通风系统

城轨车辆载客量大,人员众多,在客室内,由于人的呼吸车内氧气减少,二氧化碳含量增加。车内过多的二氧化碳会使旅客感到气闷、疲劳,当增加到一定浓度后就会影响人的健康。通过试验,夏季人体对空气流速有感觉的极限近似为 0.15~0.25 m/s的范围。此外,车内还可能产生其他有害气体,使车内空气变得污浊。

因此,必须不断更换车内的空气,使车内空气保持一定的新鲜程度。因此,按照卫生标准和要求,每人必须有 20~25 m^3/h 的新鲜空气量即新风量的要求。

空调车辆的通风系统是车辆空气调节的重要组成部分。经空调机处理过的空气只有通过通风系统送往车内,才能保证车内温度均匀性。因此,通风系统可制约空调机在车辆中的性能发挥。目前,地铁车辆普遍采用静压风道。这种静压风道能够降低噪声,使送风均匀。

通常车内乘客较多,车辆内部最好做到全面送风。即使是空调机回风口区域,也要设送风口。否则气流受拥挤人群扰动、阻塞,回风往往越过空调机回风口从乘客头顶回到空调机内,此时乘客感觉不到气流。

目前地铁车辆一般设废排口。尤其在车辆乘客多的情况下,通过车门开闭不能完全置换车内空气,则有必要设置废排。这样做有 3 个好处:(1)直接将拥挤人群下部散发的热量通过废排口排出,减少上涌热气流与空调系统送风的有效空气的干扰;(2)冬季有利于热气流下沉;(3)使乘客感受清新。

对于采用塞拉门系统的城轨车辆来说,客室内正压过大,会使最后关闭的塞拉门关门阻力剧增,从而不能保证车辆的正常运行。因此,客室正压值一般应在 9. 81~29. 4 Pa 为宜。因此,城轨车辆废排口或废排装置的废排量应略小于或等于新风量,一般为新风量的 90%~95%。

第四节　照 明 系 统

城市轨道交通车辆的照明由前组合灯、司机室照明及客室照明组成。前组合灯要照射足够的距离,以保证行车安全。

一、前组合灯

1. 安全规则

(1)前组合灯采用的额定输入电压为 DC 24 V。在对该产品进行单独测试时,不得使用其他形式的电源电压,否则将对产品造成损坏。

(2)前组合灯与机车装配时,应确保机车输出电缆在不带电情况下才能与产品输入电缆相连接,并应确认连接正确、可靠的情况下,才能向前组合灯供电。

(3)前组合灯其主要零部件为塑料制品,不得将重物及有锐角的硬物置于该产品上,以免对产品造成不可修复的损伤。

(4)前组合灯灯罩采用聚碳酸酯(PC)为材料,禁止使用有腐蚀性的溶剂清洗其表面。禁止用硬物擦洗灯罩表面,清洗时应使用干净的棉质织物用清水清洗。

2. 前组合灯结构说明

前组合灯主要包括:后壳组件、远光氙气灯组件、近光氙气灯组件、LED 尾灯组件、镀膜装饰框、PC 灯罩透光板等。

(1)后壳组件上安装有氙气灯泡稳压器,并且安装在后壳外部。

(2)远、近光氙气灯组件、LED 尾灯组件安装在镀膜装饰框上。

(3)近光氙气灯组件包括:反光体、透镜部分、灯泡安装机构、头灯调整机构。

①反光体、透镜部分靠铆钉连接,安装在头灯调整板上。整体结构连接在安装板上,安装板最终固定于镀膜装饰框上。

②灯泡靠卡簧或塑料卡件固定在反光体上的灯头。灯头上设计有定位装置,即使在黑暗中也能把灯泡安装到正确位置上。即定位卡脚能准确进入定位槽中并当灯泡装错位置时会明显倾斜,或无法装配。

(4)远光结构包括:反光体、灯泡安装机构、头灯调整机构。

(5)LED 尾灯结构

尾灯采用 54 只进口发光二极管集成在 ϕ132 的线路板上,将线路板固定在灯罩上。最终将装配好的组件固定在镀膜装饰框。

二、车内照明

城轨车辆的车内照明电路设计一般分为紧急照明和非紧急照明。紧急照明至少为通道以及乘客重要出入处提供照明,灯体数量一般设计为灯体总数量的 1/3。正常情况下,紧急照明和非紧急照明同时工作,为车辆提供足够的亮度。紧急照明和非紧急照明两回路都采用蓄电池直流电源供电控制。在车辆上安装的部分辅助变流器发生故障或所有辅助变流器没有高压输入情况下,为保证车辆重要回路的控制用电,必须自动地切除非紧急照明,仅保留紧急照明点亮。

通常情况下,城轨车辆客室照明系统中的紧急照明回路采用车辆蓄电池 DC 110 V电源供电(正常情况下,辅助变流器对蓄电池充电),非紧急照明回路采用辅助变流器输出的三相交流电源供电,采用两种供电制式的照明系统。当车辆辅助变流器无法输出三相交流电时,则非紧急照明部分的灯将熄灭,保留采用蓄电池电源供电的紧急照明灯点亮,并且保证继续点亮至少 45 min。

由于采用不同制式的供电电源,紧急照明电路使用的控制器件或灯体必定与非紧急照明电路使用的控制器件或灯体不同。同时,当车辆通过较大断电区时,列车无法获得第三轨的高压,辅助变流器无输入高压,采用交流电源供电的非紧急照明将熄灭,会影响客室内亮度,引起乘客恐慌。

其次,随着技术的进步,照明灯也逐渐采用更加节能环保的 LED 灯,LED 灯(含 DC/DC 变换器)可采用直流电源供电。

1. 供电方式

根据照明灯电源驱动的不同,目前城轨车辆照明系统的供电方式主要分为两种:分散驱动电源和集中驱动电源。客室传统的荧光灯照明都用的是分散驱动电源,而新型的客室 LED 平面光源照明更多地趋向于采用集中驱动电源。

(1)分散驱动电源

分散驱动电源是指每一个照明灯都有一个逆变电源,分散驱动电源模块安装在每个灯体的背面。通常设置两路正常照明灯带和一路紧急照明灯带，通过专用的紧急照明电路来维持紧急情况下的照明。在广州地铁 3 号线北延段，广州地铁 2、8 号线，上海轨道交通 11 号线北延段等多个项目车辆上有成熟的应用。

(2)集中驱动电源

集中驱动电源将车厢内的灯在电气结构上分为 4 路灯带，分别都由 DC 110 V 供电，车内左右两侧各 2 路灯带，且间隔分布。每路灯带共用一个驱动电源，一节车共 4 个驱动电源，每路灯带中的每盏灯在电气回路上属于并联连接，当某一路灯带损坏了若干盏灯时，剩余的灯将继续点亮。驱动电源设有专门的紧急照明信号接口，紧急情况下，紧急照明信号将由正常的低电平自动切换为高电平。客室照明系统将由正常照明模式自动切换为紧急照明模式，4 个驱动电源各自接收到一个高电平紧急照明启动信号，据具体要求自动降低恒流输出。从而使车内所有灯的照度降低到紧急照明要求的照度。

针对目前城轨车辆常用的两种照明系统技术，从多个角度进行比较和分析，详见表 9-2。

表 9-2　照明系统技术比较表

项目	分散供电	集中供电
电源数量	每个灯对应一个电源，一节车电源数量 30 个以上	一节车 4 个驱动电源
照明均匀度	紧急情况下，照度集中在门区域附近	紧急情况下，照度均匀分布在全车
资源利用率	资源利用率低	资源利用率高
散热	温升高，电源多，散热存在问题，影响灯体寿命	电源和灯体安装在不同位置，不影响灯体寿命

2. 车内照明光源

随着城轨交通的不断发展，城轨车辆的照明设备和控制技术也日益提高。按照城市轨道交通车辆照明灯种类的不同，照明方案分为荧光灯和 LED 灯两种。荧光灯在城轨车辆上应用广泛、技术成熟，具有更换方便、维护保养简单的特点。目前我国城轨车辆照明的荧光灯普遍采用 T8 型荧光灯管，灯长度为 1 300 mm，功耗为 36 W，理论使用寿命为 8 000~12 000 h，使用的电压为 AC 220 V，灯具材料多为含汞等毒性材料。但是，随时使用年限的增长，其寿命短、能耗大、存在重金属汞污染等劣势也逐渐显现出来。

随着照明技术的发展，越来越多的城轨车辆采用 LED 平面光源作为城轨车辆的照明灯。目前我国城轨车辆照明采用的 LED 灯长度普遍为 1 305 mm，功耗为 22 W，使用二极管发光，理论使用寿命为 60 000 h，使用电压为 DC 110 V。两种灯的发光原理：荧光灯通过电弧激发水银蒸汽产生紫外线光使图磷层产生荧光，属于热光源；LED 灯利用固体半导体芯片中的截流子复合放出过剩的能量引起光子发射发光，属于冷光源。

从以上发光原理、功耗以及寿命等数据中不难看出，LED 灯比荧光灯在功耗、使用寿命及环境保护等方面更优。但是两种灯罩都是直接挂在内装型材上，而在实际生产过程中由于内装型材存在一定的公差，使得灯罩盖板与固定开槽之间的距离偏大，在列车运行过程中均存在灯罩脱落的风险。其次，在紧急照明工况时，采用左右纵向布置灯带使得门区域的照度偏低，不利于乘客的紧急疏散。此外，LED 光源的光线方向性强、荧光灯具表面反光，均容易产生眩光，造成乘车环境的不舒适。

眩光产生的原因分为两种：(1)在乘车环境中，管线的不均匀分布；(2)在视野中某一局部地方出现过高的亮度或前后发生过大的亮度变化。

防眩光方案：

(1)使用铝碳酸灯罩，灯罩覆盖了一层聚碳酸酯以减少眩光，散射体具有较小的厚度可减少照明的损失；灯罩选择磨砂面或直纹面优于水流面，光线更柔和的散出，不致产生突亮点。

(2)在正常工作电压范围内，控制照度变化量，缩小灯具不同电压下照度变异性，减少环境照度差异，避免空间上出现不适宜的亮度对比。

三、司机室照明电路

司机室照明采用交流灯照明，直流供电的方式。直流电通过一个集成的小逆变器逆变后供给交流灯使用。当司机闭合驾驶台上蓄电池开关时，蓄电池通过空气开关向司机室照明供电。通过电路分析可知，司机室照明不受司机电钥匙的控制。只要确保照明电路空气开关闭合、蓄电池开关闭合，通过操纵司机室照明开关 CLS，就可以开启司机室照明。

蓄电池开关闭合后，闭合司机室电钥匙，通过其中一条线路向蓄电池充电(此时蓄电池称为负载，不再供电)，另一条线路向直流负载设备(包括司机室照明)供电。当静态逆变器 SIV 出现故障时，蓄电池会自动向司机室照明设备供电，来保证司机室照明的正常使用。

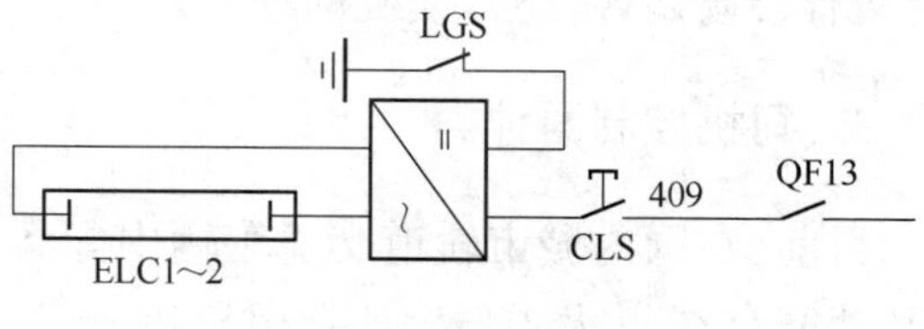

图 9-3　司机室照明电路

QF13—空气开关；LGS—低压接地开关；CLS—司机室灯开关；ELC1～2—司机室灯

通过对以上电路的分析可以发现，司机室照明的开启由司机手动完成的，司机室照明设备采用静态逆变器和蓄电池双路供电。白天高架线路上行车时，司机室照明不必开启。但是在夜间或地下线路行车时，当列车停车或发车时，司机为了能够快速准确操纵车辆，需要开启司机室照明设备。黑暗环境下，找到司机照明开关很不容易，加之城轨车辆停站时间短，司机除了进行列车操纵外还要观察乘客上下车情况，很容易出现误操作。因此，也出现了在夜间或地下线路行车时，司机室照明能够在列车停车时自动开启，列车启动后到达一定速度时，司机室照明能够自动关闭的照明形式。

第五节　司机控制器

我国城市轨道交通车辆大部分采用 A-B-C-C-B-A 的编组模式,在 A 车的前端各有一个驾驶员室,在每个驾驶员室内各有一台结构完全相同的驾驶员控制器,以便于双端操作。

城市轨道交通车辆司机控制器是司机用来操纵机车运行的主令控制器,是利用控制电路的低压电器间接控制主电路的电气设备,用来控制机车的运用工况和行车速度,其外形和功能特点决定了司机室整体安装、操作舒适性及特殊功能性。

一、发展历史

自 1814 年英国工程师斯蒂芬森发明了第一辆机车以来,司机控制器——这种人可以直接控制机车行驶的机器便随之发展到今天。随着科技的进步,机车经历了从蒸汽机车到内燃机车,从内燃机车到电力机车、动车、地铁列车等的不断发展,但是,司机控制器从来不曾改变它对机车行驶主导的控制地位。

今天,司机控制器的种类越来越繁多,功能越来越强大,结构越来越精巧,其可靠性、安全性、司机操作时的舒适度也大幅度提高。作为可直接控制机车行驶的主令电器,司机控制器的重要性越来越受到机车设计者、机车司机等专业人群的关注。

在司机控制器近年的发展中,其操作模式基本上没有什么变化。按控制手柄的操作方式,可分为手轮式、扳把式、平推式等三种;按换向手柄的功能,可分为钥匙式和非钥匙式两种;从司机控制器是否有机械锁机构,可分为有锁机构式和无锁机构式两种;从是否具有警惕装置,可分为有警惕装置式和无警惕装置式。当然,上述几种操作模式也可能同时出现在一台司机控制器上。比如,一台司机控制器既是扳把形式,又有警惕装置,还有锁机构等。

二、司机控制器种类

目前,在国内城市轨道交通车辆中配备的司机控制器种类较多,其外观、操作模式及功能存在较大差异,但应用范围最广、配备数量最多的为 S355 型、S353 型及 S354A 型司机控制器。每种司机控制器的结构和原理上有些差别,下面以 S355E 型司机控制器为例,介绍其结构、原理、参数等。

三、S355E 型司机控制器结构

S355E 型司机控制器属于凸轮和辅助触头配合实现触点开闭控制的有触点电器。该控制器由上、中、下三层组成(图 9-4 和图 9-5),上层(面板上)由钥匙开关 1、

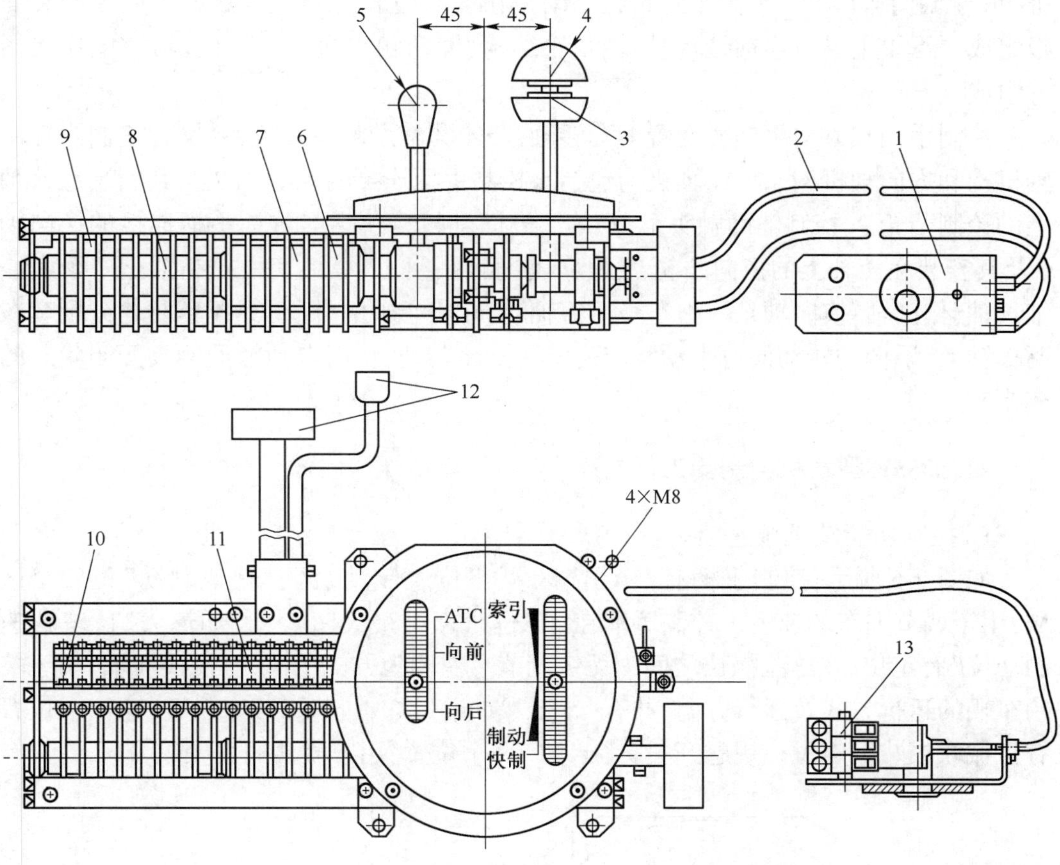

图 9-4　司机控制器结构(尺寸单位:mm)

1—钥匙开关;2—钢丝绳;3—控制手柄;4—紧急制动按钮;5—方向手柄;6—换向轴;7—换向凸轮;8—控制轴;9—控制凸轮;10—控制辅助触头组;11—换向辅助触头组;12—电连接器;13—钥匙开关辅助触头组

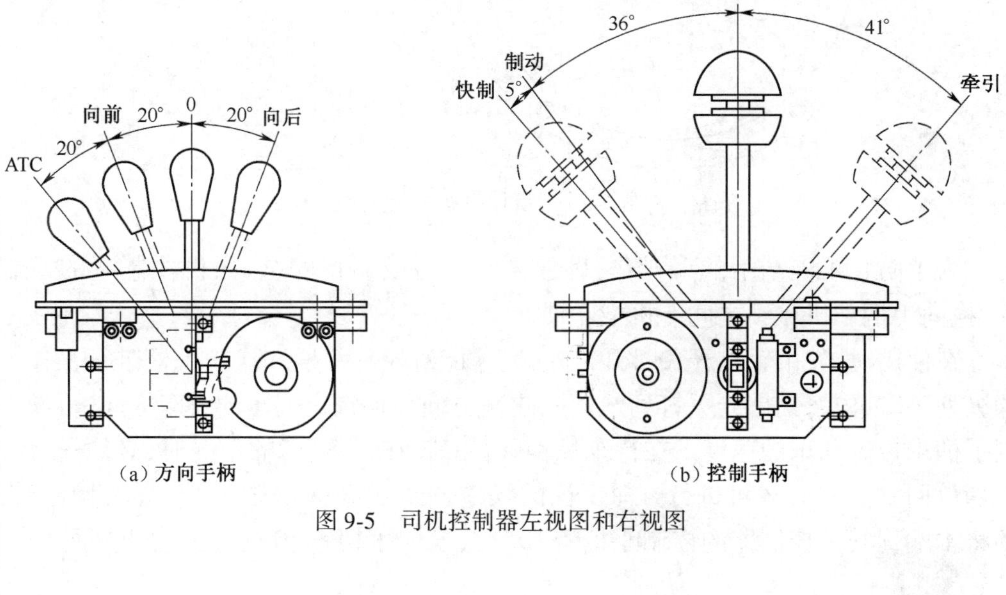

(a) 方向手柄　　(b) 控制手柄

图 9-5　司机控制器左视图和右视图

推拉式控制手柄 3、方向手柄 5、紧急制动按钮 4 和位置标牌等组成。中层由安装面板组成。下层主要由连锁结构、转轴凸轮结构、辅助触头盒、调速电位器和电连接器等组成。

控制手柄和方向手柄各配置一套转轴、凸轮和辅助触头装置，分别称它们为控制轴机构和方向轴机构。控制轴机构包括与控制手柄连接的控制轴 8 及其安装在该轴上的控制凸轮 9、控制辅助触头组 10 等。方向轴机构包括与方向手柄连接的换向轴 6 及其安装在该轴上的换向凸轮 7、换向辅助触头组 11 等。其中控制轴是一个实心细长轴，作内轴；换向轴是一根空心粗短轴，套在实心轴的外层，其配套凸轮分别套在两根轴上，手柄的转动便可带动相应的轴及凸轮转动，从而带动辅助触头开闭状态的变换。

四、S355E 型司机控制器工作原理

1. 控制功能及机械连锁关系

如图 9-6 所示，控制手柄有“牵引”区、“0”位、“制动”区、“快速制动”位四个区域，用于调节列车的速度。控制手柄在“0”位、“牵引最大”位、“制动最大”位、“快速制动位”有定位，在这些挡位之间为无级调节。左侧为方向手柄，连接换向轴，用于控制车辆的运行方式及运行方向，共有“ATC”“向前”“0”“向后”四个位置，这四个位置有机械联锁装置定位。钥匙开关有“0”“1”两个位置，用于激活司机操纵台。

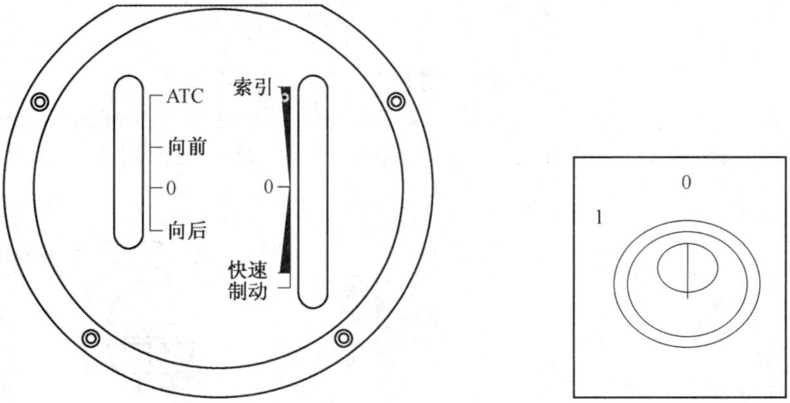

图 9-6 司机控制器手柄位置

为了防止可能产生的误操作，确保列车设备及运行安全，司机控制室的控制手柄、换向手柄和机械锁之间有机械联锁。

在使用时，先由钥匙开关打开机械锁，才能对控制手柄和换向手柄进行操作。当操纵列车时，先将钥匙开关打到“1”位，再由方向手柄选定列车的行车方向，再操作控制手柄来控制列车的速度。在行车过程中，如需要改变列车的工况时，必须先将控制手柄放回“0”位后，才可进行方向手柄的操作。如果驾驶员需要进行异端操作时，必须将本端驾驶员控制器的控制手柄置“0”位，换向手柄置“0”位，钥匙开关回“0”位，

锁闭机械锁，拔出钥匙，方可进行异端操作。在列车的惰行期间，如果方式方向手柄移动到其他位置，牵引控制单元中牵引指令将失效，将启动紧急制动。

S355E 型驾驶员控制器的钥匙开关、控制手柄和方向手柄之间的联锁关系如下。

（1）钥匙开关在“0”位时，控制手柄和方向手柄均锁定在“0”位不动；反之，只有控制手柄和方向手柄均在“0”位时，钥匙开关才可由“0”位打到“1”位。

（2）钥匙开关在“1”位，控制手柄和方向手柄可进行操作，但控制手柄和方向手柄之间还存在以下互锁关系：

①方向手柄在“0”位时，控制手柄被锁在“0”位不动。

②方向手柄在“前”位时，控制手柄可在“牵引”和“制动”区域范围内活动。

③方向手柄在“后”位时，启动列车手动折返模式。

④方向手柄在“ATC”位时，启动列车自动驾驶模式。

⑤控制手柄在“牵引”区、“制动”区或“最大制动”位时，方向手柄不能进行位置转换，只有控制手柄在“0”时，方向手柄才可在“前”位、“后”位和“ATC”位之间转换。

上述机械联锁要求由机械联锁装置来实现。

2. 闭合表的实现

电逻辑即闭合表的要求，由控制轴、换向轴、辅助触头盒及电连接来实现。

当推动控制手柄时，通过齿轮传动带动控制轴转动，轴上的凸轮随之转动，当凸轮的凸起位置转动到辅助触头盒的杠杆位置时，杠杆受到凸轮凸起部分的挤压而将与其连接的动触头顶开，此时使该触头盒的常开或常闭状态发生变化，从而使与该辅助触头盒相连接的控制线路得失电的状态发生变化；反之当凸轮凸起部分转到无凸起的地方时，由于触头盒自身恢复弹簧的作用，辅助触头盒的触点复原，从而使与该辅助触头盒相连接的控制线路得失电的状态恢复原样。

基于此原理，可根据电路原理图上司机控制器各控制线路得失电的情况，在控制轴和换向轴上布置相应的凸轮凸起部分，图 9-7 所示为某车型的司机控制器方向轴的闭合表，图上 ATC、F、0、R 为方向手柄的四个位置，S10～S16 为受方向轴凸轮控制的

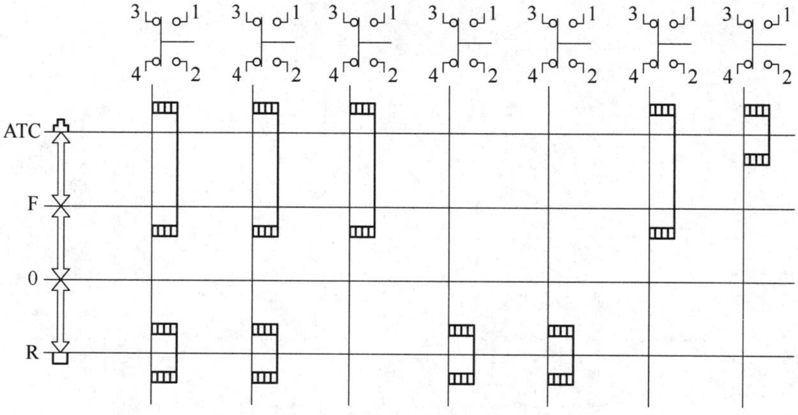

图 9-7　S355E 型司机控制器方向手柄闭合表

7 个辅助触头,辅助触头下的长条块表示凸轮的凸起位置。手柄在“ATC”位时,将使 S10、S11、S12、S15、S16 辅助触头状态发生变化;当手柄在“F”位时,将使 S10、S11、S12、S15 辅助触头状态发生变化;当手柄在“R”位时,将使 S10、S11、S13、S14 辅助触头状态发生变化。

3. 电位器的调节

控制手柄的调速主要是通过调节电位器电阻的大小来实现的。其工作原理参见图 9-8,其中的电阻 R 代表的是“牵引”区域或“制动”区域的单边电阻,两边的结构以“0”位为中心对称。

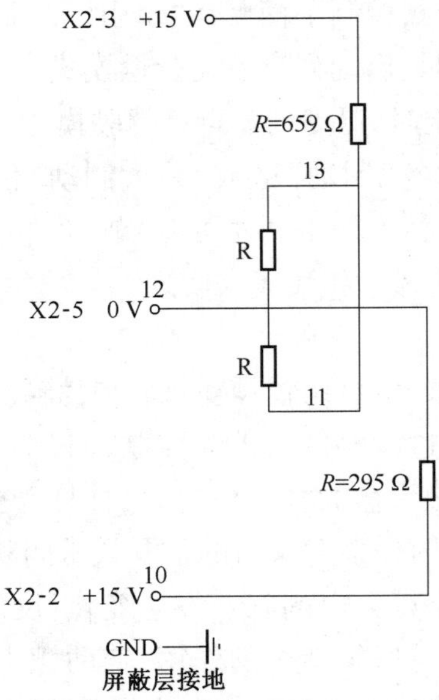

图 9-8 调速点位器原理图

两个电位器的公共端接地,另一端经限流电阻接+15 V 直流电源,滑动端随控制手柄转动而转动,从而改变滑动端和 15 V 电源端之间的电压,这三点电位信号由 X2-2、X2-3、X2-5 输出到控制主机,控制主机根据这一电压信号判断控制手柄的挡位设定值。